Wallace
COVID-19

Rob Wallace

Was COVID-19
mit der ökologischen Krise,
dem Raubbau an der Natur und
dem Agrobusiness zu tun hat

Aus dem amerikanischen Englisch
und mit einem Vorwort von
Matthias Martin Becker

PapyRossa Verlag

Für Anakin

Titel der Originalausgabe:
»Big Farms Make Big Flu. Dispatches on
Infectious Disease, Agribusiness, and the Nature of Science«
Copyright, wie auch von zwei weiteren Kapiteln (siehe »Editorische Hinweise«):
© 2016/2020 by Monthly Review Press, New York

Für die deutschsprachige Ausgabe:
© 2020 by PapyRossa Verlags GmbH & Co. KG, Köln
Luxemburger Str. 202, 50937 Köln
Tel.:   +49 (0) 221 – 44 85 45
Fax: +49 (0) 221 – 44 43 05
E-Mail: mail@papyrossa.de
Internet: www.papyrossa.de

Alle Rechte vorbehalten
Umschlag: Verlag, unter Verwendung einer
          Grafik © by nasik | Adobe Stock (#204106913)
Druck: Interpress

Die Deutsche Nationalbibliothek verzeichnet diese Publikation in
der Deutschen Nationalbibliografie; detaillierte bibliografische
Daten sind im Internet über http://dnb.d-nb.de abrufbar

ISBN 978-3-89438-738-9

Inhalt

Vorwort von
Matthias Martin Becker
**COVID-19: Eine absehbare
Katastrophe mit unabsehbaren Folgen**
Über Zoonosen, Fleischproduktion und die ökologische Krise   7

**I.
PANDEMISCHE ZEITEN**

1. COVID-19 und die Kreisläufe des Kapitals   25

**II.
DIE GOLDENEN BÖDEN DER PANDEMIE**

2. Wie entstand die Vogelgrippe?
Zur politischen Virologie des Agrarweltmarktes   45

3. Wie fand Ebola eine neue Nische?
Von Palmöl, Flughunden und der
Neoliberalisierung der westafrikanischen Wälder   85

4. Übers Mikroskop hinaus
Können wir uns in eine Seuche hineindenken?   98

5. Wer trägt die Schuld an der nächsten Pandemie?
Das Schwarze-Peter-Spiel um die Vogelgrippe   104

6. Die Lebensmittelindustrie wird den Planeten nicht retten
Für eine umwelterhaltende Landwirtschaft
unter Kontrolle der Bevölkerung   117

7. Das Alien und die industrielle Viehzucht
Oder: Die heutige Massentierhaltung
erzeugt die Krankheitserreger von morgen   151

8. Von Höhlen und Menschen
Bitte wenden, evolutionäre Sackgasse!   156

III.
VIRENHERD AGROBUSINESS:
EINE SAAT GEHT AUF

9. Nur eine andere Landwirtschaft hilft gegen Pandemien
Anmerkungen zu einem neuartigen Coronavirus   161

IV.
ANHANG

Anmerkungen   175
Glossar   203
Editorische Hinweise   206

Vorwort von Matthias Martin Becker

COVID-19:
Eine absehbare Katastrophe
mit unabsehbaren Folgen

Über Zoonosen, Fleischproduktion und die ökologische Krise

Das Virus ist über uns hereingebrochen wie ein Unwetter. Eine Naturkatastrophe, so scheint es, überfällt die Menschheit aus dem Hinterhalt. »So schutzlos, so kollektiv machtlos hat man *homo sapiens* im Angesicht einer Naturgefahr in der modernen Welt noch nicht erlebt«, dichtete Anfang April 2020 Joachim Müller-Jung, Redakteur der *FAZ*. »Höhere Gewalt« heißt es wohl in solchen Fällen. Der Ausdruck schließt persönliche Verantwortung von vornherein aus. Ein grausames Schicksal, sicher, aber eben doch: Schicksal.

Nichts könnte der Wahrheit fernerliegen. Die COVID-19-Pandemie trifft die Menschheit nicht gleichermaßen – wie so oft ist Armut das größte Gesundheitsrisiko.[*] Sie hat politische und wirtschaftliche

---

[*] Statistiken aus England und Wales zeigen, dass die Sterblichkeit unter Männern im Alter zwischen 20 und 64 in geringqualifizierten Berufen mehr als doppelt so hoch ist wie der Durchschnitt (21,4 zu 9,9 Tote von 100.000). Neben den größeren und diverseren gesundheitlichen Belastungen (»sozialer Gradient«) liegt das vermutlich am höheren Infektionsrisiko, denn unter den Berufstätigen waren Taxifahrer, Sicherheitspersonal in Geschäften und Pflegekräfte am häufigsten betroffen. In US-amerikanischen Großstädten lag die Sterblichkeit von Schwarzen deutlich höher als von Weißen. In Chicago waren 60 Prozent der COVID-19-Toten Schwarze, obwohl sie nur etwa 30 Prozent der Einwohner ausmachen.

Ursachen, und überraschend ist diese Pandemie nun wirklich nicht. Epidemiologen und Biologen warnen seit mittlerweile zwei Jahrzehnten vor dem nächsten großen Seuchenzug um die Erde. Nun handelt es sich um ein zoonotisches[*] Coronavirus aus Südchina – genau auf diese Konstellation hätten die meisten Experten ihr Geld verwettet. Seit den 1980er Jahren beobachten sie eine stärkere Dynamik bei den Infektionen. Die Krankheitserreger gehen häufiger von tierischen auf menschliche Wirte über.[1] Globaler Tourismus und globale Lieferketten ermöglichen ihnen dann, sich rasch über die Welt zu verteilen und zu tödlichen Pandemien zu werden.

Dieser Umstand wurde einer breiteren Öffentlichkeit zum ersten Mal durch die Ausbrüche der Vogelgrippe (Influenza A H5N1) im Jahr 1997 bewusst. Im Winter 2002/03 entstand ein neues Coronavirus, das das erste Schwere Akute Atemwegssyndrom (*Severe Acute Respiratory Syndrome* SARS) auslöst. 2009 folgte die Schweinegrippe (Influenza A H1N1), drei Jahre später MERS (*Middle East Respiratory Syndrome),* ebenfalls ausgelöst durch ein Coronavirus. Neben neuen Erregern greifen böse alte Bekannte wie das Ebola- und Zika-Virus mit stärkerer Wucht um sich, auch das Denguefieber, das von Stechmücken übertragen wird. Unter Wild- und Hausschweinen wiederum grassiert seit 2014 die wahrscheinlich größte Tierseuche der Geschichte. Das Virus der Afrikanischen Schweinepest verbreitete sich von Afrika nach Asien, weiter bis China und tötete dort über die Hälfte der Schweine-Population.

Klaus Stöhr, ehemaliger Leiter des Global-Influenza-Programms der Weltgesundheitsorganisation (WHO)[**], erklärte bereits im Jahr 2004: »Nach der Pandemie wird das schwierigste sein, der Öffentlichkeit zu erklären, warum wir nicht gehandelt haben, obwohl es genügend Warnungen gegeben hatte.«[2] COVID-19 ist eine Ka-

---

[*]   *Zoonosen* sind Krankheiten, die von Tieren auf Menschen übergehen. Der Begriff leitet sich aus den griechischen Wörtern *zoon* (Lebewesen) und *nosos* (Krankheit) ab. Meist handelt es sich bei den Erregern um Viren, Bakterien oder Parasiten.

[**]   Mittlerweile arbeitet er für den Pharmakonzern Novartis.

tastrophe mit Ansage. »Unter Fachleuten war von dem Ausbruch niemand überrascht, die WHO spielte schon lange unter dem Platzhalternamen ›Disease X‹ Szenarios durch«, stellt *DIE ZEIT* fest.[3] In Deutschland initiierte die Bundesregierung 2006 die »Nationale Forschungsplattform Zoonosen«, in der das Robert-Koch-Institut (RKI, zuständig für die Erforschung der Bevölkerungsgesundheit), das Friedrich-Loeffler-Institut (zuständig für Tierseuchen) und das Paul-Ehrlich-Institut (zuständig für Impfstoffe) zusammenarbeiten. Das Bundesforschungsministerium förderte 95 wissenschaftliche Projekte zu Zoonosen, mit Themen von »Antibiotikaresistenz« bis »Zukünftige Risikogebiete«. Die Gefahr einer pandemischen Zoonose war den einschlägigen Wissenschaftlern und bei den zuständigen staatlichen Stellen durchaus bekannt.

Dennoch unternahm niemand etwas, niemand traf auch nur einfache konkrete Vorbereitungen. 2012 entwickelte das RKI zusammen mit anderen Bundesbehörden ein Szenario, in dem eine »Pandemie durch Virus Modi-SARS« durchgespielt wurde. In dieser Risikoanalyse eines »außergewöhnlichen Seuchengeschehens« heißt es:»Die Vergangenheit hat gezeigt, dass Erreger mit neuartigen Eigenschaften, die ein schwerwiegendes Seuchenereignis auslösen, plötzlich auftreten können.«[4] Das Szenario beschreibt viele Aspekte der COVID-19-Pandemie präzise (»…stammt aus Südostasien, wo der bei Wildtieren vorkommende Erreger über Märkte auf den Menschen übertragen wurde…«), andere Annahmen sind plausibel. Die Gefahr überlasteter Krankenhäuser mit der Folge vermeidbarer Todesopfer wird aufgeführt.

Allerdings versahen die Verfasser ihr Planspiel lediglich mit der Eintrittswahrscheinlichkeit »bedingt – einmal alle 100 bis 1000 Jahre«.* Vielleicht schien dieses Risiko den Bundes- und Landesbehörden vertretbar. Vielleicht hielten sie andere Leute für zuständig oder staatliche Vorsorge für unzeitgemäß. Jedenfalls kümmerten sie

---

* Die zugrunde liegende, sicher hochinteressante Wahrscheinlichkeitsrechnung ist leider bis heute unbekannt.

sich nicht um Vorräte an Schutzkleidung, Schutzmasken und Beatmungsgeräten, und schon gar nicht um ausreichend Personal in den Gesundheitsämtern und Krankenhäusern.

Rob Wallace: Virologie als Gesellschaftswissenschaft

Rob Wallace gehört zu den Wissenschaftlern, die seit langem vor einer kommenden Pandemie warnen. In der Rückschau lesen sich viele seiner Kommentare wie verzweifelte Kassandrarufe. Im Jahr 2009 notierte er: »Das Establishment scheint bereit zu sein, einen Großteil der weltweiten Produktivität aufs Spiel zu setzen, die katastrophal einbrechen wird, wenn zum Beispiel in Südchina eine tödliche Pandemie ausbricht – von Millionen Menschenleben einmal abgesehen.« (vgl. Kap. 2)

Der New Yorker Evolutionsbiologe hat einen Großteil seines beruflichen Lebens damit verbracht, Epidemien zu erforschen und zu bekämpfen. Bahnbrechende Erfolge kann er nicht vorweisen. Seine erste publizistische Reaktion – geschrieben als die COVID-19 gerade an Fahrt aufnahm – klingt denn auch eher genervt als besorgt: »Was um Himmels willen wollt ihr von mir hören? Was soll ich denn machen?« (vgl. Kap. 9) Das entspricht nicht ganz einem hämischen »Ich habe es euch ja gleich gesagt!«, aber doch einem verzweifelten »Wer nicht hören will, muss fühlen!« Die Frustration über die halbherzige globale Seuchenkontrolle und eine Wissenschaft, die sie begleitet und rechtfertigt, hat Rob Wallace aus der Forschung getrieben.

Dabei lässt sich seine Karriere als Biologe und Epidemiologe eigentlich vielversprechend an. Nach seiner Promotion 2002 an der *City University of New York* arbeitet er als Phylogeograph[*]. Anhand genetischer Sequenzierungen untersucht er die Herkunft von Viren und ihre evolutionäre Dynamik, publiziert in renommierten wissen-

---

[*]   Phylogeographie ist die Wissenschaft von der biologischen Abstammung, in diesem Fall der Herkunft der Viren.

schaftlichen Journalen. Besonders intensiv beschäftigt er sich mit der Influenza. Er schaut durchs Elektronenmikroskop und berechnet Ausbreitungsgeschwindigkeiten, er liefert Expertisen für die Vereinten Nationen und nationale Gesundheitsbehörden in den USA.

Als er die Vogelgrippe-Epidemie von 1997 untersucht, kommen ihm erste Zweifel an seinen wissenschaftlichen Methoden. »Egal was ich mit den Gensequenzen der Influenza auch anstellte, sie erklärten mir nicht, warum H5N1 an diesem Ort und zu diesem Zeitpunkt entstanden war«, erinnert er sich später.[5] Die gesellschaftlichen Umwälzungen in China drängen sich als Erklärung geradezu auf. Die »ökonomische Liberalisierung« kostet viele Chinesen zunächst ihren Arbeitsplatz, die Abwanderung vom Land in die Städte verstärkt sich, Landwirtschaft und Fleischerzeugung werden völlig umgewälzt. Der Agrarsektor wird immer stärker auf den Weltmarkt orientiert und von transnationalen Konzernen dominiert, nicht nur in China (aber eben auch dort). Diese Umwälzungen haben konkrete Folgen für die Evolution der Influenza. Aber in der wissenschaftlichen und gesundheitspolitischen Debatte ist kein Platz für Kritik an diesen Entwicklungen.

Rob Wallace begreift sich immer stärker als »phylogeographischer Gesundheitswissenschaftler«. Er will die sozialen und ökonomischen Triebkräfte in die Epidemiologie integrieren. Seine politischen Kommentare werden schärfer: Die pharmazeutische Industrie wirkt auf ihn dysfunktional, denn Infektionskrankheiten sind ihr der Mühe nicht wert (sprich: Investitionen in die Forschung zu unsicher). Die WHO erscheint ihm als diplomatische Bühne, auf der die Weltmächte ihre Querelen austragen, statt wirksame Maßnahmen zu ergreifen. Schon damals zeigt sich, dass die internationale Seuchenbekämpfung den nationalen Interessen untergeordnet wird und die USA versuchen, China an den Pranger zu stellen. Rob Wallace bemüht sich um eine ausgewogene Darstellung, aber spart seinerseits nicht an Kritik an den chinesischen Behörden.

Besonders empören ihn die Geschäftspraktiken von Agrar- und Lebensmittelkonzernen, die seiner Ansicht nach die Zoonosen-Gefahr erhöhen. Aber die Unternehmen, die Wild- und Nutztiere verarbeiten, müssen sich für die ökologischen und epidemiologischen Folgen überhaupt nicht interessieren. Die großen transnationalen Fleischproduzenten benutzen die Tierseuchen sogar, um kleinere Hersteller aus dem Markt zu drängen. »Die Lebensmittelkonzerne waren eine strategische Partnerschaft mit der Influenza eingegangen«[6], kommentiert er sarkastisch. Aus Sicht eines Mediziners heißt das: Sie machen mit dem Feind gemeinsame Sache.

Die WHO und der Mainstream der Gesundheitswissenschaft ignorieren diese Zusammenhänge. Öffentlich betonen die Wissenschaftler und / oder Funktionäre zwar, dass soziale und ökologische Faktoren wichtig sind, aber in der wissenschaftlichen und gesundheitspolitischen Praxis werden sie ausgeklammert. »Ich musste wiederholt feststellen, dass die politischen Machtverhältnisse nicht nur die Infektionskrankheiten prägen, sondern auch die Wissenschaft, die sich mit ihnen beschäftigt«, schreibt Rob Wallace später. »Dennoch schockierte mich das Ausmaß der Verdorbenheit und Korruption.«[7] Mittlerweile hat er sich aus der aktiven Forschung verabschiedet. Seit 2019 leitet er das *Agroecology and Rural Economics Research Corps* in St. Paul, Minnesota, eine Initiative, die regenerative landwirtschaftliche Methoden erforscht und umsetzt. Das Ziel, sagt er, ist eine »antikapitalistische Landwirtschaft«. So ist auch sein Buch »Revolution Space: Adventures Outside Capitalist Science« (2020) zu verstehen.

Seine »Reportagen über Influenza, Agrarindustrie und die Natur der Wissenschaft« veröffentlichte Rob Wallace 2016 unter dem Titel »Big Farms Make Big Flu«. Hier erscheinen ausgewählte und gekürzte Texte aus diesem Band, zusammen mit zwei aktuellen Kommentaren zu COVID-19. Ein Anliegen des Autors ist die immanente Kritik der wissenschaftlichen Praxis. Immanent bedeutet, dass diese Kritik nicht auf eine moralische Beurteilung abzielt oder den Nutzen abwägt oder ähnliches. Ihr Maßstab ist das adäquate Erkennen der Wirklichkeit. Rudolf Virchow (1821 – 1902) prägte den berühmten Satz, Medizin müsse eine soziale Wissenschaft sein. Viel zitiert, vielseitig verwendbar – Sozialmediziner wie Rob Wallace begreifen das nicht als eine normative Forderung für Sonntagsreden, in denen die Wissenschaft auf ein diffuses Gemeinwohl verpflichtet wird. Nein, das Krankheitsgeschehen lässt sich ohne das Gesellschaftliche nicht *begreifen*.

Für Virologie und Bakteriologie gilt das auf besondere Weise. Die Erreger vermehren und bewegen sich in gemachten Lebensräumen. Wir können ihre Evolution und unsere Anfälligkeit kontrollieren – bis zu einem gewissem Grad. Wie weit unsere Kontrollmöglichkeiten reichen, wie wir die Epidemien in den Griff bekommen, das ist die Fragestellung dieser Texte.

Die von Rob Wallace skizzierte »politische Virologie« ergänzt die politische Ökonomie durch biologische Zusammenhänge. Damit entspricht sie der tatsächlichen Komplexität der kapitalistischen Umformung und Aneignung der Natur (auch wenn der Autor diesen Zusammenhang nicht systematisch beschreibt). Anders gesagt, er analysiert die Interaktion von Virus und Freihandelsvertrag, von Flughund, Palmöl-Plantage und Finanzkapital.

Evolution auf der Überholspur

COVID-19 sollte uns als Warnung dienen. Das Virus führt uns vor Augen, dass unsere Zivilisation verwundbar ist. Bisher hatte die Menschheit mehr Glück als Verstand. Zwar entstanden neue Krankheitserreger, aber sie waren entweder sehr ansteckend und wenig pathogen[*] oder kaum ansteckend, aber tödlich. Die Schweinegrippe infizierte Millionen, aber die Krankheit war eher harmlos. An der Vogelgrippe starb jeder zweite Infizierte, an MERS anfänglich jeder dritte, aber die Epidemien konnten erstickt werden. COVID-19 wurde pandemisch. Wie viele Menschen das Virus das Leben kosten wird, ist gegenwärtig noch unabsehbar (Ende Juni 2020 lag die Zahl der Todesfälle, die mit Tests bestätigt wurden, bei rund 500.000 weltweit).

---

[*] *Pathogen* bedeutet krankheitsauslösend – die Eigenschaft eines Mikroorganismus oder eines Stoffes, Schäden im Körper zu verursachen.

Nichts garantiert, dass der nächste Erreger nicht noch tödlicher sein wird, und die nächste Pandemie kommt mit Sicherheit.

Bei den meisten neuen Infektionen – etwa zwei Drittel – handelt es sich um Zoonosen. Natürlich sind solche Krankheiten nicht neu, sie begleiten die Menschheit, seit sie sesshaft wurde. Landwirtschaft mit Vorratshaltung zieht wilde Tiere an, die gezähmten Tiere leben eng mit den Menschen zusammen. Je mehr überregionaler Austausch stattfindet, umso schneller und umfangreicher verbreiten sich Epidemien. Andererseits bremst ein wachsender Wohlstand sie ab: Bessere Ernährung und weniger Entkräftung machen die Menschen widerstandsfähiger. Übertragungswege werden geschlossen (zum Beispiel durch bessere Wohnverhältnisse, Kanalisationen und sauberes Trinkwasser). Seit dem 19. Jahrhundert wirken auch biomedizinische Maßnahmen wie Impfungen und eine gesundheitspolizeiliche Kontrolle den Infektionen entgegen. Auf Grundlage der verbesserten Lebensverhältnisse durchlaufen die Industriestaaten seit dem späten 19. Jahrhundert den sogenannten epidemiologischen Übergang. Die Seuchen ziehen sich zurück, die Bevölkerungen leiden und sterben fortan eher an chronischen und degenerativen Krankheiten wie Krebs oder Krankheiten der Atemwege und des Herzkreislaufsystems.

Wir haben es folglich mit einem komplexen Wechselspiel zu tun: Wissenschaftlicher und sozialer Fortschritt drängt die Erreger zurück, während ihnen der Weltmarkt und besonders Reisen neue Verbreitungsmöglichkeiten eröffnen. Katastrophen, Kriege und die extrem ungleichen Lebensverhältnisse auf unserem Planeten wirken wie Brandbeschleuniger. Das Ebolavirus bricht in einem abgelegenen Dorf in Waldguinea aus, das gerade erst in die globalen Waren- und Finanzströme eingebunden wird, und der Erreger schafft es unter Umständen bis nach Dallas in den Vereinigten Staaten. Die Lösung ist einfach, naheliegend und unter kapitalistischen Verhältnissen völlig utopisch: weltweite Mindeststandards für Ernährung, Hygiene und medizinische Versorgung. Stattdessen setzt die internationale Seuchenkontrolle (maßgeblich von der WHO organisiert) auf frühzeitige Erkennung (*Surveillance*) und die Eindämmung durch die jeweiligen Nationalstaaten, in denen neue Erreger um sich greifen. Die Wissenschaft bemüht sich vor allem um bessere Prognostik und Diagnostik.

Der epidemiologische Übergang ist ein historisches Muster, das sich auch in Schwellenländern wie Brasilien und China zeigt. In den ärmsten Länder dominieren Infektionen weiterhin die Krankheits- und Todesursachen.[*] Ein historisches Muster ist kein Gesetz. Es waren medizinische und soziale Fortschritte, durch die die Seuchen zurückgedrängt wurden. Aus eben diesem Grund können sie auch zurückkehren. Unsere relative Kontrolle über die Mikroorganismen könnte uns wieder entgleiten.

Menschen und Mikroorganismen leben und entwickeln sich in einer Koevolution, in einem fortwährenden Prozess gegenseitiger Anpassung. Antibiotische und antivirale Mittel verschaffen uns dabei einen gewissen Spielraum, aber sie führen bei starkem Einsatz unweigerlich zu einer Resistenzentwicklung. Multiresistente Bakterien und Pilze sind bereits zu einer ernsten Gefahr geworden. Die biomedizinischen Wunderwaffen werden bei übermäßigem Einsatz stumpf.

Nicht nur das, wir fördern nach Kräften neue Zoonosen, indem wir die Lebensräume von Wildtieren zerstören. »Änderungen in der Landnutzung führen zum Verlust von Lebensräumen, was zu höheren Populationsdichten einiger Arten und auch zu mehr Kontakten zu Menschen führt«, erklärt der Agrarökologe Josef Settele vom Helmholtz-Zentrum für Umweltforschung (UFZ). »Die Arten, die überleben, ändern ihr Verhalten und teilen sich in zunehmendem Maß Lebensräume mit anderen Tieren und eben mit dem Menschen.«[8] Wegen der Zerstörung ihrer Habitate werden Tiere wie Fledermäuse, Füchse, Amseln oder Ratten zu »Kulturfolgern«, sie finden Nischen in Städten und anderen Kulturlandschaften. Die anderen sterben aus. Kulturfolger wiederum sind für die Zoonosen häufig

---

[*]   Gleichzeitig steigen in einigen Bevölkerungen die Raten durch chronische und degenerative Krankheiten selbst unter den Armen, weshalb oft von einer »doppelten Belastung« die Rede ist.

Reservoir- oder Zwischenwirte*. Insofern ist COVID-19 ein Ausdruck der umfassenden ökologischen Krise, in der wir uns befinden.

Zu der Wildtierproblematik kommt hinzu, dass industrielle Viehzucht heute gleichzeitig Virenzucht bedeutet, was Rob Wallace aus-
führlich darlegt. In der Massentierhaltung entstehen neue Erreger,
die bekannten Beispiele sind die Schweinegrippe, SARS und MERS.
Die industrielle Fleisch- und Eierproduktion drängt Nutztiere auf
engem Raum zusammen und schwächt ihre Immunsysteme auf viel-
fältige Weise. Sie schaltet die natürliche Auslese aus und verhindert
eine Anpassung durch Fortpflanzung vor Ort. Unter diesen Umständen müssen die Betreiber Impfungen und große Mengen antibioti-
scher Mittel einsetzen, die zu Resistenzen führen.

Die Fleischproduktion spielt für Zoonosen eine entscheidende
Rolle – auch im Fall von COVID-19. Das Virus entstand aus einem
Coronavirus, das in Fledermäusen vorkommt. Ein chinesischer
Wildtiermarkt spielte bekanntlich eine Rolle bei dem Ausbruch,
wobei die Zwischenwirte und Übertragungswege noch unklar sind.
»Wildfleischmarkt« bedeutet aber nicht, dass ein Jäger das eine oder
andere Gürteltier aus dem Wald mitbringt. In vielen Ländern handelt
es sich um eine kapitalstarke Branche, die ein wichtiges Lebensmittel
vertreibt. In China beschäftigt sie angeblich 14 Millionen Menschen
bei einem Jahresumsatz von 74 Milliarden US-Dollar.[9] Rob Wallace
weist außerdem zu Recht darauf hin, dass die Wege der Zoonosen
verschlungener sind als simple Einbahnstraßen von Tier zu Mensch.
Manchmal bewegen sie sich im Zickzack über die Gattungsgren-
zen hinweg, Zwischenwirte spielen eine große Rolle. So kann ein
menschliches Influenza-Virus ein Schwein befallen, dort auf einen
Virus von Vögeln treffen und sich mit diesem verbinden, bevor das
neue Virus zurück zum Menschen wandert.

Um es zusammenzufassen: die wachsende Seuchengefahr hat
konkrete Ursachen, nämlich den weltweit immer noch steigenden

---

*   Tiere oder Pflanzen, die häufig von bestimmten Viren, Bakterien oder Para-
    siten besiedelt sind, in der Regel, ohne deshalb krank zu werden.

Antibiotika-Verbrauch, die schrumpfende Artenvielfalt und die Massentierhaltung sowie Urbanisierung und Globalisierung. So entsteht eine virale und bakterielle »Evolution auf der Überholspur«.

Atmende Wurstwaren und andere Rationalisierungsnachteile

Rob Wallace arbeitet heraus, wie zerstörerisch unser gegenwärtiges Agrarsystem ist. Doch wie lässt sich diese zerstörerische Wirkung ökonomisch erklären? Landwirtschaft und Viehzucht arbeiten »industriell«, und das bedeutet in diesem Zusammenhang eine Produktion mit kapitalistischer Arbeitsteilung. Die Arbeit wird standardisiert, zergliedert und kontrolliert, um sie auf unterschiedliche Personen zu verteilen und die Lohnsumme zu senken.[*] Sie wird mechanisiert, wo dies profitabel ist.

Eine fabrikmäßige Produktion benötigt standardisierte Grundstoffe und Produkte – auch auf dem Acker oder im Stall.[10] Daher betreibt die kapitalistische Landwirtschaft seit jeher die züchterische Umformung von Pflanzen und Tieren, um den Ertrag zu steigern, aber auch um weniger Arbeitszeit einsetzen zu müssen. Sie setzt auf Skaleneffekte[**] und die arbeitssparende Monokultur ist ihr Ideal.[11]

Diesem Ideal kann die Landwirtschaft allerdings nicht dauerhaft genügen, weil sie die Reproduktion der Pflanzen und Tiere nicht vollständig kontrolliert. Sie beherrscht die Natur sozusagen nur halb: Sie kann sich zwar ihre Früchte aneignen, aber das organische Wachstum nicht technisch organisieren. Dieses Wachstum beruht auf geochemischen und geobiologischen Kreisläufen[12] und vollzieht sich in einem komplexen Zusammenspiel diverser Gattungen – Insekten, Bodenbakterien, den Darmbakterien in der Kuh

---

[*]   So entstanden beispielsweise die ersten Fließbänder in den Schlachthäusern Chicagos nicht, um die Produktionsmenge zu erhöhen, sondern um dequalifizierte Hilfsarbeit einzusetzen.

[**]   Auch *economies of scale* oder Größenvorteile: bei steigender Menge sinken die Produktionsfaktoren pro Einheit.

und folglich in der Gülle, Vögel als Fraßfeinde der Insekten und noch viel, viel mehr. Landwirtschaft kann nicht in der Petrischale stattfinden.

Die räumliche Konzentration und Isolation der Nutzpflanzen und -tiere bietet zudem unerwünschten Gattungen, zum Beispiel Parasiten, Bakterien und Viren ökologische Nischen. Um ihrer Anpassung und Vermehrung entgegenzuwirken, müssen die Landwirte giftigere Mittel einsetzen – oder mehr Arbeitsaufwand betreiben. Agrarische Monokulturen werden allmählich wieder »multikulturell«, Resistenzen entstehen. Die intensive Landwirtschaft trägt ihren Namen zu Recht, sie beschleunigt und erhöht den Umsatz der Nährstoffe und des Wassers. Aber mit der Zeit laugt der überbeanspruchte Boden aus und bringt geringere Erträge. Auch »Automatisierung auf dem Acker« mithilfe aufwendiger Sensorik und Robotik kann dieses Problem nicht lösen.[*] Ökonomisch ausgedrückt, nehmen die Skaleneffekte langfristig wieder ab, einige Effizienzgewinne durch Monokultur sind nur vorübergehend.[**]

---

[*]   Die sogenannte »Precision Agriculture« bzw. »Landwirtschaft 4.0« etc. bringt Effizienzgewinne, die je nach Lage und Pflanze unterschiedlich groß ausfallen, aber die Agrarkrise keinesfalls lösen können. In einer Antwort der Bundesregierung ist die Rede von Einsparpotenzialen bei Stickstoff »im Bereich von 10 Prozent«, bei Herbiziden »um 30 bis 70 Prozent« (»Risiken und Chancen der Digitalisierung in der Landwirtschaft für Gesellschaft und Gemeinwohl«, Drucksache 19/16229, 19. Wahlperiode, 23.12.2019). In einem Bericht des Büros für Technikfolgenabschätzung von 2005 heißt es: »Für die ökologische Dimension nachhaltiger Landbewirtschaftung lässt sich zusammenfassend festhalten, dass Precision Agriculture verschiedene Umweltentlastungspotenziale besitzt, diese aber begrenzt sind. … die bestehenden Nachhaltigkeitsdefizite der Landwirtschaft (können) nur teilweise durch den Einsatz moderner Technik behoben werden (z. B. Nährstoffüberschüsse aufgrund regional konzentrierter intensiver Tierhaltung).« (Christine Rösch / Marc Dusseldorp / Rolf Meyer (2005): Precision Agriculture. Arbeitsbericht Nr. 106, Dezember 2005, online als PDF: www.tab-beim-bundestag.de). Es existieren fast keine unabhängig finanzierten vergleichenden Untersuchungen.

[**]   Dies lässt sich nicht ohne Weiteres rückgängig machen, anschaulich ist die Rede von einer »Pestizid-Tretmühle« (*pesticide treadmill*).

Auch die Fleischindustrie hat ihren Rohstoff planmäßig verändert.[*]
Sie hat zum Beispiel das Huhn für die Eier- oder Fleischproduktion
optimiert und so die Gattung züchterisch aufgespalten in Legehybride
und Masthybride. Sie hat die Lebensspanne der Masthähnchen (Broiler) auf 40 Tage verkürzt, dabei können Hühner eigentlich zehn Jahre
und älter werden. Sie hat Tiere erzeugt, die das Gewicht von ausge-
wachsenen Hühnern auf dem Körper von jungen herumschleppen
und deren innere Organe diesem Druck nicht gewachsen sind. Die
neuen Nutztierställe sind weitgehend automatisiert. In den kapital-
intensivsten Anlagen der Hühner-Vermehrungsbetriebe kommt auf
100.000 Tiere nur ein Beschäftigter. Beleuchtung und Belüftung dienen einem optimalen Wachstum, die Ammoniak- und Kohlenstoff-
konzentration der Luft wird automatisch geregelt.

So schafft die Viehzucht eine artspezifische Umwelt für maximalen Ertrag bei minimalen Kosten. Aber die evolutionäre Dynamik
der Mikroorganismen und Zoonosen ist ihre Nemesis. Rob Wallace nennt sie präzise einen »lebendigen Schadstoff« der Fleischindustrie. Die entscheidende Pointe daran ist, dass die größten und
mächtigsten Unternehmen – vor allem die Basiszüchter am Anfang
der Produktionskette und die Schlachter und Fleischverarbeiter an
ihrem Ende – das Risiko auslagern können. Abgesehen von Krank-
heitsausbrüchen in den eigenen Beständen handelt es sich für sie um
eine Externalität, einen Effekt, der in den Bilanzen nicht auftaucht
und daher nicht wirklich von Interesse ist. Die Nebenfolgen dieser
Produktionsmethoden treffen die mächtigsten Kapitalgruppen gerade nicht. »Was auch immer schiefgeht, jemand anderes bezahlt die
Rechnung«, erklärt Rob Wallace. (vgl. Kap. 6)

Die Macht dieser Konzerne beruht unter anderem auf der wachsenden Internationalisierung und Monopolisierung auf dem Fleisch-

---

[*]   Übrigens ist auch in diesem Sektor die Rede vom *Precision Livestock Farming*,
       womit zum Beispiel die automatische individuelle Fütterung der Tiere über
       Funketiketten oder Gesichtserkennung (!) gemeint ist. Weniger präzise ist
       allerdings die medikamentöse Behandlung der Tiere, denn beim Ausbruch
       eines Infekts wird immer noch der ganze Bestand behandelt.

markt. Rob Wallace führt in erster Linie US-amerikanische Beispiele an, hierzulande wäre er aber genauso fündig geworden. Seit 1994 sank die Zahl der Hühnermastbetriebe von etwa 70.000 auf 4.500, obwohl die produzierte Fleischmenge in diesem Zeitraum anstieg.[13] Weniger Einheiten mästen immer mehr Tiere: »In Betrieben mit weniger als 10.000 Mastplätzen leben gerade einmal ein Prozent aller Masthühner.«[14] Vier Unternehmen dominieren den deutschen Markt (*Vion*, *Tönnies*, *Westfleisch* und *Danish Crown*). Weil sie Überkapazitäten aufgebaut haben, liefern die Schlachtbetriebe vermehrt ins Ausland, vor allem nach China. Deutschland ist in dieser Sparte ein *Global Player* – nach den USA und Kanada der drittgrößte Schweinefleisch-Exporteur der Welt.

Woran merken wir eigentlich, dass wir eine ökologische Grenze erreicht haben?

COVID-19 ist eine menschengemachte Naturkatastrophe. Nicht nur in dem Sinn, dass die Überwachung und medizinische Eindämmung versagt haben. Wir entfesseln Naturkräfte, die wir nicht beherrschen. Wirksame Maßnahmen gegen die wachsende Gefahr durch Zoonosen sind nicht in Sicht. Die Wildtiermärkte zu verbieten, wie es der deutsche Entwicklungshilfeminister Gerd Müller und einige Umweltschutzorganisationen fordern[*], schafft das Problem nicht aus der Welt, weil diese Krankheiten ebenso in der Nutztierhaltung entstehen.[**] Auch mit biomedizinischen und technischen Mitteln allein ist die evolutionäre Dynamik der Mikroorganismen nicht in den Griff zu bekommen.

---

[*]   So zum Beispiel die »Internationale Allianz gegen Gesundheitsrisiken im Handel mit Wildtieren und Wildtierprodukten«.

[**]   Ein bloßes Verbot, ohne gleichzeitig Alternativen zu schaffen, wäre im Übrigen äußerst ungerecht gegenüber vielen der Ärmsten in Teilen von Afrika und Südostasien, die auf Wildfleisch als Proteinquelle angewiesen sind.

Dies entspricht dem Charakter der ökologischen Krise insgesamt. Ein Team um die Geologin und Biologin Carys Bennett von der Universität Leicester wies Ende 2018 darauf hin, dass die Körpermasse aller Broiler zusammen mittlerweile die Masse aller anderen Vögel weltweit übersteigt.[15] Im sogenannten Anthropozän prägt sich die Menschheit in die geologische Struktur des Planeten ein. Wir formen die Biosphäre grundlegend um, aber eigentlich wissen wir gar nicht, was wir da tun. Kein Wunder, dass die Lösungsvorschläge zunehmend bizarr klingen: Geoengineering gegen die Folgen des Treibhauseffekts – *Gene Drive*, um Parasiten auszurotten – Impfungen für die Tiere in den Regenwäldern, um Zoonosen zu verhindern – Miniaturdrohnen als Bestäuber wegen des Bienensterbens. Abenteuerliche Konzepte mit unkalkulierbaren Risiken werden ernsthaft diskutiert.

Die gegenwärtige Landwirtschaft stößt an Grenzen. Aber der Kapitalismus akzeptiert keine Grenzen. Er überwindet sie, muss sie überwinden. Zu welchem Preis und wie lange noch? In den 1870er Jahren beschrieb Friedrich Engels, wie die kubanische Plantagenwirtschaft Wälder so rücksichtslos abholzte, dass der Boden fortgeschwemmt wurde. Wir beherrschen die Natur nicht, »so, wie ein Eroberer ein fremdes Volk beherrscht«, erklärt Engels an diesem Beispiel. Wir gehören ihr an. Unsere besondere ökologische Rolle beruht nur darauf, dass wir »ihre Gesetze erkennen und richtig anwenden« können.[16]

Dieses Zitat könnte durchaus von Rob Wallace stammen. Er hegt keine romantischen Vorstellungen über einen Naturzustand, den es zu bewahren gelte, und schon gar keine Sympathie für die Krankheitserreger. Er betrachtet sie höchstens mit widerwilligem Respekt. Eben deswegen macht er klar, dass wir uns mit unseren bisherigen Methoden ihrer Beherrschung in eine Sackgasse manövriert haben.

I.
PANDEMISCHE ZEITEN

1.
COVID-19 und
die Kreisläufe des Kapitals[*]

Kalkulation

Frühjahr 2020: COVID-19 ist offiziell zur Pandemie erklärt worden. Die Krankheit, die durch das Coronavirus SARS-CoV-2 ausgelöst wird, ist das zweite Schwere Akute Atemwegssyndrom (SARS) seit dem Jahr 2002. Ab Ende März gelten für ganze Städte Ausgangsbeschränkungen. Ein Krankenhaus nach dem anderen wird von einem Ansturm von Patienten erfasst.

China erlebt gegenwärtig eine Atempause, der erste Ausbruch ebbt ab[17], ähnlich in Südkorea und Singapur. Obwohl die Epidemie erst begonnen hat, ächzt Europa bereits unter der Last der Todesfälle. In Lateinamerika und Afrika mehreren sich die Infektionen bisher nur langsam. In den Vereinigten Staaten sehen die nächsten Monate düster aus. Die Infektionswelle wird voraussichtlich erst im Mai ihren Höhepunkt erreichen, aber das medizinische Personal und Krankenhausbesucher rangeln sich bereits jetzt um die schwindenden Vorräte an Schutzausrüstung.[18] Die Gesundheitsbehörden haben den Pflegekräften beschämenderweise den Rat gegeben, Halstücher und Schals als Atemmasken zu benutzen. »Dieses System ist dem Untergang geweiht«, lautete deren Kommentar.[19]

Die US-Regierung hat es abgelehnt, medizinische Grundausrüstung wie Masken und Schutzanzüge zentral zu beschaffen und zu

*   Von Rob Wallace gemeinsam verfasst mit Alex Liebman, Luis Fernando Chaves und Rodrick Wallace (Monthly Review, Mai 2020).

verteilen. Nun überbietet sie die Bundesstaaten beim Ankauf. Verschärfte Grenzkontrollen werden uns als eine gesundheitspolitische Maßnahme präsentiert, obwohl das Virus im Landesinnern fast ungehindert grassiert.[20]

Ein Team von Epidemiologen vom *Imperial College London* rechnete vor, was die beste Kampagne zur Abschwächung sei: Wenn wir die erfassten Infizierten unter Quarantäne stellen und die sozialen Kontakte älterer Menschen minimieren, flachen wir die Verlaufskurve der behandlungsbedürftigen Fälle ab. Bei optimaler Eindämmung, so ihre Prognose von Mitte März, würden immer noch 1,1 Millionen Menschen in den Vereinigten Staaten sterben. Die Fallzahl insgesamt werde die Menge der intensivmedizinischen Krankenhausbetten um das Achtfache übersteigen.[21] Eine andere Möglichkeit als das Abflachen wäre natürlich, das Virus zurückzudrängen und die Ausbreitung ganz zu unterdrücken. Wie in China müsste das Gesundheitssystem dann Kontaktsperren für Familien und Gemeinden durchsetzen, öffentliche Einrichtungen und Geschäfte müssten geschlossen werden. Mit solchen Maßnahmen ließe sich die Zahl der Todesfälle auf etwa 200.000 senken.

Die Forschungsgruppe vom *Imperial College* schätzt, dass eine Eindämmungskampagne mindestens 18 Monate andauern müsste, um erfolgreich zu sein, was allerdings zum Schrumpfen der Wirtschaft und dem Verfall von öffentlicher Infrastruktur führen würde. Die Forscher schlagen daher vor, Krankheitsbekämpfung und Wirtschaftswachstum miteinander auszusöhnen, indem wir die Quarantäne ein- und ausschalten, je nachdem wie viele Krankenhausbetten zur Verfügung stehen.

Andere Wissenschaftler widersprechen. Eine Forschungsgruppe unter der Leitung von Nassim Taleb (bekannt durch sein Buch »Der Schwarze Schwan – Die Macht höchst unwahrscheinlicher Ereignisse«[22]) kritisiert, dass das Modell des *Imperial College* die Möglichkeit von Kontaktverfolgung und Kontrollgängen von Haustür zu Haustür nicht berücksichtigt.[23] Aber dieser Einwand übersieht, dass die Epidemie längst ein Ausmaß erreicht hat, das die Bereitschaft der

Regierungen zu solchen Maßnahmen weit überfordert. Erst wenn die Epidemie wieder nachlässt, werden einige Länder sie einsetzen (hoffentlich auf Grundlage effizienter und zuverlässiger Tests). Wie ein Scherzkeks im Internet kommentierte: »Das Coronavirus ist zu extrem. Die USA brauchen einen gemäßigten Virus, auf den wir schrittweise reagieren können.«

Die Gruppe von Taleb bemerkt, dass das Team vom *Imperial College* die Strategie, das Virus auszurotten, überhaupt nicht in Betracht zieht. Eine solche Elimination bedeutet nicht, dass gar keine Fälle mehr auftreten. Die Fälle wären nur so isoliert, dass sie mit hoher Wahrscheinlichkeit keine neuen Infektionsketten auslösen. In einem Fall in China kam es nur bei fünf Prozent der Kontaktpersonen zu einer Infektion. Letztlich befürwortet das Taleb-Team eine Eliminationskampagne wie in China, bei der die Regierung schnell genug alle verfügbaren Ressourcen mobilisiert, um den Ausbruch zu ersticken, statt dauerhaft hin und her zu schwanken zwischen den Erfordernissen, einerseits die Krankheit zu bekämpfen und andererseits der Wirtschaft genügend Arbeitskräfte zur Verfügung zu stellen. Anders gesagt, Chinas strenger (und ressourcen-intensiver) Ansatz erspart der Bevölkerung Monate, vielleicht sogar Jahre der Isolation, die das Team vom *Imperial College* anderen Ländern empfiehlt.

Der mathematische Epidemiologe Rodrick Wallace (einer der Autoren dieses Beitrags) würde diese Tabellen am liebsten ganz neu berechnen. Das Modellieren von Notfällen mag unumgänglich sein, aber der gewählte Zeitraum stimmt nicht. Die strukturellen Ursachen gehören zum Notfall dazu.

Wenn wir das berücksichtigen, werden wir herausfinden, wie langfristig tragfähige Antworten auf die Epidemie lauten. »Wenn Feuerwehrleuten ausreichend Ressourcen zur Verfügung gestellt werden, können sie die meisten Brände mit wenigen Opfern und geringem Sachschaden eindämmen. Dies gelingt ihnen aber nur, weil gleichzeitig weniger romantische, aber ebenso heldenhafte Anstrengungen unternommen werden: die hartnäckige Kontrolle und Überwachung der Brandschutzbestimmungen durch die Behörden, die sicherstellen, dass überall ausreichend Feuermelder, Feuerlöscher und Hydranten zur Verfügung stehen und so die Brandgefahr in Schach halten.[24]

Überall auf der Welt haben Länder es versäumt, sich auf die Epidemie vorzubereiten und Gegenmaßnahmen zu ergreifen. Sie haben nicht erst im Dezember 2019 versagt, als COVID-19 aus Wuhan schwappte. Beispielsweise begann das Versagen in den USA nicht, als Donald Trump das Team im Nationalen Sicherheitsrat entließ, das für Pandemie-Vorbereitungen zuständig war, und 700 Stellen im *Centers for Disease Control* (CDC), einer nationalen Gesundheitsbehörde, unbesetzt ließ.[25] Es begann auch nicht im Jahr 2017, als eine Simulation zeigte, dass das Land nicht auf eine Pandemie vorbereitet war.[26] Oder als die Regierung »Monate vor der Virusepidemie einen CDC-Experten in China feuerte«, obwohl der fehlende Kontakt zu einem US-amerikanischen Experten vor Ort mit Sicherheit Gegenmaßnahmen verzögert hat. Oder mit der fatalen Entscheidung, nicht das Testmaterial zu benutzen, das die Weltgesundheitsorganisation (WHO) entwickelt hatte, sondern eigene Tests herzustellen. Der stockende Informationsfluss und das völlige Fehlen von Tests werden ohne Zweifel viele, wahrscheinlich Tausende Menschen das Leben kosten.[27]

Eigentlich waren all diese Fehlgriffe schon vor Jahrzehnten absehbar, als das Gemeingut des öffentlichen Gesundheitswesens gleichzeitig vernachlässigt und monetarisiert wurde.[28] Ein Land mit einer individualisierten *Just-In-Time*-Gesundheitsversorgung – der Ausdruck ist ein Widerspruch in sich –, das kaum genug Krankenhausbetten und medizinisches Equipment für den normalen Betrieb hat, ist naturgemäß nicht in der Lage, ausreichend Ressourcen zu mobilisieren, um eine Kampagne zur Ausrottung des Virus – wie in China – durchzuführen.

Der Krankheitsökologe Luis Fernando Chaves (ebenfalls ein Koautor dieses Beitrags) nimmt Bezug auf die dialektischen Biologen Richard Levins und Richard Lewontin, um einen Hinweis des Taleb-Teams bezüglich der Modellstrategien politisch zuzuspitzen: »Die Zahlen für sich selbst sprechen zu lassen«, bedeutet nichts anderes, als die Annahmen aus der Diskussion herauszuhalten, die beim Modellieren zugrunde gelegt wurden.[29] Studien wie jene des *Imperial College*-Teams begrenzen ihre Analyse ausdrücklich auf eng umgrenzte Fragen, die zu den herrschenden gesellschaftlichen Verhältnissen passen. Die Marktkräfte, die den Ausbruch von Epidemien fördern, und die politischen Entscheidungen hinter den Interventionen sind von vornherein aus der Analyse ausgeschlossen.

Gewollt oder ungewollt rückt in solchen Modellen das Ziel in den Hintergrund, allen die gleichen Chancen auf Gesundheit zu geben – darunter Tausenden der anfälligsten Menschen, die sterben werden, wenn ein Land zwischen Wirtschaftswachstum und Krankheitsbekämpfung pendelt. Michel Foucaults Vision des biopolitischen Staates, der seine Bevölkerung im eigenen Interesse bewirtschaftet, kehrt wieder in Gestalt einer malthusianischen Argumentation* für Herdenimmunität, die als Strategie von den britischen Konservativen oder der niederländischen Regierung ins Spiel gebracht wird – das Virus soll sich ungehindert in der Bevölkerung ausbreiten.[30] Aber außer ideologischen Hoffnungen gibt es keinerlei Garantie dafür, dass Herdenimmunität die Epidemie beenden wird. Das Virus könnte sich ohne Weiteres trotz der Immunität der Bevölkerung weiterentwickeln und erneut um sich greifen.

Intervention

Was sollte stattdessen unternommen werden? Wir müssen die privaten Krankenhäuser verstaatlichen, so wie Spanien auf die Epidemie reagiert hat.[31] Wir müssen unsere Tests beschleunigen und ausbauen, so wie es Senegal vormacht.[32] Wir müssen die pharmazeutische In-

---

* Der englische Wirtschaftswissenschaftler Thomas Robert Malthus (1766 – 1834) entwickelte eine Theorie, derzufolge die übermäßige Vermehrung der Armen naturhaft zu Überbevölkerung und Hungerkrisen führt. Die Theorie richtete sich gegen die zeitgenössischen Ansätze der Armenfürsorge. – *Alle Fußnoten [*] wurden verfasst von Matthias Martin Becker.*

dustrie vergesellschaften.[33] Wir müssen den maximalen Schutz für die medizinischen und pflegerischen Beschäftigten sicherstellen, um Personalausfälle zu verhindern. Wir brauchen ein »Recht auf Reparatur« für Beatmungsgeräte und andere medizinische Geräte.[34] Wir müssen im großen Stil antivirale Wirkstoffe wie Remdesivir oder das bewährte Anti-Malaria-Mittel Chloroquin (oder andere erfolgversprechende Wirkstoffe) herstellen, während wir gleichzeitig ihren Nutzen mit klinischen Studien prüfen.[35] Wir brauchen ein System, dass 1) die Unternehmen dazu bringt, die benötigten Beatmungsgeräte und Schutzausrüstung herzustellen, und 2) die Zuteilung an die Stellen mit dem größten Bedarf sicherstellt.

Wir müssen ein Heer von Helfern mobilisieren, das groß genug ist, um die Aufgaben zu bewältigen, die das Virus uns aufzwingt, von der Forschung bis zur Krankenversorgung. Wir müssen die Menge der Betten in den Intensivstationen, das nötige Personal und Equipment der Zahl der Fälle anpassen. Die bestehende Lücke im Bedarf müssen wir mit Sofortmaßnahmen gegen das Virus ausgleichen. Anders gesagt, wir überstehen nicht den Luftangriff von COVID-19, um hinterher das Virus mit Kontaktverfolgung und fallweise Quarantäne unter die kritische Schwelle zu drücken. Wir stellen jetzt genug Leute ein, die von Haustür zu Haustür gehen und die Erkrankungen erkennen. Wir statten sie für diese Aufgabe mit der nötigen Schutzkleidung aus, einschließlich adäquaten Atemmasken.

Bis ein solches Programm umgesetzt wird, bleibt die breite Bevölkerung sich selbst überlassen. Unwillige Regierungen müssen politisch unter Druck gesetzt werden, aber gleichzeitig sollten möglichst viele Menschen sich in den entstehenden Gruppen für gegenseitige Unterstützung und Nachbarschaftshilfe einbringen, in der alten Tradition der proletarischen Organisierung.[36] Medizinisches Personal sollte diese Gruppen einweisen, damit ihre Hilfsbereitschaft nicht dazu führt, dass das Virus sich ausbreitet.

Es ist gefährlich, den überbordenden Wahnsinn allmählich für normal zu halten. Wir müssen den Schock bewahren, den wir spürten, als wir erfuhren, dass nach der Epidemie 2002 ein weiterer SARS-

Virus sein Wildtierreservoir verlassen und sich innerhalb von nur acht Wochen über die Menschheit verbreitet hat.[37] Das Virus entstand am Endpunkt einer regionalen Lieferkette für exotisches Essen und setzte eine Übertragungskette von Mensch zu Mensch am anderen Ende der Stadt Wuhan in Gang.[38] Dort verbreitete sich das Virus einerseits lokal, andererseits nahm es das Flugzeug und den Schnellzug und verbreitete sich über den Globus. Es folgte dem Netz aus Reiseverbindungen und sickerte von den großen zu den kleineren Städten.[39]

Der Wildfleischmarkt in Wuhan wurde mit dem üblichen Orientalismus* beschrieben. Abgesehen davon wurde erstaunlich wenig Mühe aufgewandt, um die naheliegendsten Fragen zu beantworten. Wie wurde die Branche der exotischen Nahrungsmittel so wichtig, dass sie ihre Waren neben traditionellem Vieh auf dem größten Markt in Wuhan vertreibt? Diese Tiere wurden nicht von der Ladefläche eines Lastwagens herab oder in einer dunklen Gasse verkauft. Was ist mit den Genehmigungen und Gebühren (oder ihrer Deregulierung), die zu diesem Geschäft dazu gehören?[40] Die global tätige Wildfleischbranche wird immer formalisierter, stärker noch als die Fischerei. Sie wird aus denselben Kapitalquellen gespeist wie die industrielle Nahrungsmittelproduktion.[41] Auch wenn die erzeugte Menge Fleisch noch längst nicht an die der Massentierhaltung heranreicht, wird die trennscharfe Unterscheidung zwischen ihnen doch immer schwieriger.

Die beiden Wirtschaftszweige überlappen einander auch räumlich. Ihre Verbindungen reichen vom Markt in Wuhan bis ins Hinterland, wo exotische und traditionelle Nutztiere am Rand einer schrumpfenden Wildnis gezüchtet werden.[42] Weil die industrielle Produktion immer weiter vordringt, müssen die Wildfleischbetriebe in die letzten Winkel des Waldes gehen, um ihre Delikatessen aufzu-

---

*   *Orientalismus*: Begriff von Edward Said (1935–2003), einem US-amerikanischen Literaturwissenschaftler palästinensischer Herkunft, für den westlichen Blick auf die arabische Welt, der geprägt sei von Anziehung und gleichzeitig Abscheu, Projektionen und Rassismus. – *Die in Fußnoten erklärten Begriffe finden sich zusätzlich im Glossar, so sie im Text mehrfach vorkommen.*

stöbern oder die letzten Bestände zu plündern. Auf diese Art gelangen die exotischsten Krankheitserreger – in diesem Fall SARS-2 aus dem Reservoirwirt Fledermaus – auf einen Geländewagen, entweder im Wild oder in dessen Jäger. Sie werden vom einen Ende des peri-urbanen[*] Kreislaufs zum anderen Ende katapultiert, bevor sie ihren großen Auftritt auf der Weltbühne haben.[43]

Infiltration

Diese Zusammenhänge müssen erläutert werden. Sie sind wichtig, um effiziente Maßnahmen gegen die gegenwärtige Pandemie zu planen, aber auch um zu verstehen, wie sich die Menschheit in eine derartige Sackgasse manövriert hat.

Manche Krankheitserreger entwickeln sich in den Zentren der Produktion, beispielsweise Bakterien wie Salmonellen oder *Campylobacter*, die sich über Lebensmittel reproduzieren. Viele haben dagegen ihren Ursprung an den Grenzen der Warenproduktion, so wie COVID-19. Tatsächlich entstehen mindestens 60 Prozent der neuen humanen Erreger, indem sie von Tieren auf lokale Gemeinschaften überspringen (bevor die erfolgreicheren unter ihnen sich in der übrigen Welt verbreiten).[44]

Eine Gruppe von Koryphäen auf dem Gebiet der Ökogesundheit (*EcoHealth*[**]) hat kürzlich eine Weltkarte erstellt, auf der die frühe-

---

[*]   *Periurban*: Wörtlich »um die Stadt herum« bzw. »in Bezug auf die Stadt«. Geographische Räume, in denen Städtisches und Ländliches sich durch Zersiedelung verwischen, z. B. weil städtische Funktionen außerhalb von Städten erfüllt werden, etwa das Einkaufen. Der Kreislauf, um den es hier geht, ist die Versorgung der städtischen Bevölkerung mit Jagdwild aus den Wäldern.

[**]   *Ökogesundheit/EcoHealth*: Ein Forschungsansatz, der die Zusammenhänge zwischen ökologischen Veränderungen und menschlicher Gesundheit untersucht und sich insbesondere mit Zoonosen beschäftigt. Die gleichnamige *Ecohealth Alliance* ist eine Nichtregierungsorganisation, in der Behörden, wissenschaftliche Einrichtungen und Unternehmen wie etwa *Boehringer Ingelheim* zusammenarbeiten.

ren Ausbrüche seit dem Jahr 1940 verzeichnet sind. Diese Karte gibt auch Hinweise darauf, wo wahrscheinlich die nächsten Krankheitserreger auftauchen werden. Es ist erwähnenswert, dass einige der Autoren von Firmen wie *Colgate-Palmolive* oder *Johnson & Johnson* finanziert wurden – Unternehmen, die die Entwaldung im Interesse der Agrarindustrie vorantreiben.[45] Je wärmer die Farbe auf der Karte, umso größer die Wahrscheinlichkeit, dass am bezeichneten Ort ein pathogener Erreger entstehen wird. Diese Karte ist glühend rot in China, Indonesien und Teilen von Lateinamerika und Afrika. Aber eine solche Geographie aus Fixpunkten zeigt einen entscheidenden Aspekt nicht. Die Beziehungen zwischen wirtschaftlichen Akteuren prägen das Krankheitsgeschehen, was aber nicht sichtbar wird, wenn wir nur die Zonen in den Blick nehmen, in denen es zu einer Epidemie kommt.[46] Die Verantwortung wird dann gerne den indigenen Bevölkerungen und ihren angeblich schmutzigen kulturellen Praktiken zugeschoben. Aber die wirtschaftliche Entwicklung und die industrielle Produktion verändern die Landnutzung (und zwar im Interesse des Kapitals) und damit auch das Krankheitsgeschehen.[47] Die Zubereitung von *bushmeat*[*] und Bestattungen im eigenen Haus sind zwei der Praktiken, die für das Entstehen neuer Krankheiten verantwortlich gemacht werden. Würden wir aber eine relationale statt eine absolute Geographie benutzen – das heißt: auf der Karte statt festen Punkten *Beziehungen* abtragen wie beispielsweise die Waren-, Geld- und Migrationsströme –, dann wären auf einmal New York, London oder Hongkong die schlimmsten Krankheitsherde.

Mittlerweile decken sich die Muster der Epidemien nicht mehr mit traditionellen staatlichen Strukturen. Der ungleiche ökologische Tausch[**] – der die schlimmsten Folgen der industriellen Landwirt-

---

[*]   *Buschfleisch (bushmeat)* stammt von Wildtieren, die in Wäldern oder Savannen gejagt werden. Das Wild sind Säugetiere, Vögel und Reptilien.

[**]   *Ökologischer Tausch* bezieht sich auch auf den Begriff des »ungleichen Tauschs« aus der Weltsystem-Analyse und den Dependenztheorien. Sie versuchen, die ökonomische und politische Gefälle Dominanz der industrialisierten Metropolen über die unterentwickelten Peripherie zu erklären.

schaft in den Globalen Süden lenkt – beruhte früher darauf, dass
ein staatlich organisierter Imperialismus sich die Ressourcen bestimmter Regionen aneignete. Nun sind neue Strukturen in diesen
Tauschbeziehungen entstanden.[48] Die Agrarindustrie hat ihre ex-
traktivistischen[*] Unternehmungen umgestaltet und betreibt räumlich uneinheitliche Netzwerke unterschiedlicher Größe.[49] So erstreckt sich beispielsweise über Bolivien, Paraguay, Argentinien und
Brasilien hinweg eine Reihe von »Soja-Republiken«, die den multinationalen Konzernen zuarbeiten. Die neue räumliche Ordnung
korrespondiert mit veränderten Strukturen im Unternehmensma-
nagement, bei der Kapitalisierung und Vergabe an Unterauftragneh-
mer, der Verpachtung und dem *Land Pooling*[**].[50] Die »Rohstofflän-
der« überspannen ungehindert ökologische und nationale Grenzen.
Eine Nebenwirkung sind neue Muster der Epidemien.[51]

Ein Beispiel: Im Allgemeinen wandert Bevölkerung aus ländlichen Gebieten, die sich das Kapital erschlossen hat, ab in die städtischen Slums. Diese Kluft zwischen Stadt und Land beherrscht die
epidemiologische Debatte über die neuen Krankheiten. Aber dabei
geraten zu oft die Wanderungsbewegungen zur Landarbeit und das
rasche Wachstum der ländlichen Kleinstädte in Vergessenheit, die
sich in periurbane »Desakotas« (Stadtdörfer) oder »Zwischenstäd-
te« verwandeln. Mike Davis und andere Autoren haben beschrieben,
wie diese sich urbanisierenden Räume als lokale Märkte dienen, aber
auch als regionale Umschlagplätze für global gehandelte Agrarroh-
stoffe.[52] Daher beschränkt sich die Dynamik der Waldkrankheiten
– der urzeitliche Ursprung für Krankheitserreger – nicht länger auf
das Hinterland. Damit haben sich auch die epidemiologischen Beziehungen globalisiert. Ein SARS-Virus, der die Fledermaushöhle
erst vor wenigen Tagen verlassen hat, kann sich plötzlich in einer
Großstadt in einem Menschen wiederfinden.

---

[*]   *Extraktivistisch* steht für Rohstoffexport und ökologischen Raubbau.

[**]   *Land Pooling*: Mehrere Investoren tun sich zusammen und entwickeln ge-
       meinsam unterschiedliche (oft kleinere) Grundstücke.

Die Komplexität der Lebensformen in den tropischen Regenwäldern setzt den Infektionsketten Grenzen. Dadurch wurden solche »wilden« Viren in gewissem Umfang in Schach gehalten. Nun werden diese Ökosysteme durch die kapitalgetriebene Abholzung drastisch rationalisiert und ihre Artenvielfalt vernichtet, während am anderen Ende des periurbanen Kreislaufs das öffentliche Gesundheitswesen und die Umwelthygiene mangelhaft sind.[53] Viele silvatische* Krankheitserreger sterben zusammen mit den Gattungen aus, die ihre Wirte waren. Eine kleinere Gruppe von Infektionen übersteht. Im Wald brannten sie früher vergleichsweise schnell aus, wenn auch nur, weil sie nur in unregelmäßigen Abständen auf ihre Reservoirwirte trafen. Nun vermehren sie sich in humanen Stadtbevölkerungen, die oft besonders anfällig sind. Trotz wirksamer Impfstoffe zeigen die resultierenden Ausbrüche ein größeres Ausmaß, längere Dauer und stärkere Dynamik. Was einst lokal begrenzte *Spillover*** waren, sind heute Epidemien, die sich über die die globalen Reise- und Handelsnetze verbreiten.[54]

Allein durch die Veränderung des ökologischen Zusammenhangs haben sich alte Bekannte wie Ebola, Zika, Malaria und Gelbfieber, die sich früher vergleichsweise wenig weiterentwickelten, schlagartig in regionale Bedrohungen verwandelt.[55] Früher steckten sie von Zeit zu Zeit einen Bewohner in einem abgelegenen Dorf an, heute infizieren sie Tausende in Hauptstädten. Sozusagen in die umgekehrte ökologische Richtung entwickelt sich die Pathogenität bei manchen Wildtieren. Selbst Arten, die diesen Krankheiten als langfristige Reservoirwirte dienten und nicht oder kaum von ihnen beeinträchtigt wurden, werden dezimiert. Neuweltaffen etwa waren mindestens hundert Jahre lang Gelbfieber ausgesetzt. Nun werden ihre Populationen durch die Entwaldung zersplittert, sie verlieren ihre Herdenimmunität und sterben zu Tausenden.[56]

---

*   *Silvatisch*: »Aus dem Wald«, abgeleitet vom lateinischen silva (Wald).

**   *Spillover*: Übergang von Viren, Bakterien oder Parasiten von Tier zu Mensch.

Expansion

Die weltmarktorientierte Landwirtschaft fungiert gleichzeitig als Antrieb und Netzwerk, das Krankheitserreger unterschiedlichster Herkunft über die Erde verteilt, von den abgelegensten Reservoirs zu den zentralsten Metropolen.[57] Auf dem Weg dorthin und dort angekommen, infiltrieren die neuen Infektionen die landwirtschaftlichen *Gated Communities*, vermeintlich »biosichere«[*] Komplexe der Agrarindustrie. Je länger die entsprechende Lieferkette und je größer das Ausmaß der mit der Produktion einhergehenden Abholzung, umso reichhaltiger und exotischer die zoonotischen Erreger, die in die Nahrungsketten gelangen. Die Liste der neuen oder erneut aufkommenden Pathogene in Landwirtschaft und Lebensmittelindustrie ist lang und wird immer länger. (vgl. Kap. 9)

Auch wenn keine Absicht dahinter steht, ist die ganze Produktion doch perfekt organisiert, um die Evolution von Krankheitserregern und ihre anschließende Übertragung zu beschleunigen:[58] Genetische Monokulturen – Schlachtvieh und Pflanzen mit nahezu identischem Erbmaterial – beseitigen die Brandschneisen gegen Epidemien durch die Immunreaktionen, die in vielfältigeren Populationen Übertragungen verlangsamen.[59] Gleichzeitig schwächt die beengende Haltung die Immunreaktion.[60] Größere Populationen und größere Dichte führen zu höheren Übertragungsraten.

Die Evolution der Krankheitserreger wird schneller, dennoch wird fast nichts dagegen unternommen. Höchstens dann, wenn wieder einmal eine Epidemie um sich greift, werden Notfallmaßnahmen ergriffen, um die Quartalszahlen der Unternehmen zu retten.[61] Tatsächlich gibt es weniger Kontrollen auf den Höfen und Verarbeitungsanlagen, neue Gesetze, die die behördliche Überwachung sogar noch *begrenzen* und es Aktivisten erschweren, die Informationen über die Fleischproduktion öffentlich zu machen. Selbst Einzel-

---

[*]   *Biosicher*: Hygiene- und Abschottungsmaßnahmen, damit Mikroorganismen nicht eindringen bzw. nach außen kommen.

heiten über tödliche Epidemien in den Medien zu berichten, kann illegal sein.

Die Industrie externalisiert die Kosten, die durch die Epidemien entstehen. Den Schaden haben die Tiere und Pflanzen in den Anlagen der industriellen Landwirtschaft, die umliegende Tier- und Pflanzenwelt, die lokalen und nationalen Behörden, das öffentliche Gesundheitssystem und schließlich die anders strukturierten Agrarsysteme im Ausland. Laut Berichten der *CDC* nimmt die Zahl der Menschen in den USA zu, die von Krankheiten betroffen sind, die durch Lebensmittel übertragen werden. Auch die Zahl der betroffenen Bundesstaaten steigt.[62]

Für die Krankheitserreger ist die Entfremdung der kapitalistischen Produktionsweise nützlich. Das öffentliche Interesse endet am Tor der Haltung oder Fabrik. Die Erreger umgehen die biologischen Sicherheitsvorkehrungen, die sich die Industrie leisten mag, und strömen wieder zurück in die Bevölkerung. Diese Form der Lebensmittelproduktion mag lukrativ sein, aber sie basiert auf Fehlanreizen. Bezahlen tun wir, und zwar mit dem Gemeingut Gesundheit.

Emanzipation

Es steckt eine bezeichnende Ironie darin, dass New York, eine der größten Städte der Welt, unter einer allgemeinen Kontaktsperre wegen COVID-19 liegt, eine halbe Erdumkreisung entfernt vom Ursprungsort des Virus. Millionen New Yorker haben sich in Wohnungen zurückgezogen, die bis vor kurzem von einer gewissen Alicia Glen verwaltet wurden. Sie war bis 2018 die stellvertretende Bürgermeisterin der Stadt, zuständig für Wohnungsbau und Wirtschaftsentwicklung.[63] Glen ist eine ehemalige leitende Angestellte von *Goldman Sachs*. Sie leitete die *Urban Investment Group* der Kapitalanlagegesellschaft, die Projekte in jenen Stadtvierteln finanziert, die von den anderen Abteilungen bei der Kreditvergabe ausgegrenzt werden.[64]

Glen steht sinnbildlich für eine Verbindung, die uns interessieren muss. Im Zuge der Immobilienkrise und einem tiefen wirtschaftlichen Abschwung, die jene Branche mit verschuldet hatte, erhielten ihr ehemaliger Arbeitgeber sowie *JPMorgan Chase*, *Bank of America*, *Citigroup*, *Wells Fargo* und *Morgan Stanley* 63 Prozent der Notkredite der Zentralbank – drei Jahre, bevor die Stadt New York Glen einstellte.[65] Von Fixkosten befreit, machte sich *Goldman Sachs* daran, seine Beteiligungen krisensicher und breiter zu streuen und entdeckte den Agrarsektor. Die Gesellschaft übernahm 60 Prozent der Anteile von *Shuanghui Investment and Development*, einem riesigen chinesischen Agrarkonzern. *Shuanghui* hatte kurz zuvor das Unternehmen *Smithfield Foods* gekauft, den größten Schweinefleischproduzenten der Welt mit Sitz in den USA.[66] Für 300 Millionen Dollar schnappte sich *Goldman Sachs* zehn Geflügelfarmen in Fujian und Hunan, Nachbarprovinzen von Wuhan, in denen auch Wildtiere für die Stadt gefangen werden. Zusammen mit der Deutschen Bank investierte die Gesellschaft noch einmal fast 300 Millionen Dollar in die Schweinezucht in diesen Provinzen.[67] (vgl. Kap. 2)

Die räumlichen Beziehungen, die oben beschrieben wurden, bilden nun einen geschlossenen Kreis: Die Pandemie bedroht die Mieterinnen und Mieter von Glens Wohnungen in New York, dem größten COVID-19-Epizentrum in den USA. Aber aus New York kamen gleichzeitig auch Triebkräfte, die diese Pandemie erst möglich gemacht haben.

Nationalistische Schuldzuweisungen wie etwa Donald Trumps rassistische Aussagen über das »China-Virus« verdecken, dass die miteinander konkurrierenden Staaten und Kapitalien auch gemeinsame Sache machen.[68] »Feindliche Brüder« nannte sie Karl Marx.[69] Die Eliten konkurrieren um schwindende natürliche Ressourcen und sind sich doch einig darin, die Menschheit zu spalten und die Menschen gegeneinander aufzuhetzen. Die Arbeitenden bezahlen auf den Schlachtfeldern mit ihrem Leben, und mit ihrer Gesundheit, wenn sie jetzt auf der Couch in ihrer Wohnung nach Luft ringen.

Die Pandemie entsteht aus der kapitalistischen Produktionsweise und soll vom Staat verwaltet werden. Tatsächlich eröffnet sie manchen Funktionären und Nutznießern dieses Systems neue Möglichkeiten für Profit. Mitte Februar stießen fünf Senatoren und zwanzig Kongressabgeordnete Aktien in Höhe von Millionen Dollar ab, weil sie einen Wertverlust durch die COVID-19-Pandemie erwarteten. Für diesen Insiderhandel nutzten die Politiker nicht-öffentliche Geheimdienstinformationen, während einige von ihnen öffentlich die damalige Linie der Regierung vertraten, derzufolge das Virus keine Bedrohung darstellte.[70]

Solche dreisten Plünderzüge sind nur die Spitze des Eisbergs. Die Korruption in den staatlichen Gremien ist endemisch geworden – ein Zeichen dafür, dass der US-amerikanische Akkumulationszyklus zu Ende geht und das Kapital sich ausbezahlen lässt. Manche verdinglichen die Finanzwirtschaft und tun damit so, als sei sie unabhängig von der Realität der zugrunde liegenden ökologischen (und epidemiologischen) Verhältnisse. *Goldman Sachs* behauptet sogar, die Pandemie böte wie frühere Krisen »Wachstumsmöglichkeiten«:

»Wir teilen den Optimismus der verschiedenen Impfstoffexperten und Forscher in den Biotech-Unternehmen aufgrund der guten Fortschritte, die bisher bei Therapien und Impfstoffen erzielt wurden. Wir glauben, dass die Angst beim ersten bedeutenden Hinweis auf solche Fortschritte nachlassen wird.

Sich am Abwärtspotenzial zu orientieren, obwohl das Jahresendziel wesentlich höher liegt, ist für *Day-Trader* und *Momentum-Trader** und einige Hedgefonds-Manager empfehlenswert, aber nicht für langfristige Investoren. Ebenso wichtig ist: Ob der Markt auf niedrige Kurse sinken wird, die einen jetzigen Verkauf rechtfertigen würden, ist nicht sicher. Angesichts der Widerstandsfähigkeit und der Vormachtstellung der US-Wirtschaft sind wir zuversichtlich, dass er letztendlich ein höheres Ziel erreichen wird.

---

* *Momentum-Trader* machen sich kurzfristige Schwankungen der Aktienkurse zunutze.

Und schließlich sind wir wirklich der Meinung, dass das derzeitige Kursniveau eine Gelegenheit bietet, das Risikoniveau eines Portfolios langsam zu erhöhen. Für diejenigen, die vielleicht auf überschüssigen liquiden Mitteln sitzen und mit der richtigen strategischen Aktienstruktur einen langen Atem haben, ist jetzt der Zeitpunkt gekommen, schrittweise S&P-Aktien aufzustocken.«[71]

Die Krankheitserreger machen die Kreisläufe von Produktion und Kapital wie radioaktive Kontrastmittel sichtbar. So wird erkennbar, wie unzumutbar sie sind.

Wir haben bisher einige Indizien und Beobachtungen zusammengetragen, um das Zusammenwirken von Ökonomie, Ökologie und Epidemiologie zu beschreiben. Wie lässt es sich systematisch fassen? Ansätze wie *One Health*[*] und ökologische Gesundheitswissenschaft (*EcoHealth*) stehen für eine moderne koloniale Medizin, die weiterhin Indigene und Kleinbauern für die Folgen der Entwaldung verantwortlich macht, durch die tödliche Krankheiten entstehen.[72] Unsere Gruppe ist gerade dabei, ein Modell zu entwickeln, das solche Theorien überwindet. Unsere »Feldtheorie der neoliberalen Krankheitsentstehung« (wozu auch die Verhältnisse in China gehören) verbindet:

- die globalen Kapitalkreisläufe
- die Investitionen des besagten Kapitals, durch die die Komplexität regionaler Ökosysteme zerstört wird, die bisher das Wachstum virulenter Erreger begrenzte
- höhere Raten und eine größere Vielfalt bei Tier-Mensch-Übertragungen (*spillover events*)

---

[*]   *One Health*: Englisch »eine Gesundheit«, wissenschaftlicher und gesundheitlicher Ansatz, den unter anderem die WHO propagiert und der davon ausgeht, dass die Gesundheit von Menschen, Tieren und die Funktionsfähigkeit von Ökosystemen miteinander verknüpft sind und gemeinsam erhalten werden müssen. Beispiele sind die Nahrungssicherheit und die Kontrolle von Zoonosen.

- die Ausweitung des periurbanen Warenverkehrs vom tiefsten Hinterland bis in regionale Städte, wodurch neue Krankheitserreger Nutztiere und Arbeitskräfte infizieren
- die wachsenden globalen Netzwerke aus Reiseverbindungen (und Viehhandels), durch die Krankheitserreger in Rekordzeit aus den besagten Städten in den Rest der Welt kommen
- die Dynamik dieser Netzwerke, die Übertragungen erleichtert und evolutionäre Prozesse in Gang setzen, durch die die Pathogenität für Nutztiere und Menschen steigt
- neben anderen Problemen die fehlende Reproduktion vor Ort in der Massentierhaltung, durch die die natürliche Auslese beseitigt wird, die sonst als »Ökosystemdienstleistung« Krankheiten dauerhaft (und fast kostenlos) entgegenwirkt.

Unsere zugrunde liegende Annahme ist, dass die Ursache von COVID-19 und ähnlicher Erreger nicht auf den Auslöser einer Infektion oder ihren klinischen Verlauf beschränkt werden kann, sondern in den ökosystemischen Verhältnissen liegt, die unter anderem das Kapital seinen Interessen gemäß gestaltet hat.[73] (vgl. Kap. 3) Die große Vielfalt der Erreger aus unterschiedlichen biologischen Rangordnungen, mit unterschiedlichen Wirten, Übertragungswegen, klinischen Verläufen und epidemiologischen Folgen – all die verschiedenen Merkmale und Pfade, die uns bei jeder Epidemie aufs Neue aufschrecken und aufgeregt zu den Suchmaschinen laufen lassen, obwohl sie den immer gleichen Kreisläufen der Landnutzung und Wertakkumulation folgen.

Ein effizientes Gegenprogramm geht weit über die Bekämpfung eines bestimmten Erregers hinaus. Der Ausweg ist nichts weniger als die Geburt einer neuen Welt (oder vielleicht eher die Rückkehr zur Erde).

Niemand von uns, die wir in unseren Wohnzimmern von New York bis Peking festsitzen oder, schlimmer noch, um unsere Toten trauern, möchte eine solche Pandemie noch einmal durchmachen. Sicher, Infektionskrankheiten waren für den größten Teil der Menschheitsgeschichte die Hauptursache für vorzeitige Sterblichkeit und werden immer eine Bedrohung bleiben. Heute ist ein wahres Bestiarium von Krankheitserregern im Umlauf, die schlimmsten von ihnen führen beinahe jedes Jahr zu Epidemien. Seit der Spanischen Grippe (1918 – 1920) sind gut hundert Jahre vergangen, aber es wird wohl wesentlich kürzer dauern, bis wir uns der nächsten tödlichen Pandemie gegenübersehen. Können wir unsere Formen der Naturaneignung grundlegend verändern und einen Waffenstillstand mit diesen Infektionen schließen?

II.
DIE GOLDENEN BÖDEN DER PANDEMIE

2.
Wie entstand die Vogelgrippe?

Zur politischen Virologie des Agrarweltmarktes

Hongkong, März 1997. Eine tödliche Epidemie der Vogelgrippe fegt durch den Geflügelbestand zweier Zuchtanlagen. Die Tierseuche kommt zwar zum Erliegen, aber zwei Monate später stirbt ein dreijähriger Junge an dem gleichen Erregerstamm. Das Virus stellt sich als eine sehr pathogene Version der Influenza A (H5N1) heraus.[*] Die Behörden sind schockiert: Es scheint, als habe dieser Virustyp zum ersten Mal die Grenze zwischen den Gattungen überwunden und einen Menschen getötet. Hinzu kommt, dass die Epidemie andauert. Im November wird ein sechsjähriges Kind infiziert, erholt sich aber wieder. Zwei Wochen später stecken sich ein Teenager und zwei Erwachsene an; zwei von ihnen sterben. In schneller Folge kommt es zu vierzehn weiteren Infektionen.

Die Todesfälle verbreiten Panik in der Stadt. Als die normale Grippewelle einsetzt, gehen viele Patienten ins Krankenhaus, weil sie ihre Symptome für die neue Grippe halten. Mitte Dezember stirbt auf den Märkten der Stadt Geflügel scharenweise, und es scheint, als hätten die meisten infizierten Menschen Kontakt mit Vögeln gehabt. Die Behörden Hongkongs handeln entschlossen. Sie ordnen die Tötung

---

[*]   *Pathogen* bedeutet krankheitsauslösend. Die Buchstaben H und N stehen für das Eiweiß Hämagglutinin bzw. das Enzym Neuraminidase auf der Membran von Influenza-Viren. Mit diesen Proteinen heften sich die Viren an Zellen an und dringen dann in sie ein. Die bislang entdeckten Kombinationen der Hämagglutinine und Neuraminidasen wurden durchnummeriert, daher die Bezeichnungen H1N1, H3N2, H7N9 und so weiter.

des gesamten Geflügelbestandes an, etwa 1,5 Millionen Tiere. Gleichzeitig verbieten sie Einfuhren aus Guangdong, der chinesischen Provinz auf der anderen Seite des Shenzen-Flusses, aus der einige der infizierten Hühner stammten. Im Januar stirbt ein weiterer Mensch, aber schließlich kann der Ausbruch eingedämmt werden.

Das Geflügel, das von diesem Virus angesteckt wurde, leidet nicht nur unter den Magen-Darm-Symptomen, die typisch für die Geflügelpest (aviäre Influenza) sind. Zu den Krankheitszeichen gehören Schwellungen der Kehllappen und Nebenhöhlen, Verstopfung, Blutergüsse auf den Sprunggelenken und Schenkeln und eine bläuliche Verfärbung von Kamm und Beinen.[74] Letzteres ist eine Folge des Sauerstoffmangels, die auch viele der menschlichen Opfer der Influenza-Pandemie im Jahr 1918 aufwiesen. Die Vögel erleiden Gewebeschäden an den inneren Organen und Blutungen im Verdauungstrakt und der Luftröhre, daher bluten sie oft aus dem Schnabel und aus dem Darm. Bei vielen Tieren greift die Infektion auf weitere Organe über, darunter die Leber, Milz, Niere und auch das Gehirn, weshalb sie Krämpfe und Zuckungen aufweisen.

Aus der Perspektive der menschlichen Gesundheit ist der beunruhigendste Aspekt des Virenstammes, dass er auf zahlreiche andere Gattungen überspringen kann. Und die Epidemie in Hongkong, durch die die Welt zum ersten Mal auf die H5N1-Influenza aufmerksam wird, ist deutlich pathogener als die vergleichsweise milden Infektionen, die zuvor gelegentlich ihren Weg von Vögeln zu den Menschen fanden. Die H5N1-Patienten litten hauptsächlich unter hohem Fieber, akuter Lungenentzündung, grippeartigen Symptomen, Entzündung der oberen Atemwege und des Rachens, Bindehautentzündung, Durchfall, Erbrechen (auch von Blut).[75] Manche erlitten multiples Organversagen.

Noch erschreckender als diese Symptome ist die hohe Sterblichkeit bei der Vogelgrippe. Bei Infizierten werden die Lungengefäße porös, Fibrinogen – ein Protein, das bei der Blutgerinnung eine wichtige Rolle spielt – dringt in die Lunge ein.[76] Dadurch entsteht Bindegewebe (Fibroblast), das die Lungenbläschen verstopft, wo der

Luftaustausch stattfindet, es kommt zu akuten Atembeschwerden. In einem verzweifelten Rettungsversuch löst das Immunsystem einen derart starken Gegenangriff von Zytokinen aus (auch bekannt als »Zytokinsturm«), dass sich Flüssigkeit in der Lunge ablagert. Tatsächlich ertrinken die Patienten innerhalb weniger Tage nach der Infektion in ihrer eigenen Körperflüssigkeit.

Nach dem ersten Angriff auf Hongkong zog sich die H5N1-Influenza zunächst zurück. Die Ausbrüche beschränkten sich in der Folgezeit auf Vögel in Südchina. Das Virus durchlief die erste einer ganzen Reihe genetischer Neukombinationen (*Reassortment*). Genabschnitte wurden gegen Abschnitte anderer Serotypen[*] ausgetauscht, bevor das Virus im Jahr 2002 bei Menschen wieder auftauchte.[77] Im Jahr darauf schlug H5N1 erneut zu, diesmal mit aller Macht. Der sogenannte Genotyp Z setzte sich als dominante Kombination durch und verbreitete sich in ganz China, in Vietnam, Thailand, Indonesien, Kambodscha, Laos, Korea, Japan und Malaysia.

Später tauchten zwei weitere Stämme auf. Ab 2005 verbreitete sich eine Variante, die zuerst im nordchinesischen Qinghai identifiziert wurde (H5N1 Hämagglutinin Klade 2.2), in ganz Eurasien und drang in westlicher Richtung bis nach England und Afrika vor.[78] Ein anderer Stamm, der zuerst in der südchinesischen Provinz Fujian entschlüsselt wurde (H5N1 Hämagglutinin Klade 2.3), fasste in verschiedenen Regionen Südostasiens Fuß und verbreitete sich später über die koreanische Halbinsel bis nach Japan.[79]

Laut Angaben der Weltgesundheitsorganisation (WHO) erkrankten zwischen 2003 und 2009 440 Menschen an der Vogelgrippe, 262 von ihnen starben. Die Infizierten hatten Kontakt mit Geflügel gehabt; oft hatten auf kleinen Bauernhöfen Kinder mit einem kranken Tier gespielt. Aber mit der Zeit mehrten sich auch die Fälle von Übertragungen von Mensch zu Mensch – in Hongkong, Thailand, Vietnam,

---

[*] Bakterien und Viren der gleicher Unterart können anhand von spezifischen Antigenreaktionen, die sie bei Bluttests auslösen, in »Serotypen« eingeteilt werden. Gleiche Genotypen können unterschiedliche Reaktionen und unterschiedliches Zellverhalten auslösen.

Indonesien, Ägypten, China, Türkei, Irak, Indien und Pakistan.[80] Die unmittelbaren Übertragungen betrafen hauptsächlich Verwandte, die mit einem Erkrankten zusammenlebten oder ihn versorgten. In der wissenschaftlichen Literatur wird immer wieder die Sorge ausgedrückt, dass das Virus durch diese Infektionen gestärkt werden und einen Mensch-zu-Mensch-Phänotyp ausbilden könnte, der – so wie es bei der Schweinegrippe der Fall war – dann eine weltweite Pandemie auslösen würde, allerdings mit tödlicheren Folgen.

Die geographische Ausbreitung des Virus hängt eng damit zusammen, ob ein solcher Phänotyp entstehen wird. Wie andere Krankheitserreger auch, wird H5N1 in jenen Weltregionen fündig, wo die Tiergesundheit nicht routinemäßig überwacht wird oder eine solche Überwachung unter den Strukturanpassungsprogrammen leidet, die mit internationalen Krediten und neoliberalen Handelsabkommen einhergehen.[81] Hinzu kommt, dass heutzutage Viehzucht, Fischzucht und Landwirtschaft eng miteinander verzahnt sind, überall Märkte für lebende Nutzvögel entstehen und viele Menschen in Kontakt mit Geflügel kommen.[82] Die ländlichen Regionen vieler der ärmsten Länder sind gekennzeichnet von Agrarbetrieben ohne staatliche Aufsicht, die dicht an periurbane Slums angrenzen.[83] Ungebremste Übertragungen in solchen gefährdeten Gebieten vergrößern den genetischen Pool, aus dem sich H5N1 bedienen und spezifisch menschenbezogene Merkmale ausbilden kann. Das Virus entwickelt sich schnell. Während es sich über drei Kontinente verbreitet, kommt es in Kontakt mit einer immer größeren Zahl von sozioökologischen Räumen, darunter die lokal spezifischen Kombinationen von vorherrschenden Wirtskörpern, der Art der Geflügelhaltung und der tiermedizinischen Kontrolle.

Durch eine immer größere Durchmischung und Auslese* kann H5N1 seine evolutionären Möglichkeiten noch besser ausschöpfen.[84] Gut angepasste Varianten entwickeln sich in Reaktion zu den ört-

---

*   Rob Wallace schreibt im Original von »demischer Selektion«, ein Begriff aus der Evolutionsbiologie.

lichen Umständen weiter und verbreiten sich. Sowohl die Neukombination Z, der Qinghai-Stamm als auch der Fujian-Stamm setzten sich gegen lokale H5N1-Varianten durch und wurden regional dominant (der Qinghai-Stamm sogar kontinental dominant). Je größer die genetische und phänotypische Variation in einem bestimmten geographischen Raum, umso kürzer dauert es, bis eine menschliche Infektion entsteht.

Wie sind wir in diese Klemme geraten? Warum entstand diese tödliche Krankheit gerade zu dieser Zeit? So wie das zentrale Rätsel in dem Roman *Solaris* von Stanisław Lem, so hat das Virus eine wahre Forschungsflut ausgelöst.[*] Tausende von Untersuchungen beschäftigen sich mit der molekularen Struktur, Genetik, Virologie, Pathogenese, Wirtsbiologie, dem klinischem Verlauf und Behandlungsmöglichkeiten, Übertragungswegen, Phylogenetik[**] und geographischer Ausbreitung. Diese Literatur liest sich oft spannend, aber sie beruht sozusagen auf einem molekularen Narrativ: Krankheit erscheint als das Ergebnis eines Konflikts zwischen Virion[***] und Immunität – ein Kampf zwischen der Evolution des Virus einerseits und den Bemühungen der Menschheit andererseits, wirksame Impfungen und antivirale Mittel zu entwickeln, ein Kampf zwischen Natur (in rotem Glykoprotein) und Kultur (in weißen Laborkitteln).[85] Unterschiedliche Erklärungsmuster stehen in Konkurrenz miteinander, wer dem einen zuneigt – weil es möglicherweise politischen, kommerziellen oder institutionellen Nutzen verspricht –, der vernachlässigt andere Erklärungen. In der Flut von Mikroskopien, genetischen Sequenzierungen, tertiären Proteinstrukturen, epidemiologischen Modellierungen, Antigen-Kartogrammen und phylogenetischen Baumdiagrammen gehen einige grundlegende Fragen über das Wesen der

---

[*]   Die Geschichte kreist um die Begegnung mit einer unverständlichen, aber mutmaßlich intelligenten außerirdischen Lebensform.

[**]   Die *Phylogenik* ist die Wissenschaft von der biologischen Abstammung und Herkunft, hier die von Viren.

[***] Außerhalb von Körperzellen werden Viren (RNA-Stränge) als *Virionen* bezeichnet.

Vogelgrippe unter – was ist mit den Voraussetzungen und Entstehungsbedingungen dieses Virus?

Noel Castree hat die Literatur ausgewertet, die sich mit diesem Aspekt der Vogelgrippe beschäftigt.[86] Gegenwärtig ist sie kaum mehr als eine unverbundene Sammlung von Fallstudien, aber sie zeigt doch, dass die globalen Finanz- und Produktionsströme, die unser tägliches Leben bestimmen, auch die Kontrolle und Nutzbarmachung nichtmenschlicher Systeme prägen. Castrees Überblick beschreibt die Methoden, mit denen Natur »neoliberalisiert« wird. Als Beispiele dienen ihm Wasserbewirtschaftung, Fischerei, Holzwirtschaft, Bergbau, pflanzliche und tierische Genetik sowie der Handel mit Emissionsrechten für Treibhausgase. Wir können Agrikultur, Zuchtprogramme und die Nutzbarmachung der Natur für die pharmazeutische Forschung hinzufügen. Hier ist ein weiteres Beispiel hinzuzufügen, auch wenn es gewissermaßen in die entgegengesetzte Richtung führt: Ich untersuche die Influenza als ein Fallbeispiel für die unbeabsichtigten biologischen Folgen der Bemühungen, die Entwicklung und Ökologie von Tieren für multinationale Konzerne profitabel zu machen.[87]

Im Folgenden gehe ich den gesellschaftlichen Wurzeln der hochpathogenen Influenza A (H5N1) nach und setze sie in Beziehung zu Evolution und Ausbreitung des Virus, soweit dies anhand der vorliegenden Literatur möglich ist. Zunächst gebe ich einen Überblick über die wesentlichen Konzepte, die für die Virulenz* und Diversifikation eines Pathogens wichtig sind. Meine These lautet, dass diese Merkmale das Ergebnis der sogenannten Viehwirtschaftlichen Revolution sind.** Angesichts des mittlerweile *globalen* Geflügelbestandes versu-

---

*   *Virulenz* bezeichnet die Fähigkeit eines Erregers, einen Organismus zu besiedeln, außerdem den Schaden, den er in diesem Wirtskörper auslöst.

**   Die *Viehwirtschaftliche Revolution* bezeichnet die Veränderung der Fleischerzeugung. Analog zur sog. Grünen Revolution der Landwirtschaft wurden Aufzucht und Haltung von Nutztieren weiter verwissenschaftlicht und industrielle Arbeitsformen eingeführt. In den 1990er Jahren gab es weitere Innovation, es entstand die heute vorherrschende »intensive Viehzucht«.

che ich, eine bislang kaum beachtete Frage zu beantworten: Warum entstand H5N1 in Südchina, und warum entstand sie im Jahr 1997? Die Virulenz der Vogelgrippe auf die Intensivierung der Geflügel-zucht in China zurückzuführen, ist das eine. Die Hartnäckigkeit der Ausbrüche ist das andere. Dass es so schwierig ist, die Epidemien zu verhindern und zu kontrollieren, hat auch Ursachen, die außerhalb der Mauern und Zäune der Massentierhaltungen liegen. Abschlie-ßend schlage ich ein umfassendes, wenn auch nur skizzenhaftes Programm vor, um Abhilfe zu schaffen – ein Programm, das über die behelfsmäßigen Scheinlösungen hinausgeht, die üblicherweise in der Grippesaison zum Einsatz kommen. Nebenbei verfolge ich sozu-sagen erkenntnistheoretische Absichten: Ich verbinde Erkenntnisse aus unterschiedlichen Disziplinen, um eine evolutionäre Virologie zu skizzieren, die von Anfang an und immer den Einfluss der Mensch-heit auf die Evolution von Krankheitserregern mit bedenkt.

Statt die molekularen Mechanismen aufzulisten, mit denen das Vi-rus Zellen für seine Vervielfältigung benutzt, so wichtig das auch sein mag, will ich zunächst zeigen, was die Vogelgrippe so tödlich macht.

Wir züchten uns tödliche Influenza-Viren

H5N1 aus Hongkong hatte gewaltige epidemische und psychische Folgen, aber dies war nicht der erste Ausbruch der Vogelgrippe. Tatsächlich kam es in den USA, wo sich das hochpathogene H5N1 nicht verbreitet hat, seit der Jahrtausendwende zu einer ganzen Reihe von Epidemien.[88] Die Viren waren in der Regel weniger krankheits-erregend und führten nur zu geringen Schäden im Geflügelbestand. Allerdings kam es im Jahr 2002 zu einem sehr pathogenen Ausbruch in Texas. Ungefähr zur selben Zeit verbreitete sich in Kalifornien ein H6N2-Virus mit zunächst geringer Pathogenität, ausgehend von gro-ßen Farmen bei San Diego, das auf seinem Weg durch das kalifor-nische *Central Valley* eine größere Virulenz entwickelte. Erwähnens-wert ist weiterhin ein H5N1-Ausbruch im Jahr 2002 in Michigan.

H5N1 hat die USA also bereits erreicht, wenn auch in einer weniger tödlichen Form. Das Virus zeigt abweichende Proteine innerhalb des Virions*, was übrigens auch belegt, dass die molekulare Übereinstimmung verschiedener Stämme nicht ausreicht, um die Gefährlichkeit zu beurteilen. Hochpathogene und niedrigpathogene Viren müssen anhand anderer Merkmale unterschieden werden. Offensichtlich machen bislang unbekannte Mechanismen niedrigpathogene Stämme virulenter (und, hoffentlich, auch wieder weniger virulent).

Influenza-Viren tauschen miteinander Gensegmente aus (*Antigenshift*). Gegen die neuen Virenstämme gibt es keine Immunität. Beispielsweise wurden Menschen im vergangenen Jahrhundert fast ausschließlich mit H1-, H2- und H3-Stämmen infiziert. So haben wir mit der Zeit ein Antikörper-Immungedächtnis ausgebildet. Wenn viele Menschen mit einer saisonalen Variante desselben Typs konfrontiert sind, verlangsamt dies die Infektionen, denn individuell verfügen wir über eine begrenzte Immunität, kollektiv über Herdenimmunität. Weil wir aber niemals mit einer massenhaften Infektion von H5 zu tun hatten, gibt es nichts, was die Ansteckung der Bevölkerung verlangsamt und beim Individuum abmildert.

Aber warum steigt bei einem bestimmten Grippe-Subtyp die Virulenz? Erinnern wir uns an den H5N1-Stamm aus Michigan, der niedrigpathogen und eher harmlos war. Andererseits kann H5N1 ganze Schwärme von Gänsen auslöschen, eine makabre Entwicklung angesichts der Tatsache, dass die Tiere normalerweise für zahlreiche H5-Stämme das natürliche Reservoir darstellen und von ihnen nicht beeinträchtigt werden.

Üblicherweise müssen sich Krankheitserreger bis zu einer Mindestanzahl vermehren (Quorum), um auf den nächsten Wirt überzugehen. Je schneller und / oder umfangreicher ihre Replikation, umso größer der Schaden im Wirt. Viele Wissenschaftler vertreten

---

* Im Fall der Influenza befinden sich auf der Oberfläche des *Virions* Hämagglutinin- und Neuraminidase-Proteine. Innerhalb der Kapsel befinden sich RNA-Stränge. Auf diese »internen Gene« bezieht sich Rob Wallace hier.

die These, dass die Übertragungsrate die Virulenz bestimmt.[89] Um es ganz einfach auszudrücken: Die Virulenz eines Krankheitserregers stößt an eine natürliche Grenze, denn er muss vermeiden, den Wirtskörper so sehr zu schädigen, dass keine Übertragung mehr stattfindet. Wenn ein Pathogen seinen Wirt tötet, bevor die nächste Infektion stattgefunden hat, unterbricht er seine eigene Übertragungskette.

Aber was geschieht, wenn ein Pathogen »weiß«, dass der nächste Wirt viel früher erreichbar sein wird? Dann kann sich das Pathogen eine deutlich höhere Virulenz erlauben, weil es erfolgreich den nächsten anfälligen Organismus in der Kette erreichen wird. Je höher die Übertragungsrate, umso niedriger sind die Kosten der Virulenz. Entscheidend für die Entwicklung der Virulenz ist also das Angebot an anfälligen Organismen.[90] Solange ausreichend viele vorhanden sind, ist ein virulenter Phänotyp eine gangbare evolutionäre Strategie.

Wenn dieses Angebot zur Neige geht, spielt die Virulenz allerdings keine Rolle mehr, und eine schnelle Übertragung nutzt dem jeweiligen Virenstamm nichts mehr. Letztlich erschöpft sich das Angebot an anfälligen Wirten durch eine hohe Sterblichkeit oder wegen einer entstehenden Immunität. Die Epidemie kommt zum Erliegen. Allerdings ist das nur ein schwacher Trost, wenn ihr zuvor Millionen Menschen zum Opfer gefallen sind.

In Anbetracht dieses Zusammenhanges von Virulenz und Reproduktion stellt sich die Frage, welche Einflüsse im Verhältnis von Virus und Wirt die schockierende Gefährlichkeit von H5N1 ermöglicht haben. Immer mehr Indizien weisen auf die intensive Geflügelzucht hin oder, um einen kritischeren Ausdruck zu verwenden, auf die Massentierhaltung.[91] In ihrer Untersuchung der jüngsten Epidemien weltweit fanden Capua und Alexander keine endemischen* hochpathogenen Virenstämme bei Wildvögeln, dem ursprünglichen Reservoir fast aller Influenza-Subtypen.[92] Stattdessen entwickelten

---

* *Endemisch* bedeutet ständig vorhanden.

zahlreiche niedrigpathogene Influenza-Subtypen erst dann eine größere Virulenz, nachdem sie auf Vögel übergesprungen waren, die von Menschen gezüchtet und gehalten werden. Diese Populationen leben in industriellen Massentierhaltungen oder in Hinterhöfen. Die Haltung im Hinterhof wird in der ein oder anderen Form seit Jahrhunderten praktiziert, ohne dass es je zu einer Epidemie kam, was bei der Influenza plötzlich hochpathogen wurde. Solche Virenstämme finden scheinbar die besten Bedingungen in der industriellen Geflügelproduktion.

Selbst wenn neue Virentypen zunächst in kleinen Farmen entstehen – wir werden auf diese Möglichkeit gleich noch einmal eingehen –, bietet die industrialisierte Viehhaltung dennoch die perfekten Voraussetzungen für virulente Krankheitserreger. Durch die genetische Monokultur der Zuchttiere fallen Immunreaktionen der Tiere weg, die ansonsten die Übertragung abbremsen würden.[93] Weil diese Tiere sich nicht vor Ort vermehren, fehlt die meiotische Rekombination der Erbanlagen*, mit dem eukaryotische Lebewesen wie Tiere und Pflanzen auf die rasche Evolution von Krankheitserregern reagieren können. Zudem begünstigen größere Populationen und die größere Dichte höhere Übertragungsraten. Die beengten Verhältnisse schwächen die Immunreaktion der Tiere. Der schnelle Umschlag, der zu jeder industriellen Produktion dazugehört, liefert permanent neue anfällige Wirtskörper und befeuert so die Evolution von Virulenz.

Doch nicht nur das, in solchen Anlagen wird die Virulenz der Influenza durch weitere Faktoren angetrieben. Die Zuchttiere werden nur so lange gehalten, bis sie die richtige Größe erreicht haben. Daher müssen Infektionen im jeweiligen Tier die kritische Schwelle für die Übertragung schnell erreichen, bevor Huhn, Ente oder Schwein geschlachtet werden. Aber je schneller Viruszellen produziert werden, umso größer der Schaden im Tier. Die altersspezifische Sterblichkeit in der Massentierhaltung zu erhöhen, setzt einen Ausleseprozess in

---

*   Also der Austausch der Chromosomen zwischen den Keimzellen bei der sexuellen Fortpflanzung.

Gang, der zu größerer Virulenz führt. Durch verschiedene Innovationen in der Produktion wurde die Zeit, bis zu der die Hähnchen weiterverarbeitet werden, von 60 auf 40 Tage gesenkt[94], weshalb die Viren gezwungen sind, die Übertragungsschwelle – und die damit einhergehende Virulenz – viel schneller zu erreichen.

Ein ähnlicher Mechanismus in der Virulenz-Entwicklung wurde überaus deutlich, als H5N1-Epidemien durch Massenschlachtungen abgebremst werden sollten: je mehr geschlachtete Tiere, umso stärker der Druck, virulent zu werden.[95] Allerdings berücksichtigt dieses Modell nicht, wie die Virulenz ursprünglich entsteht. Die industrielle Fleischproduktion beruht wesentlich auf dem kontinuierlichen Schlachten. Die Influenza-Viren, die vermutlich von immer jüngeren Tieren übertragen werden, sind nicht nur virulenter, sondern müssen auch in der Lage sein, sich gegen robustere Immunsysteme durchzusetzen.

Auch wenn die Verbindung zwischen einem bestimmten H5N1-Stamm und bestimmten Zuchtanlagen noch nicht eindeutig bewiesen wurde, passt die wachsende phylogenetische Literatur zu dieser Arbeitshypothese. Immer mehr Studien untersuchen das Krankheitsgeschehen in den geflügelreichen Regionen in Südchina, dem mutmaßlichen Epizentrum von H5N1, und nehmen auch bestimmte Produktionsanlagen in den Blick. Lu u. a. zeigen, dass in Guangdong zahlreiche unterschiedliche Influenza-Viren beheimatet sind.[96] Bei Menschen, die beruflich mit Geflügel zu tun haben, war der Anteil von H9N2-Antikörpern signifikant höher (9,5 Prozent).

Zhang u. a. analysierten die H9N2-Epidemien über fünf Jahre hinweg in einer Broiler-Mastanlage in Shanghai.[97] Obwohl die Tiere geimpft wurden, scheinen die Viren aller Ausbrüche in diesem Zeitraum miteinander verwandt gewesen zu sein. Laboruntersuchungen zeigen, dass es dort während des Untersuchungszeitraums Antigendrift und Antigenshift zwischen H9N2 und H5N1 gab.[*] Kurz, wir

---

[*]   *Antigendrift* bezeichnet Mutationen innerhalb der RNA eines Virus, *Antigenshift* den Austausch von RNA-Segmenten zwischen verschiedenen Stämmen.

verstehen das Zusammenspiel von menschlicher Produktion einerseits und der Entwicklung und Verbreitung der Influenza andererseits immer besser.

Dass die Massentierhaltung zu einer größeren Bandbreite von Influenza-Viren beigetragen hat, kann als sicher gelten. In den vergangenen anderthalb Jahrzehnten entstand im globalen Inselreich der industriellen Tierhaltungen eine noch nie da gewesene Vielzahl von Influenza-Varianten, die Menschen besiedeln können. Neben H5N1 gibt es mittlerweile die Schweinegrippe H1N1, H7N1, H7N7, H9N2, sehr wahrscheinlich H5N2 und möglicherweise sogar H6-Serotypen.[98] Scheinbar ist eine Art evolutionärer Rückkopplung entstanden: Eben jene Bemühungen, mit denen die pathogene Vogelgrippe eingedämmt werden sollte, haben deren virale Vielfalt und ihre Widerstandskraft erhöht. Ende 2006 identifizierten der Virologe Gua Yi und seine Kollegen einen zuvor unbekannten H5N1 aus der Fujian-Linie. Nach der Analyse dieses Teams entstand das neue Virus als Reaktion auf die Impfkampagnen im Geflügelbestand, die von der chinesischen Regierung organisiert worden waren. Wie andere Influenza-Typen scheint sich das Virus unter dem Druck des Impfschutzes entwickelt zu haben.[99]

Fabrikmäßige Prozesse scheinen zahlreichen virulenten Influenza-Viren ein günstiges Umfeld zu bieten, auch pandemischen Stämmen. Die im Frühjahr 2009 grassierende H1N1-Schweinegrippe ist ein weiteres Beispiel. Sie stammt aus Massentierhaltungen. Die nächsten Verwandten aller acht Genom-Abschnitte von H1N1 leben in Schweinen. Diese Abschnitte stammen aus ganz unterschiedlichen Weltregionen: Neuraminidase und das Matrixprotein von Stämmen, die in Asien und Europa zirkulieren, die anderen sechs aus Nordamerika. Kein Kleinbauer kann sein Vieh über solche Entfernungen exportieren, er verfügt auch nicht über einen ausreichend großen Absatzmarkt, der es Influenza-Viren von Nutztieren erlaubt, sich entlang internationaler Lieferketten zu verbreiten.

Letztlich handelt es sich bei der Schweinegrippe und künftigen humanspezifischen Influenza-Viren um Folgeschäden der indust-

Deutsche Post
ANTWORT

**PapyRossa Verlag
Luxemburger Str. 202
50937 Köln**

Telefon: +49-(221)-44 85 45, Fax: 44 43 05 – www.papyrossa.de – mail@papyrossa.de

Meine Anschrift (bitte gut leserlich)

Name, Vorname

Straße und Nr.

PLZ und Ort

☐ **Senden Sie mir bitte kostenlos (etwa jährlich)
Informationen zum Buchprogramm per Post zu.**

☐ **Ja, ich möchte Ihren eMail-Newsletter erhalten.**

meine eMail-Adresse

☐ **freiwillige Angaben**
Diese Karte habe ich aus folgendem Buch entnommen:

Von dem Buch erfuhr ich über ein/e: (Mehrfachantwort mögl.)
☐ Buchhandlung – ☐ persönl. Empfehlung – ☐ Rezension
☐ Lesung/Messe – ☐ Autor/in – ☐ Internetseite (s.u.)
☐ Verlagsanzeige in:

Einige Bücher aus dem Papy**Rossa**-Programm

Werner Rügemer
*Die Kapitalisten
des 21. Jahrhunderts*
Abriss zum Aufstieg der
neuen Finanzakteure
361 Seiten I € 19,90

Patrick Schreiner
*Warum Menschen
sowas mitmachen*
18 Sichtweisen auf das
Leben im Neoliberalismus
165 Seiten I € 13,90

Christian Bartlau
Ballverlust
Gegen den
modernen Fußball
Paperback
223 Seiten I € 14,90

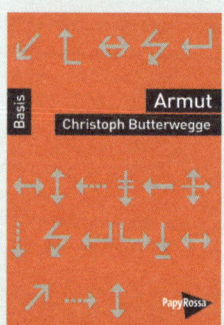

Florence Hervé
Mit Mut und List
Europäische Frauen
im Widerstand gegen
Faschismus und Krieg
294 Seiten I € 17,90

Christoph Butterwegge
Armut
Basiswissen Politik/
Geschichte/Ökonomie
Pocketformat
138 Seiten I € 9,90

Werner Ruf
*Vom Underdog
zum Global Player*
Deutschlands Rückkehr
auf die Weltbühne
127 Seiten I € 12,90

Gesamtverzeichnis unter www.papy**rossa**.de

riellen Fleischproduktion in Form von Epidemien. Sie sind eine Art lebendiger industrieller Schadstoff, der sich fortwährend weiterentwickelt. Sie verkörpern, was James O'Connor den »zweiten Widerspruch des Kapitalismus« nannte: die Unterproduktion der Bedingungen, auf denen die kapitalistische Produktion selbst beruht.[100] In diesem Fall ist es das Gleichgewicht zwischen Mikroben und Säugetieren, das durch den Raubbau an der tierischen Natur zerstört wird. Die Folgeschäden der industriellen Fleischproduktion in Form von Epidemien bedrohen letztlich der Agrarbranche selbst – aber es scheint, als sei sie bereit, dieses Risiko einzugehen, solange es noch die Herstellung ihrer Waren verbilligt.

Gefiederte Waren

2004 analysierten israelische Forscher die Erbanlagen von Hühnern, um Exemplare ohne Federn zu züchten.[101] Beim ersten Betrachten sind wir schockiert, wie sehr der nackte Vogel aussieht wie ein lebendiges Nahrungsmittel. Es kann ausschließlich in warmen Gegenden überleben. Solche Hühner werden nicht im Interesse der Konsumenten gezüchtet, sondern im Interesse der Hersteller. Die Käufer haben schon immer das Rupfen der Tiere vermieden, üblicherweise wird es in der Fabrik durchgeführt. Federloses Geflügel erspart den Herstellern einen Arbeitsschritt.

Der nackte Vogel ist das anatomische Gegenstück zu dem fabrikmäßigen Krankheitsgeschehen, das das Agrobusiness dem Geflügel aufzwingt. Ihre Produktionsanlagen bringen ökologische Verhältnisse hervor, die außerhalb niemals Bestand hätten, einfach weil der Preis in Form von Krankheiten viel zu hoch wäre. Andererseits erlauben diese Verhältnisse, mehr Geflügel in kürzerer Zeit zu verarbeiten. Die entstehenden Schäden werden freilich auf die Nutztiere abgewälzt, aber auch auf die Konsumenten, die Beschäftigten, die Steuerzahler, regionale Behörden und Tiere, die in der Nähe der Massentierhaltungen leben.

Mit wie viel Aufwand das Agrobusiness die Tierproduktion umgestaltet hat, ist erstaunlich. Ein Ergebnis seiner Bemühungen ist die
Vogelgrippe. Südchina dient als Brutstätte für neue Methoden in der
Geflügelzucht.[102] Sun u. a. beschreiben Anlagen in Guangdong, bei
denen die Gänse-Haltungen entgegengesetzt zu den Jahreszeiten be-
leuchtet werden – also etwa indem die Beleuchtung einen früheren
Sonnenaufgang simuliert –, um so außerhalb der Saison Gänseeier zu
produzieren.[103]

Solche Innovationen haben dazu beigetragen, dass sich die Profite
aus der Gänseproduktion verdoppelt haben und der Markt wie auch
der Appetit auf Gänsefleisch in China gewachsen sind. Die überlegene
Marktmacht der Produzenten führte dazu, dass kleinere Anbieter ver-
drängt wurden; das Agrobusiness in der Provinz hat sich konsolidiert.
Absurderweise hatte dieser Konzentrationsprozess zur Folge, dass die
wirtschaftlichen Strukturen sich wieder denen während der Kollektivierung der Landwirtschaft annähern, die von der chinesischen Regierung in den 1980er Jahren beendet wurde. Die technischen Innovationen, auf die wir gleich zurückkommen werden, führten dazu, dass in
der Provinz Millionen zusätzlicher Vögel verwertet werden.

Karl Marx hat viele der Prinzipien skizziert, die solchen Versuchen,
Tiere in Waren zu verwandeln, zugrunde liegen. Im ersten Kapitel des
ersten Bandes des »Kapitals« erklärt er, dass menschengemachte Objekte einen zwiespältigen Charakter haben.[104] Sie haben Gebrauchswert – ein Hammer treibt Nägel in die Wand. In vielen menschlichen Gesellschaften weisen die Objekte auch einen Tauschwert auf
– wie viele andere Objekte (zum Beispiel Schraubendreher) für den
Hammer eingetauscht werden. In einer kapitalistischen Gesellschaft
kommt ein drittes Merkmal dazu, das die Objekte zu Waren macht.
Ein Teil des Tauschwerts besteht aus dem Mehrwert, der Kapitalisten
als Profit zufällt. Marx zeigt, wie sich das Kapital den Mehrwert an-
eignet, der von den Arbeitenden im Produktionsprozess erzeugt wird.
Es versucht, den Mehrwert zu erhöhen, indem Löhne gesenkt werden
oder die Produktivität erhöht wird (ohne entsprechend höhere Lohn-
steigerungen).

Natürlich ist dies eine äußerst verkürzte Darstellung der
Marx'schen Theorie, andere Autoren haben die Folgen der Mehr-
wertproduktion für Lebewesen und ihre Ökologie weit besser und
genauer dargestellt.[105] Um die Evolution der Influenza auf die gesellschaftlichen Verhältnisse zu beziehen, genügt aber zunächst der
allerallgemeinste Aspekt der Theorie: Kapitalisten lassen Waren nicht
deshalb herstellen, weil sie nützlich sein können – Gebrauchswert haben –, sondern weil sie den Mehrwert vergrößern, für sie das wich-
tigste Merkmal des Objektes. Die Farbe oder Form eines Hammers zu
verändern, mag bedeutungslos sein. In anderen Fällen hat die Umgestaltung des Objekts weitreichende, manchmal sogar gefährliche Folgen. In unserem Fall formt das Agrobusiness seine Ware – lebende,
atmende Kreaturen –, um die Produktivität zu maximieren. Was aber
bedeutet es, den Gebrauchswert von Lebewesen zu verändern, die wir
essen? Was geschieht, wenn diese Veränderungen Geflügel zu Seu-
chenüberträgern macht? Erinnern wir uns an die Gänseproduktion
unabhängig vom Wechsel der Jahreszeiten: Entgehen Influenza-Viren
nun der saisonalen Ausrottung, üblicherweise eine natürliche Unter-
brechung in der Virulenz-Entwicklung? Lassen sich die erzielten Profite rechtfertigen, wenn wir dafür einen immer höheren Preis in Form
von Krankheiten bezahlen?

Die massenhafte Kommodifizierung des Geflügels begann während der sogenannten »Viehwirtschaftlichen Revolution« (*livestock
revolution*). Vor dieser Umwälzung fand Geflügelzucht hauptsächlich
in Hinterhöfen statt. In Karten aus dem Jahr 1929, die den Geflügelbestand erfasst, steht ein Punkt für 50.000 Hühner.[106] Der Bestand
war weit über das Land verstreut; der durchschnittliche Hühnerhof
hatte nur 70 Tiere, bei einem Gesamtbestand von 300 Millionen.
Die Branche war so strukturiert, dass örtliche Brutbetriebe Eier an
Hinterhofgeflügelbetriebe und unabhängige Bauern verkauften, die
wiederum unabhängige Transportunternehmen beauftragten, das lebende Geflügel in die Städte zu liefern.

Nach dem Zweiten Weltkrieg kam es zu einer vertikalen Integration der Branche. *Tyson*, *Holly Farms*, *Perdue* und andere Fir-

men kauften die lokalen Hersteller auf und versammelten allmählich jeweils alle Stationen der Hühnerfleischherstellung unter ihrem Dach.[107] Die Punkte auf einer zeitgenössischen Karte repräsentieren nun eine Million Broiler. Der durchschnittliche Bestand einer Haltung liegt bei 30.000 Vögeln, die Gesamtmenge bei sechs Milliarden. Eine Karte von 2002 wiederum zeigt eine unveränderte geographische Verteilung, aber nun ist der Geflügelbestand noch einmal um drei Milliarden Tiere gewachsen.[108] Ein ähnlich explosionsartiges Wachstum gab es bei den Schweinen, besonders in den letzten 15 Jahren.

Das neue Produktionsmodell war so erfolgreich, dass seit den 1970er Jahren mehr Geflügelfleisch hergestellt wurde, als die Bevölkerung verzehrte. Wie viele Brathähnchen kann eine Familie in der Woche verspeisen? Mithilfe von Ernährungswissenschaft und Werbeindustrie etikettierte die Geflügelindustrie ihr Fleisch um und erfand eine verblüffende Zahl neuer Verwendungen, etwa als frittierte *Chicken Nuggets*, gebratene Hühnerstückchen im Salat oder als Katzenfutter. Ausreichend große Märkte im In- und Ausland wurden aufgebaut, die die zusätzliche Menge profitabel abnahmen.

Im Jahr 1940 entwickelte Henry B. Wallace – ein Sohn des Agrarunternehmers und späteren Vizepräsidenten Henry A. Wallace – die erste Hühnerrasse aus Hybridzüchtung*. So entstand die Firma *Hy-Line International*.[109] Innerhalb nur eines Jahrzehnts vermehrten nahezu alle Geflügelzüchter Tiere aus der Hy-line. Bis 1960 war ihre Zahl auf 70 Millionen gestiegen. Die Broiler wuchsen schließlich dreimal so schnell, während sie nur die Hälfte an Futter brauchten. Dieser züchterische Erfolg beruhte übrigens zum Teil darauf, dass die Appetitregulation durch die Hypophyse** der Tiere ausgeschaltet

---

*   *Hybridzüchtung*: Mischerbige Lebewesen sind oft vitaler und werden größer (Heterosis-Effekt). In der Pflanzen- und Tierzüchtung wird dies genutzt, indem zwei Inzuchtlinien miteinander gekreuzt werden. Sie weisen in der ersten Generation gewünschte Eigenschaften auf, die sie in der nächsten Generation wieder verlieren.

**   *Hypophyse*: Hirnanhangsdrüse, zentrale Instanz im Hormonsystem.

wurde. Die Kehrseite der Gewichtszunahme sind die Krankheiten des Knochengerüsts – zum Beispiel die tibiale Dyschondroplasie* – und die erhöhte Sterblichkeit bei Belastungen, die damit einhergehen, dass so viele Tiere auf spindeldürren Beinen mit so viel Fleisch zusammengepfercht werden.[110] Legehennen wurden züchterisch so verändert, dass sie nach Möglichkeit ein Ei pro Tag legen, bis zu 250 Eier im Jahr.

Die Basiszüchter schützen ihre Profite, den ihnen diese Produkte bringen, mit einem »biologischen Kopierschutz«. Sie verkaufen den Unternehmern, die die Tiere vor der Mast vermehren, nur reinrassige Exemplare aus der weiblichen Erblinie oder nur aus der männlichen Linie, so dass Käufer nicht eigenständig Tiere mit den gewünschten Eigenschaften erzeugen können.[111] Die Vermehrer müssen immer wieder neue Hybridhühner nachkaufen – sozusagen das tierische Gegenstück zu den Hybridsamen von *Monsanto* bzw. *Bayer*.

Nach einer langen Marktbereinigung befinden sich fast drei Viertel der weltweiten Geflügelproduktion unter der Kontrolle einer Handvoll multinationaler Konzerne. Die Zahl der primären Züchter, die die ersten drei Generationen herstellen, die dann von den Vermehrern vermarktet werden, sank von elf Unternehmen im Jahr 1989 auf vier im Jahr 2006. Ähnlich bei den Züchtern von Legehennen, hier sank die Zahl im selben Zeitraum von zehn auf nur zwei Unternehmen.

Wir exportieren das Modell »Industrielle Fleischproduktion«

Die industrielle Geflügelproduktion hat sich international ausgeweitet; heute wird überall auf der Welt industriell produziert. Die globale jährliche Produktionsmenge wuchs von 13 Millionen Tonnen

---

* *Tibiale Dyschondroplasie*: Eine ererbte Entwicklungsstörung der Knorpel in den Beinknochen.

Hühnerfleisch Ende der 1960er Jahre auf etwa 62 Millionen Tonnen in den späten 1990er Jahren.[*] Künftig wird der Absatz voraussichtlich vor allem in Asien weiter anziehen.[112] In den 1970er Jahren errichteten asiatische Konzerne wie *Charoen Pokhand* (CP) integrierte Produktionsstätten in Thailand, später in weiteren Ländern. Tatsächlich war CP die erste ausländische Firma, die sich im Rahmen der Wirtschaftsreformen unter Deng Xiaoping in Guangdong niederlassen durfte. Seitdem ist die jährliche Produktionsmenge von Hühnern und Enten in China regelrecht explodiert.[113] Zuwächse der Geflügelproduktion gab es in ganz Südostasien, wenn auch nicht annähernd im gleichen Ausmaß.[114]

Natürlich hat das Agrobusiness Geschäftsprozesse in den Globalen Süden verlagert und profitiert so von billiger Arbeit, billigem Land und schwacher Regulierung (außerdem von hohen Subventionen für Agrarexporte zum Nachteil einheimischer Produktion).[115] Aber viele Unternehmen setzen darüber hinaus auf eine ausgeklügelte Geschäftsstrategie. Die CP-Gruppe beispielsweise, um 2010 herum der viertgrößte Hersteller von Hühnerfleisch weltweit, betreibt Produktionsstätten in der Türkei, in China, Malaysia, Indonesien und in den Vereinigten Staaten. Sie unterhält Futtermittelbetriebe in Indien, China, Indonesien und Vietnam, und ihr gehören diverse Schnellrestaurant-Ketten in ganz Südostasien.

Diese Entwicklungen widerlegen die häufig zu hörende Behauptung, der Markt würde ineffiziente Geschäftspraktiken korrigieren. Im Gegenteil, die vertikale transnationale Integration bewahrt die Unternehmen vor den Folgen ihrer eigenen Fehler. Denn erstens können solche, die den ökonomischen Skaleneffekt ausschöpfen, mit Kampfpreisen ungeschützte lokale Produzenten aus dem Markt drängen, so wie es die großen Supermarktketten getan haben. Später

---

[*]   Laut der *Food and Agriculture Organization* (FAO) der Vereinten Nationen lag die Menge im Jahr 2018 bei 125 Millionen Tonnen Geflügelfleisch. Im Verhältnis zu den 1960er Jahren hat sich die Produktion damit etwa verzehnfacht, während die Weltbevölkerung sich in diesem Zeitraum lediglich etwas mehr als verdoppelte.

haben die Konsumenten keine Möglichkeit mehr, anderswo zu kaufen, etwa um Missgriffe des Unternehmens zu bestrafen. Zweitens können die Unternehmen mit der Drohung einer Verlagerung ins Ausland die örtlichen Arbeitsmärkte kontrollieren, Gewerkschaften unter Druck setzen, Organisationsversuche der Beschäftigten abwehren und die Löhne und Arbeitsbedingungen einseitig festlegen. Gewerkschaften sind aber eine wichtige Kontrollinstanz für die Produktionsabläufe. Diese Abläufe betreffen die Beschäftigten und Konsumenten, aber auch direkt und stellvertretend die Tiere, die verarbeitet werden. Drittens agiert ein vertikal integriertes Unternehmen gleichzeitig als Geflügelhersteller und -händler. So verkauft beispielsweise die CP-Gruppe in ihren *Fastfood*-Ketten Hühnerfleisch aus eigener Herstellung, was auch sonst. Kurz gesagt, gibt es immer weniger unabhängige Händler, die Druck auf die Hersteller ausüben können, um eine bessere Qualität – und dadurch auch eine bessere Behandlung der Tiere – einzufordern.

Die multinationalen Konzerne gehen auf Nummer sicher, wenn sie ihre Fabriken in vielen verschiedenen Ländern betreiben – ein Beispiel für das, was der Geograph David Harvey *spatial fix* genannt hat: das Kapital überwindet sinkende Profite durch räumliche Verlagerung.[116] Die CP-Gruppe unterhält Unternehmensbeteiligungen in ganz China. Ihre Betriebe stellen 600 Millionen der insgesamt 2,2 Milliarden Hühner her, die jährlich in China verkauft werden.[117] Als sich in einer der Tierhaltungen Vogelgrippe ausbreitete, verbot Japan chinesische Importe. Die entstehende Lücke füllten gesteigerte Importe von CP-Unternehmen in Thailand. Aber eine Lieferkette, die viele Länder umspannt, steigert das Risiko von Influenza-Infektionen, selbst wenn sie es dem Unternehmen ermöglicht, in solchen Fällen die kommerziellen Einbußen auszugleichen.[118]

Wenn die Geschäfte stocken oder scheitern, können multinationale Konzerne gezielt Politiker finanziell fördern oder ihre eigenen Kandidaten aufstellen. Thaksin Shinawatra, Besitzer eines Telekom-Konzerns und während der ersten Vogelgrippe-Epidemie thailändischer Premierminister, kam an die Macht, weil er ver-

sprach, das Land wie ein Unternehmen zu führen – ein Verspre-
chen, das er dann auch einlöste.[119] Seine Politik war zeitweise kaum
von den Businessplänen der thailändischen Industrie zu unterscheiden. Seine Regierung stemmte sich gegen die Versuche, die
Vogelgrippe unter Kontrolle zu bringen. Mike Davis beschreibt, wie
die großen Hühnerhaltungen ihre Produktion hochfuhren, als die
Epidemie begann.[120] Laut thailändischen Gewerkschaftern wurden
90.000 Hühner am Tag statt wie bisher 130.000 Hühner verarbeitet
selbst als offensichtlich war, dass viele der Tiere krank waren. Als
die Presse des Landes über die Epidemie berichtete, aßen Shinawatra und seine Minister öffentlich Huhn, um Zuversicht zu demons-
trieren.

Später stellte sich heraus, dass die CP-Gruppe und andere große
Produzenten geheime Absprachen mit Regierungsvertretern getroffen hatten, um Hühnerzüchter, die bei ihnen unter Vertrag standen,
für ihr Stillschweigen über Ausbrüche unter ihrem Geflügel zu bezahlen. Im Gegenzug verschafften die Aufsichtsbehörden den Züchtern Impfstoffe. Unabhängige Hühnerproduzenten wurden dagegen
nicht über die Epidemie informiert, die deshalb die Bauern und ihre
Geflügelbestände besonders hart traf.[121] Als die Intrige trotz Ver-
tuschungsversuchen öffentlich wurde, propagierte die Regierung
Thailands ein Modernisierungsprogramm für die gesamte Branche.
Dieses Programm sah vor, alle Hühner aus Freilufthaltungen, die
möglicherweise in Kontakt mit Zugvögeln gekommen waren, not-
zuschlachten und »biosichere« Gebäude[*] zu errichten, die sich nur
wohlhabende Züchter leisten konnten.

Andere Formen der Tierhaltung, um die Ausbreitung der Influenza von vornherein zu verhindern, stoßen dagegen häufig auf den
Widerstand von Regierungen, die von Geldgebern aus der Branche
abhängig sind. Weil Influenza-Viren wie H5N1 zum Geschäftsmodell des Agrobusiness gehören, werden ihre Interessen in Regie-

---

[*]   *Biosicherheit* bedeutet, durch Abschottung der Anlagen und Hygienemaß-
nahmen im Inneren das Eindringen von Mikroorganismen zu verhindern.

rungskreisen von mächtigen Lobbygruppen vertreten. Wenn solche Institutionen Ausbrüche verheimlichen, um die Quartalszahlen in ihren Bilanzen nicht zu gefährden, tragen sie zur evolutionären Erfolgsgeschichte der Viren bei. Die Lebensform der Influenza ist untrennbar verstrickt mit der politischen Ökonomie der Lebensmittelbranche.

Das transnationale Agrobusiness kann die räumliche Verteilung der Produktion in riesige Gewinne verwandeln, selbst wenn sich dadurch die Epidemien häufen – aber wer zahlt den Preis? Die Kosten der Massentierhaltung und der industriellen Landwirtschaft werden routinemäßig externalisiert. Schon seit langem ist der Staat gezwungen, die Rechnung für die Folgekosten zu begleichen – darunter die gesundheitlichen Probleme der Beschäftigten, die Verschmutzung der Umgebung, kontaminierte Nahrungsmittel und Schäden für die Transport- und Gesundheitsinfrastrukturen.[122]

Nun ist der Staat angesichts der Bedrohung durch die Influenza wieder bereit, die Kosten zu übernehmen, damit die industrielle Landwirtschaft ungestört ihren Geschäften nachgehen kann – diesmal allerdings die Kosten für eine möglicherweise weltweite Pandemie, für die das Agrobusiness einen Gutteil der Verantwortung trägt. Das ökonomische Kalkül ist bemerkenswert: die Regierungen der Welt sind gewillt, diese Branche mit einer Milliarde Dollar nach der anderen zu subventionieren, denn sie bezahlen für die Schadensbegrenzung in Form von Impfungen für Tier und Mensch, Tamiflu* und Reinigungsaktionen. Erstaunlicherweise scheint das Establishment bereit zu sein, einen Großteil der weltweiten Produktivität aufs Spiel zu setzen, die katastrophal einbrechen wird, wenn zum Beispiel in Südchina eine tödliche Pandemie ausbricht – von Millionen Menschenleben einmal abgesehen.

---

* *Tamiflu* mit dem Wirkstoff Oseltamivir ist ein antivirales Medikament gegen die Influenza mit geringer Wirksamkeit. Auf Empfehlung der Weltgesundheitsorganisation haben viele Länder nach der Jahrtausendwende große Vorräte des Medikaments angelegt.

Warum Guangdong? Warum 1997?

Die Reorganisation der Viehwirtschaft in China folgte dem US-amerikanischen Modell einer vertikal integrierten Landwirtschaft. So beschleunigte sie den Übergang der Ökologie der Influenza in einen neuen Zustand. Der daraus resultierende Selektionsdruck führte zu größerer Vielfalt, stärkerer Virulenz und einer gesteigerten Bandbreite bei den Wirten.

Wissenschaftler beobachten seit Jahrzehnten, wie neue Subtypen der Influenza in Südchina entspringen, gerade auch in Guangdong.[123] Als in den 1980er Jahren die Intensivierung der Viehwirtschaft angelaufen war, fand der Mikrobiologe Kennedy Shortridge von der Universität Hongkong 46 der 108 Kombinationen von Hämagglutinin und Neuraminidase, die zu diesem Zeitpunkt weltweit zirkulierten, in einer einzigen Geflügelfarm in Hongkong.[124] Shortridge listete auch die wesentlichen Gründe auf, warum Südchina das Epizentrum für neue Pandemien war – und dies wohl auch künftig bleiben wird:

- In Südchina werden in unzähligen Teichen Enten gezüchtet, was die oral-fäkale Übertragung vieler Influenza-Subtypen begünstigt. Schon zu Beginn der Qing-Dynastie Mitte des 17. Jahrhunderts wurden sie nicht mehr an Flussufern, sondern in bewirtschafteten Reisfeldern gehalten.[125]
- Die größere Mischung von Influenza-Serotypen in Südchina macht es wahrscheinlicher, dass durch *Reassortment* eine neue lebensfähige Kombination der Gensegmente entsteht; das begünstigt humane Virenstämme.
- Die Influenza grassiert das ganze Jahr über, weil sie die interepidemische Phase im Sommer durch fäkal-orale Übertragungen übersteht.
- Die räumliche Nähe von Wohngebieten und einem Wildwuchs an Märkten, auf denen lebende Vögel verkauft werden, stellt einen idealen Nährboden für humane Virenstämme da.

Seitdem Shortridge diese Umstände Anfang der 2000er Jahre beschrieb, sind sie, aufgrund der wirtschaftlichen Liberalisierung in

China, nur noch günstiger für die Influenza geworden. Millionen von Menschen sind in den 1990er Jahren nach Guangdong gezogen – eine der größten Migrationsbewegungen in der menschlichen Geschichte –, also vom ländlichen China in die Provinzen an der Küste.[126] Shenzen, eine der Sonderwirtschaftszonen von Guangdong zur Förderung des Freihandels, verwandelte sich aus einer Kleinstadt mit 337.000 Einwohnern im Jahr 1979 in eine Metropole mit 8,5 Millionen Menschen im Jahr 2006. Wie bereits erwähnt, kamen aufgrund der veränderten agrartechnischen Produktionsmethoden und Eigentumsstrukturen in diesem Zeitraum Milliarden Tiere zusätzlich in die Fleischproduktion.[127] Die Produktionsmenge von Geflügelfleisch stieg in China von 1,7 Millionen Tonnen im Jahr 1985 auf annähernd 13 Millionen Tonnen im Jahr 2000. Die Menge von Entenfleisch verdreifachte sich in den 1990er Jahren. Unter solchen sozioökologischen Bedingungen verwundert es nicht, dass bereits zahlreiche Krankheitserreger entstanden waren, als H5N1 auf den Plan trat. Mike Davis fasst die Entwicklung folgendermaßen zusammen:

»Einige Influenza-Subtypen waren auf dem Weg, pandemisches Potenzial zu entwickeln. Vielleicht hatte die Industrialisierung von Südchina zentrale Parameter in einem bereits sehr komplexen ökologischen System verändert, weil sich mit ihr die Kontaktfläche zwischen aviärer Influenza und nicht-aviärer Influenza exponentiell ausgedehnt hatten.* Als die Anzahl der Übertragungen zwischen den verschiedenen Gattungen zunahm, beschleunigte sich gleichzeitig die Evolution der protopandemischen Virenarten.«[128]

Das Hämagglutinin-Protein des H5N1-Stammes wurde zum ersten Mal von chinesischen Wissenschaftlern bei einem Ausbruch in einer Entenhaltung in Guangdong im Jahr 1996 entdeckt.[129] Phylogeograpische Analysen des Virusgenoms deuten darauf hin, dass die Provinz

---

* Also zwischen Viren, die unter Vögeln zirkulierten, und Viren in anderen Gattungen.

bei der Entstehung des ursprünglichen Virenstamms der Vogelgrippe und einiger Tochterstämme eine Rolle spielte.[130] Spätere Untersuchungen machen das Lagebild allerdings komplizierter. Wang u. a. zeigten anhand von zusätzlichen H5N1-Proben aus Südchina, dass das Virus der ersten Epidemien in Thailand, Vietnam und Malaysia am engsten mit Proben aus Yunnan verwandt war, einer anderen südchinesischen Provinz.[131] Die Ausbrüche in Indonesien wurden wahrscheinlich von Stämmen ausgelöst, die zuerst in der Provinz Hunan isoliert wurden.

Diese wissenschaftlichen Ergebnisse sind wichtig, weil sie zeigen, wie komplex die Frage nach dem Ursprungsort ist. Das bedeutet keineswegs einen Freispruch für Guangdong. Selbst wenn manche H5N1-Stämme aus anderen Regionen stammen, führte die zentrale sozioökonomische Stellung der Provinz dazu, dass neuartige Virenstämme aus dem Geflügelhandel sich dort ansammeln und vermischen konnten, bevor sie dann zurück in ganz China und darüber hinaus verteilt wurden.

Die bisherige Forschung deutet darauf hin, dass die unterschiedlichen Segmente, die sich verbinden, zuvor viel weiträumiger verteilt sind, als Shortridge oder irgendein anderer Wissenschaftler es je erwartet hätte. Aber der genetische Ursprung sagt ohnehin wenig darüber aus, wie eine bestimmte lokale Neukombination sich zu einem Virus mit einer solchen Virulenz entwickelt, abgesehen davon, dass sie zeigen, wie groß die genetische Variation war, die es dazu ausnutzen konnte. Deshalb müssen wir die tiefgreifenden Umwälzungen der sozioökonomischen Verhältnisse in Guangdong genauer betrachten, um die Voraussetzungen zu verstehen, die zu so tödlichen Krankheitserregern führten, die sich so schnell ausbreiten konnten. Dies betrifft nicht nur H5N1, sondern auch eine reichhaltige Auswahl an Viren, darunter Influenza A (H9N2), H6N1 und SARS.[132] Was genau sind die »entscheidenden Parameter« innerhalb der örtlichen Krankheitsökologie? Welche Mechanismen innerhalb der Konfiguration von Mensch und Tier in Südchina sind verantwortlich dafür, dass von dort regelmäßig virale Wellen ins übrige China und die Welt ausgehen? Warum Guangdong? Warum 1997?

700 Millionen Hühner

Beginnen wir mit dem Tod von Mao und der Rehabilitierung von
Deng Xiaoping. In den späten 1970er Jahren kehrte China sich ab
von der Strategie wirtschaftlicher Unabhängigkeit, die während er
Kulturrevolution propagiert worden war, als von den Provinzen er-
wartet wurde, den Großteil der Lebensmittel und Konsumgüter für
den eigenen Verbrauch selbst herzustellen. Stattdessen begann die
Zentralregierung allmählich, wieder Handelsbeziehungen über den
Weltmarkt zu knüpfen. Dies geschah mittels Sonderwirtschaftszo-
nen, die in manchen Regionen von Guangdong (nahe Hongkong),
Fujian (an der Küste gegenüber Taiwan) und später in der ganzen
Provinz Hainan errichtet wurden. 1984 wurden in 14 Küstenstädten
ebenfalls Handelsbeschränkungen aufgehoben – unter ihnen Guang-
zhou und Zhanjiang in Guangdong – wenn auch nicht im gleichen
Maß wie in den Sonderwirtschaftszonen.[133]

Wenn wir die makroökonomischen Kriterien zugrunde legen,
die die vorherrschende Wirtschaftswissenschaft bevorzugt, dann war
diese Politik erfolgreich. Zwischen 1978 und 1993 wuchs das Verhältnis zwischen Außenhandel und Bruttoinlandsprodukt von 9,7 Prozent auf 38,2 Prozent.[134] Ein Großteil dieses Wachstums ging zurück
auf die Industrieproduktion durch Joint-Venture-Unternehmen, die
von ausländischen Investoren finanziert wurden, und auf die ländlichen *Township and Village Enterprises* (TVE), die größere Spiel-
räume ohne zentralstaatliche Kontrolle bekamen. Ab 1979 wuchsen
die ausländischen Direktinvestitionen von 0 auf 45 Milliarden US-
Dollar in den späten 1990er Jahren. China wurde, von den USA abgesehen, zum wichtigsten Empfängerland weltweit.

60 Prozent der ausländischen Investitionen flossen in die Industrieproduktion mit niedrigen Löhnen. Angesichts des Umfangs
der kleinbäuerlichen Landwirtschaft in China floss ein geringer Teil
in den Agrarsektor.[135] Aber das änderte sich schnell. Während der
1990er Jahre wuchs die Geflügelproduktion im jährlichen Durchschnitt um erstaunliche sieben Prozent.[136] Der Exportwert von ver-

arbeitetem Hühnerfleisch wuchs von sechs Millionen US-Dollar (1992) auf 774 Millionen (1996).[137]

Seit China Mitglied in der Welthandelsorganisation ist – und damit verpflichtet, Handel und Investitionen weiter zu liberalisieren –, haben sich die ausländischen Direktinvestitionen in die Landwirtschaft verdoppelt.[138] Dass die US-amerikanische Beteiligungsgesellschaft *Goldman Sachs* im August 2008 zehn Geflügelhaltungen in Huinan und Fujian für 300 Millionen US-Dollar aufkaufte, mochte ein Vorgeschmack auf die weitere Entwicklung sein.[139] *Goldman Sachs* hält bereits eine Minderheitsbeteiligung an der *Yurun Food*-Gruppe, einem chinesischen Hersteller von Fleischwaren, die aber an der Hongkonger Börse gelistet ist. Außerdem gehören der Kapitalbeteiligungsgesellschaft 60 Prozent der Aktien von *Shuanghui Investment and Development*, einem weiteren Fleischwarenhersteller. Die Neuerwerbung eines Betriebes, der weiter oben in der Wertschöpfungskette angesiedelt ist, steht beispielhaft dafür, dass die Geldströme auf dem Weltmarkt in neue Richtungen fließen. Geschickt hat sich der Konzern aus dem hochriskanten Handel mit US-amerikanischen Immobilienkrediten zurückgezogen und steigt während der globalen Nahrungsmittelkrise ein in die vielversprechende neue Welt der globalen Landwirtschaft, denn das ist angeblich ein sicheres Geschäft.

Im Oktober 2008 erließ die chinesische Führung formelle Regeln für solche privaten Investitionen.[140] Unter der Überschrift der Bodenreform, die das Einkommen der ländlichen Bevölkerung verdoppeln soll, dürfen Bauern damit unbegrenzt Handel treiben und – dies ist entscheidend – Pachtverträge eingehen. Diese Verträge dürfen außerdem künftig 70 Jahre anstatt wie bisher höchstens 30 Jahre gelten.

Dass es sich um Verpachtungen handelt, erlaubt der Regierung, an dem politisch bedeutungsträchtigen Gemeineigentum des Bodens festzuhalten. Weil aber inländische und ausländische Konzerne als einzige über die finanziellen Mittel verfügen, um solche Pachtverträge einzugehen – fortan von nahezu unbegrenzter Dauer und für Kapitalgesellschaften spottbillig –, erleben die kleinbäuerlichen

Grundstücke dadurch einen Ansturm neuer Besitzer. Letztlich handelt es sich, mit einem Begriff des Geographen David Harvey, um »Akkumulation durch Enteignung«, organisiert von einer Kommunistischen Partei.[141]

Die Provinz Guangdong war immer an der Speerspitze dieser wirtschaftlichen Entwicklungen. Hier fanden die ersten Versuche der Zentralregierung statt, die ländliche Wirtschaft zu internationalisieren.[142] Ab dem Jahr 1978 wurde die landwirtschaftliche Produktion von Weizen für den Eigenverbrauch umgestellt auf Waren für die Märkte von Hongkong. Unternehmen aus Hongkong investierten, die Erträge von Gemüse, Früchten, Fisch, Blumen, Geflügel und Schwein stiegen. Die alte historische Arbeitsteilung zwischen Hongkong und Guangdong kehrte sich in gewisser Weise um: die Metropole (»die Verkaufsräume«) bot der Provinz (»die Werkstatt«) Möglichkeiten der Vermarktung und Zugang zu internationalen Märkten.[143] Die Wirtschaft Guangdongs lehnte sich innerhalb weniger Jahre eng an Hongkong an und wurde abhängig von der dortigen Wirtschaftsentwicklung. Und umgekehrt: Im Jahr 1997, als die Vogelgrippe ausbrach, flossen vier Fünftel der ausländischen Direktinvestitionen aus Hongkong nach China.[144] Ein Großteil der von Hongkong aus finanzierten Produktion findet mittlerweile in Guangdong statt, wodurch andererseits die industrielle Basis der Metropole zunehmend schwindet.

85 Prozent der ausländischen Direktinvestitionen in die chinesische Landwirtschaft während der 1990er Jahre landeten in Guangdong und einigen anderen Küstenprovinzen.[145] Die Liberalisierung wurde regional unterschiedlich stark vorangetrieben. 1997 gingen 42 Prozent der chinesischen Exporte auf Guangdong zurück, der Provinz mit dem höchsten Bruttoinlandsprodukt.[146] Hier waren die Konzentration exportorientierter Joint-Venture-Unternehmer am höchsten und die Produktionskosten am niedrigsten.[147] In den drei Sonderwirtschaftszonen Shenzen, Shantou und Zhuhai lag das Verhältnis zwischen Export und Bruttoinlandsprodukt bei beeindruckenden 68 Prozent, im Vergleich zum chinesischen Durchschnitt von 17 Prozent.

Zum Zeitpunkt der ersten H5N1-Epidemie in Hongkong war Guangdong eine der drei Provinzen mit der größten Geflügelproduktion, der Bestand lag bei insgesamt 700 Millionen Hühnern.[148] 14 Prozent der Haltungen mit mehr als 10.000 Broilern befand sich dort.[149] Die Produktionsstätten waren technisch modernisiert worden und betrieben die Vermehrung, Aufzucht, Schlachtung und Weiterverarbeitung. Die Unternehmen waren vertikal integriert und umfassten sowohl Futterhersteller als auch Fabriken für die Verarbeitung. Die ausländischen Investitionen förderten den Import neuer Zuchtlinien, die heimische Vermehrung und modernere Fütterung. Allerdings hemmten der fehlende Zugang zu Getreide aus anderen Provinzen und die hartnäckige Vorliebe der Konsumenten für lokale Geflügelsorten in gewissem Umfang die Ausweitung der Produktion. Diese Produktion litt außerdem unter einer unzureichenden tiermedizinischen Aufsicht, was in unserem Zusammenhang natürlich von großer Bedeutung ist.

Zu der raschen und massiven Intensivierung der Geflügelzucht kam noch der Druck auf die Feuchtgebiete der Provinz Guangdong durch mehr gewerbliche Nutzung und eine rasch wachsende Bevölkerung. So wurde die wachsende Vielfalt von ganzjährig zirkulierenden Influenza-Serotypen wie im Schraubstock zusammengepresst und dadurch naturgemäß virulenter. Die virale Ernte – zum Beispiel H5N1 im Jahr 1997 aufgrund von molekularen Zufällen – wurde über Welthandelswege exportiert.

Wir erweitern den Wirkungsbereich der Krankheitserreger

Der Aufstieg von Guangdong rief Widersacher auf den Plan – und auch dieser Konflikt hatte epidemiologische Folgen. Die lokalen Geflügelproduzenten in Hongkong konkurrierten mit den *Joint Ventures* in Guangdong um Exportlizenzen.[150] Provinzen ohne Meereszugang lehnten die Liberalisierung ab, die die Zentralregierung nur den Küstenprovinzen zugestand. Mit den großen Mengen an Devisen, die diese einnahmen, konnten Provinzen wie Guangdong die privatisierten ländlichen Unternehmen im Landesinnern vom Markt für Nutztiere und Getreide verdrängen. Sie verwandelten billiges Getreide in profitableres Geflügel oder verarbeiteten Güter aus anderen Provinzen und verkauften sie zurück. So festigten sie ihre Konkurrenzvorteile und konnten ihre finanziellen Reserven noch weiter ausbauen.

Die Rivalität wurde so heftig, dass Hunan und Guangxi zeitweise Einfuhren aus anderen Provinzen blockierten. Die Zentralregierung versuchte zu vermitteln, unter anderem indem sie Möglichkeiten der Liberalisierung auf die inländischen Provinzen ausweitete.[151] So wurden auch diese in die kommerzielle Landwirtschaft hineingezogen, wenn auch nicht im selben Umfang wie jene an der Küste. Die industrielle Herstellung von Geflügel wuchs – durch Exporte und das inländische Wachstum –, und damit wuchs gleichzeitig der geographische Raum, in dem H5N1 entstehen und sich verbreiten konnte.

Im Gewirr der makroökonomischen Indikatoren bleibt oft ein Konfliktherd unerwähnt: die chinesische Bevölkerung.[152] Zehntausende Beschäftigte der Staatsbetriebe wurden entlassen, der Anteil der Löhne am Bruttoinlandsprodukt fiel von etwa 50 Prozent in den 1980er Jahren auf unter 40 Prozent im Jahr 2000.[153] Chinesische Arbeiterinnen und Arbeiter gerieten unter Druck, weil privatisierte Firmen und Unternehmen mit ausländischen Direktinvestitionen sich nicht länger um Unterkunft, Gesundheitsversorgung oder Rentenzahlungen kümmern mussten.[154]

Besonders die Bauern litten unter den verstärkten kapitalistischen Tendenzen. Die Kollektivierung des Agrarlandes wurde aufgehoben.* Viele Familien gaben die Landwirtschaft auf und verdingten sich fortan als Wanderarbeiterinnen und Wanderarbeiter in den Städten mit informeller Industriearbeit. Dort werden sie oft abschätzig behandelt und genießen nicht die gleichen Rechte auf Schulbil-

---

* Im Jahr 2007 durch die Überarbeitung der »Eigentumsgesetze der Volksrepublik China«.

dung, Krankenversorgung und andere Sozialleistungen, weil diese an den behördlichen Aufenthaltsstatus[*] gebunden sind.[155]

Gleichzeitig drang die Urbanisierung in die ehemals ländlichen Gebiete vor und verbrauchte bäuerlichen Grund und Boden. Er wird nicht mehr für die Landwirtschaft, sondern für Wohnen und Gewerbe genutzt.[156] Satellitenaufnahmen zeigen, das 13 Prozent der landwirtschaftlichen Fläche im Perlflussdelta in Guangdong zwischen 1990 und 1996 urbanisiert wurden, wahrscheinlich die schnellste Verstädterung in China.[157] Ländliche Dörfer verwandelten sich rasend schnell in expandierende Industriestädte, von denen einige mittlerweile bis zu einer Million Menschen beherbergen.[158]

Als das System der Volkskommunen abgeschafft worden war, hatten einige hundert Millionen Bauern den Zugang zu medizinischer Versorgung und Krankenversicherung verloren.[159] In einigen Provinzen war die Säuglingssterblichkeit gestiegen. Hepatitis und Tuberkulose waren weit verbreitet. In mehreren südöstlichen Provinzen war die Rate von HIV-Erkrankten gestiegen, auch in Guangdong.[160] Menschen mit belasteten Immunsystemen, viele von ihnen unterernährt, pendelten zwischen Fabrikarbeit und ihren Heimatdörfern hin und her – wie sollten unter solchen Umständen neue Infektionen an ihrem Ursprungsort bekämpft werden, so wie es die Weltgesundheitsorganisation fordert?

Die Asiatische Finanz-Grippe

Zu den ersten Ausbrüchen der Vogelgrippe kam es im März 1997. Um die Epidemien aus jenem Jahr zu erklären, müssen zwei Ereignisse von geopolitischer Bedeutung berücksichtigt werden. Am

---

[*]   Das *Hokou*-System der staatlichen Wohnsitzkontrolle in China wurde seit 2013 wiederholt reformiert und einige Städte und Regionen haben die Anmeldung am Zuzugsort erleichtert. Wanderarbeiterinnen und Wanderarbeiter vom Land sind aber immer noch nicht rechtlich gleichgestellt und verdienen durchschnittlich weniger.

1. Juli ging Hongkong, das lange eine britische Kolonie gewesen war, als Sonderverwaltungsgebiet an China über und soll bis zum Jahr 2047 vollständig in die chinesischen Strukturen integriert werden.

Am nächsten Tag entkoppelte die thailändische Zentralbank den Baht vom Dollar. Der Kurs der Landeswährung hatte unter Währungsspekulation und einer lähmenden Auslandsverschuldung gelitten. Investoren ergriffen daraufhin die Flucht aus dem Baht, und kurz darauf auch aus anderen Währungen der Region, weil sie der Wirtschaftskraft der Nachbarländer Thailands misstrauten. Die Ökonomien von Malaysia, Indonesien, Taiwan, Südkorea und der Philippinen, die auf ausländische Direktinvestitionen angewiesen sind, wurden von einer Welle von Abwertungen erfasst. Auch der Rest der Welt spürte die Wirkung dieser ansteckenden »Asiatischen Grippe«, wie die Finanzkrise schnell genannt wurde. Überall brachen die Börsenkurse massiv ein.

Sowohl der Transfer Hongkongs an China als auch die asiatische Finanzkrise stehen für langfristige Entwicklungen in der politischen Ökonomie der Region. Sie sind für die Entwicklung und Ausbreitung von Viren von Bedeutung.

Die Intensivierung der Geflügelproduktion in Guangdong ging Hand in Hand mit der Veränderung des Grenzverkehrs mit Hongkong.[161] Die landwirtschaftlichen Transporte verliefen aber keineswegs nur in eine Richtung. Hongkong liefert große Mengen Geflügel, aber auch Früchte, Gemüse, Nüsse, Ölsaaten und Baumwolle ans Festland.[162] Zu den statistisch erfassten Mengen kommt noch illegaler Handel hinzu. Während des Vogelgrippe-Ausbruchs dürfte der Wert des nach China geschmuggelten Hühnerfleischs bei über 300 Millionen US-Dollar im Jahr gelegen haben.[163] Oft wird Hongkong als Opfer der ökologischen Verhältnisse in Guangdong dargestellt, aus der die Vogelgrippe hervorgegangen ist. Tatsächlich war die Metropole eher ein bereitwilliger Akteur.

Die Finanzkrise drückte auf das chinesische Wirtschaftswachstum, aber insgesamt entging China der Asiatischen Finanz-Grippe weitgehend.[164] Mit Milliarden für die öffentliche Infrastruktur und

Krediten hielt die Zentralregierung trotz der Flaute bei den Exporten den wirtschaftlichen Motor am Laufen. Vorausschauend hatte die Regierung bereits vier Jahre zuvor Maßnahmen gegen eine übermäßige Kreditvergabe getroffen, um die Inflation zu senken und eine Überhitzung der Wirtschaft zu verhindern. Damit gingen neue Vorschriften gegen kurzfristige spekulative Investitionen einher, die die Nachbarländer kurze Zeit später teuer zu stehen kamen.

Der chinesische Staat kontrolliert weiterhin strikt die gesamtwirtschaftliche Entwicklung, Kapitalströme und Unternehmensstrukturen, auch wenn er die Steuerung des Geschäftsalltags weitgehend den Provinzbehörden überlässt. Außerdem ist die Wirtschaft weniger abhängig von Exporten geworden. Auch wenn infolge der Sparpolitik im Sozialbereich Millionen von Chinesen verarmten,[165] wuchs die Wirtschaft des Landes bis zur Finanzkrise von 2008 weiter, wenn auch zunehmend abhängig von Luxuskonsum und Immobilienspekulation. Schließlich exportierte China bis zur Krise 1997 vor allem nach Ost- und Südostasien. Eine Nachwirkung der Krise war die verstärkte Orientierung der Handelsbeziehungen nach Europa, Nord- und Südamerika, Afrika und Ozeanien. So konnte China seinen Handelsüberschuss bewahren, weiterhin Auslandsinvestitionen anziehen und seine Währung von den finanziellen Schockwellen aus dem Ausland abschirmen.

Aber China war in der Krise nicht nur Zuschauer. Die wachsende Größe und der zunehmende Einflussbereich seiner Wirtschaft führten wohl dazu, dass seine Nachbarländer den schlimmsten Auswüchsen des neoliberalen Modells noch stärker ausgeliefert wurden.[166] China übertrifft sie bei den ausländischen Direktinvestitionen bei weitem. So wurde das Land zum Hauptexporteur in den Bereichen Textil, Bekleidung, Haushaltswaren, Haushaltselektronik, Fernseher, Computer, bei einer wachsenden Auswahl an Hightech-Geräten und so weiter. Die kleineren Wirtschaften waren gezwungen, ihre Produktion an das chinesische Warenangebot anzupassen, und eine neue regionale Arbeitsteilung entstand. Der transnationale Einfluss Chinas auf die Lieferketten zwingt die anderen Länder, sich auf wenige Vorprodukte zu spezialisieren, die dann in China zusammengebaut werden. So entstanden Wirtschaften, die unbedingt multinationale Unternehmen anziehen müssen, welche auch immer.

Die Verwandtschaft zwischen Vogelgrippe und Asiatischer Finanz-Grippe geht also über ein geglücktes Wortspiel hinaus, sie sind eng miteinander verwoben. Der asiatische Agrarsektor ist zwar immer noch weniger exportabhängig als die Industrieproduktion.[167] Dennoch haben die genannten wirtschaftlichen Entwicklungen in der Landwirtschaft Folgen für die Entstehung von Epidemien: Die Geflügelproduktion wird großräumiger und intensiver betrieben. Rund um die Vogelgrippe griff der illegale Handel räumlich weiter aus. Die internationalen Tiertransporte nahmen zu, die tiermedizinische Aufsicht und Maßnahmen für die Tiergesundheit dagegen ab, auch aufgrund von Sparmaßnahmen.[168]

Die Krise von 1997 verschaffte China die Gelegenheit, seine Geflügelexporte in die Region auszuweiten. Als Arbeitshypothese können wir davon ausgehen, dass einige dieser Lieferungen die Samen für spätere Ausbrüche gelegt haben. Wie können wir dieses Modell nun operationalisieren, objektive Parameter einführen? Wie finden wir heraus, ob transnationale Unternehmen Influenza züchten und verbreiten?

Einzelne Holzverschläge für den Geflügeltransport zu identifizieren, mit denen H5N1 von einem Ort zum anderen gebracht wurde, ist ein wichtiges, aber schwieriges Unterfangen.[169] Die Spur der Krankheitserreger entlang der Lieferkette zu verfolgen, ist ein wichtiges Forschungsfeld und die Grundlage für Gegenmaßnahmen.[170] Staatliche Behörden müssen die Tierhaltungen besichtigen und kontrollieren, und zwar auch die Bedingungen, unter denen Erreger virulent werden. All das ist sicher notwendig, aber diese Bemühungen dürfen nicht von der zugrunde liegenden politischen Ökologie ablenken, die die Influenza-Evolution bestimmt. Schließlich stehen für die Branche jährliche Milliardeneinnahmen auf dem Spiel. Sie könnte durchaus ein Handvoll Vertragsbauern oder Lastwagenfahrer als Sündenböcke anbieten, um das weltweite System miteinander verschränkter Märkte zu beschützen.

Ob Influenza entsteht oder nicht, ist nicht nur eine Frage von klugen Richtlinien oder aufmerksamen Aufsichtsbehörden. Das unbeabsichtigte, wenn auch keineswegs unerwartete Entstehen der Vogelgrippe verweist auf ein systembedingtes Problem, das tief in den politischen Strukturen wurzelt. Und mehr noch, das Virus wird durch Einflüsse bestimmt, die über die Zäune der Massentierhaltung hinausreichen.

Noch mehr Komplikationen

Würden die großen Viehbetriebe abgeschafft, wenigstens in ihrer gegenwärtigen Form, wäre dies ein Fortschritt für Guangdong und darüber hinaus. Sie verschärfen die Virulenz von Krankheitserregern und die Ansteckungsgefahr. Graham u. a. beschreiben eine Reihe der unmittelbaren Pfade, auf denen sich Pathogene zunächst innerhalb der großen abgeschirmten Mastanlagen verbreiten und dann nach draußen gelangen. Dazu gehören unter anderem: der Abtransport der Gülle, deren Verwendung in der Fischzucht, Kontakt der Tiere zu den Beschäftigten, der offene Transport zwischen den Haltungen und den Betrieben, wo Tiere geschlachtet und ihr Fleisch verarbeitet wird, Kontamination der Transportcontainer, Tiere wie beispielsweise Ratten und Fliegen, und die Belüftungsanlagen, die etwa Bakterien der Tiere in der Umgebung verbreiten können.[171] Die »biosicheren« Betriebe sind offenbar doch nicht so biosicher.

Aber für unsere Analyse brauchen wir weitere Ebenen, denn die Lage ist kompliziert. Es existiert nämlich kein direktes Verhältnis zwischen der Dichte von Geflügel und H5N1-Ausbrüchen (auch wenn wir unterschiedliche räumliche Maßstäbe anlegen). In einigen Regionen Asiens verbreitet sich das Virus, obwohl sie vergleichsweise wenig Geflügelhaltung aufweisen. In anderen gibt es Millionen von Tieren, aber sie wurden bisher von H5N1 verschont.

Epidemien entstehen an einem Ort, in diesem Fall in Südchina. Sie brauchen eine gewisse Zeit, um anderswohin zu gelangen, und von dort, mit etwas Glück und Geduld, noch weiter. Ob sie sich verbreiten oder nicht, hängt auch von Faktoren ab, die nichts mit der Geflügelindustrie zu tun haben.

Nehmen wir Thailand als Beispiel. Als der Ökologe Marius Gilbert und seine Kollegen die dortige räumliche Verteilung von Broilern und Hinterhofgeflügel mit der Verbreitung von H5N1 verglichen, zeigte sich kaum ein Zusammenhang.[172] Die lokalen Ausbrüche schienen enger mit der Anzahl von Enten zu korrelieren, die im Freien grasen. Nach den Ernten fressen diese Tiere Reis, der am Boden zurückgeblieben ist. Satellitenbilder zeigen, dass Reisernten mit einer hohen Dichte von Enten einhergehen: je mehr Reisernten im Jahr, umso mehr Enten (und umso größer die Korrelation mit H5N1-Fällen).

Offenbar kommen die freilebenden Tiere, die selbst an eine Reihe von Influenza-Formen gewöhnt sind, in Kontakt mit Zugvögeln. So bilden sie einen Übertragungsweg, auf dem Hausgeflügel in der Umgebung infiziert werden kann. In anderen Regionen, in denen die Vogelgrippe auftrat, wird zweimal oder sogar dreimal im Jahr Reis geerntet, zum Beispiel in Südostchina, den chinesischen Ausläufern des Westflusses, der Ganges-Ebene und der Insel Java.[173] Enten mit Reisabfällen zu füttern, ist natürlich eine geniale agrikulturelle Praxis. Epidemiologisch betrachtet, birgt sie allerdings erhebliche Gefahren.

Wir erkennen nun eine integrierte Ökologie der Viren, geprägt von sehr komplexen, gegenseitigen Abhängigkeiten. Die Vielfalt der landwirtschaftlichen Methoden ordnet sich nicht ein in Gegensätze wie »groß« oder »klein«. Dieses Begriffspaar ist viel zu grob, um das breite Spektrum der Land- und Viehwirtschaft zu beschreiben. Allein in Thailand gibt es abgeschottete Haltungen, Freiluftbetriebe, die mit Netzen Sperlingsvögel* abhalten sowie die bereits erwähnten frei lebenden Enten und Hinterhofgeflügel.[174]

---

* *Sperlingsvögel*: Die Ordnung der Vögel, die bei weitem die meisten Arten umfasst.

Und selbst diese Unterscheidungen sind in der Praxis niemals trennscharf. Ein internationales Expertenteam entdeckte vor einiger Zeit bei einer Exkursion zum Poyang-See in der chinesischen Provinz Jiangxi eine erstaunliche landwirtschaftliche Ökologie, in der freilebende Enten in Feldern pickten, in Flussmündungen badeten, im See herumschwammen und sich unter die Wildgänse mischten und wahrscheinlich mit ihnen paarten. Einige Entenscharen pendelten täglich von ihren Ställen über Wassergräben zum offenen Wasser und wieder zurück. Die epidemiologische Bedeutung liegt auf der Hand. Tatsächlich verbreiten sich in dieser Gegend Krankheitserreger in einem so großen Ausmaß, dass die örtlichen Bauern sagen, um den See herum sei keine Hühnerhaltung möglich. Für einige Geflügelgattungen ist diese Region offenbar viral kontaminiert und unbewohnbar.

Hinzu kommt, dass die globale Landwirtschaft sich durch die Bedingungen von Weltmarkt und Konkurrenz völlig verändert hat.[175] Drei Jahrzehnte lang haben der Internationale Währungsfonds und die Weltbank ihre Kredite an ärmere Länder daran gekoppelt, dass diese ihre Subventionen für die heimische Nahrungsmittelerzeugung abbauen. Kleinbauern können nicht mit den billigen Importen von Lebensmittelkonzernen konkurrieren, die von den Ländern des Globalen Nordens subventioniert werden. Viele von ihnen leben fortan prekär an den Rändern der Metropolen, oder sie verkaufen ihre Arbeitskraft und verpachten ihr Land an die multinationalen Fleischkonzerne, denen nun die Tür offen steht.[176]

Das Abkommen für Investitionsmaßnahmen der Welthandelsorganisation erlaubt es ausländischen Unternehmen, kleinere Unternehmen aufzukaufen und zusammenzufassen, um ihre Produktionskosten zu senken.[177] Mit informellen Absprachen verpflichten sich Kleinbauern, sich nur von ihnen beliefern zu lassen. Einige der Geflügelhalter haben keine Garantie, dass ihre Vertragspartner die Tiere zu einem erträglichen Preis abnehmen, manchmal nicht einmal, ob sie sie überhaupt kaufen werden.[178] Solche Arrangements passen nicht zu der oberflächlichen Unterscheidung zwischen industrieller Viehwirtschaft einerseits, in der angeblich die Standards der Biosicherheit praktiziert werden, und Kleinbauern andererseits, deren Tiere den Mikroben angeblich schutzlos ausgesetzt sind. Massentierhaltungen transportieren Küken einen Tag nach der Geburt zu Vertragsbauern, wo sie für Stücklohn aufgezogen werden. Sind sie erwachsen (und in Kontakt mit Zugvögeln gewesen), werden die Vögel zurück in Massentierhaltungen gebracht, um dort weiterverarbeitet zu werden. Der Verstoß gegen die Biosicherheit gehört zu dieser Form der Massentierhaltung notwendig dazu.

Eine dritte Ebene der Komplexität betrifft den historischen Wandel im Verhältnis zwischen Landwirtschaft und Natur. Der neue Umfang der Agrarproduktion geht zulasten von Feuchtbiotopen weltweit, die entweder verschmutzt, entwässert oder gleich ganz zerstört werden. Gerade das Trockenlegen führt zu Konflikten zwischen Agrobusiness und Kleinbauern.

Feuchtbiotope dienen Entenvögeln auf der Wanderung traditionell als Rastplatz.[179] Wissenschaftliche Untersuchungen zeigen immer klarer, dass viele Zugvögel keine lahme Enten sind, sondern auf die Zerstörung ihrer natürlichen Lebensräume reagieren. Gänse beispielsweise zeigen in ihrem Verhalten eine verblüffende Anpassungsfähigkeit. Sie entwickeln völlig neue Migrationsrouten und überwintern in anderen Nistgebieten. Sie verlassen die zugrunde gerichteten Feuchtbiotope und ziehen um auf Äcker, wo sie reichlich Nahrung finden. Daher sind die Populationen einiger Arten von Wasservögeln sogar gewachsen.[180] Diese Populationsexplosionen haben allerdings eine zerstörerische Rückkopplung in Gang gesetzt. Schwärme von Zugvögeln, die in der Landwirtschaft Futter finden, überfordern durch ihr Grasen die Brutgebiete in der Arktis so sehr, dass sich die Tundra mancherorts in eine Schlammlandschaft verwandelt.

Wir spannen immer mehr Lebensräume dieses Planeten für unsere Zwecke ein – etwa 40 Prozent des bebaubaren Landes dient mittlerweile der Landwirtschaft. So haben wir versehentlich die Schnittmenge zwischen Zugvögeln und Nutzgeflügel vergrößert. Die

Entstehung der pathogenen Influenza hängt viel enger als erwartet mit dem Agrobusiness, Strukturanpassungsmaßnahmen, den globalen Finanzmärkten, Umweltzerstörung und Klimawandel zusammen. Wie sie im Detail zusammenwirken, muss genauer erforscht werden. Aber angesichts der drohenden Gefahren müssen wir schnell etwas gegen die beschriebenen Dynamiken unternehmen.

Wo ein politischer Wille ist, ist auch ein epidemiologischer Weg

Wenn wir die industrielle Influenza zurückdrängen wollen, ja: selbst wenn wir sie nur nachhaltig unter Kontrolle halten wollen, dann brauchen wir eine Reihe von massiven Interventionen. Diese Maßnahmen betreffen den Kern der gegenwärtigen politischen und wirtschaftlichen Verhältnisse, ob nun neoliberal oder staatskapitalistisch. Ob der notwendige politische Wille vorhanden ist, muss sich herausstellen. Noch sind Leugnen, Verdunkeln und Ablenken weit verbreitet.

Was wäre nötig, um die gattungsübergreifende Influenza zu stoppen? Kurzfristig brauchen wir bessere Entschädigungen für die Kleinbauern, deren Vieh geschlachtet wird, bessere Gesetze, bessere Überwachung, den Wiederaufbau der öffentlichen Gesundheitsversorgung, einschließlich kostenfreier Impfungen und antiviraler Medikamente. Strukturanpassungsmaßnahmen in den ärmsten Ländern, unter denen die tiermedizinische Kontrolle leidet, müssen beendet werden. Langfristig müssen wir die viehwirtschaftliche Industrie in ihrer gegenwärtigen Form abschaffen. Mittlerweile entstehen Influenza-Viren entlang eines globalen Unternehmensnetzwerks aus Mastanlagen und Fleischhändlern; es ist beinah gleichgültig, wo ein bestimmter Virenstamm zuerst auftaucht. Herden aus verschiedenen Regionen werden miteinander gemischt, entsprechend den Erfordernissen kurzfristiger Lieferketten.[181] So kommen zahlreiche unterschiedliche Virenstämme an Orte voller anfälliger Tiere. Sie sind reihenweise neuen Erregern ausgesetzt, und dies kann die Evolution der Virulenz antreiben. Die Gebiete der Influenza-Stämme überlappen einander wegen der transnationalen Lieferketten der Agrarindustrie. Dadurch wird es wahrscheinlicher, dass beim Austausch ihrer Gensegmente eine Neukombination mit pandemischem Potenzial entsteht.

Der exponentielle Anstieg der Kilometer, die unsere Nahrung zurücklegt, bevor sie auf den Tisch kommt, hat Folgen für die Gesundheit. Wir sollten stattdessen einen großen Teil regional herstellen. Oft wird argumentiert, die Lebensmittelindustrie liefere das billige Eiweiß, das gerade die ärmsten Bevölkerungen benötigen. Allerdings wären Millionen Kleinbauern auf solche Angebote gar nicht angewiesen, wären sie nicht von ihrem Land vertrieben worden, mit dem sie früher sich selbst – und Millionen weitere Menschen – mit Nahrung versorgten. Dies rückgängig zu machen, bedeutet nicht, den Welthandel abzuschaffen oder zum überholten Familienbauernhof zurückzukehren. Dennoch sollten einheimische Betriebe unterschiedlicher Größe vor übermächtiger internationaler Konkurrenz geschützt werden.[182]

Die Eigentumsstruktur der landwirtschaftlichen Betriebe, Infrastruktur, Arbeitsbedingungen und die Tiergesundheit hängen untrennbar miteinander zusammen. Wenn Bauern und Bäuerinnen an den Gewinnen beteiligt werden, die erzeugten Lebensmittel selbst verbrauchen oder einfach, weil sie die Eigentümer sind, dann interessiert sie die Qualität des Input ebenso sehr wie die Qualität des Outputs. Dann kann die Produktion so ausgerichtet werden, dass weder das menschliche Wohlergehen, noch die Tiergesundheit leidet. Durch lokale bäuerliche Praktiken kann aus der gegenwärtigen genetischen Monokultur der Nutztiere, durch die Virulenz-Entwicklung angetrieben wird, wieder eine Vielfalt alter Sorten und Arten entstehen, die bei Epidemien wie Brandschneisen der Immunreaktion wirken.

Das würde weniger wirtschaftliche Schäden bedeuten, unter denen der weltweite Viehbestand leidet: weniger Unterbrechungen der Produktion, weniger Kampagnen, um die Viren auszurotten, weniger Preisschwankungen, Notimpfungen und -schlachtungen.[183]

Den landwirtschaftlichen Sektor so tiefgreifend zu verändern, wäre aber nur einer der notwendigen Schritte, um die Influenza und andere Krankheitserreger zurückzudrängen. Beispielsweise müssten gleichzeitig Zugvögel, die Quelle neuer Virenstämme, von landwirtschaftlichen Gegenden ferngehalten werden, wo sie Geflügel infizieren können. Dazu ist es notwendig, dass die Wasservögel wieder ihren natürlichen Lebensraum zur Verfügung haben: die globalen Feuchtbiotope. Außerdem müssen überall leistungsfähige Gesundheitssysteme (wieder) aufgebaut werden.[184] Sie lindern die Folgen von Armut, Mangelernährung und anderen Formen der strukturellen Gewalt, die Infektionskrankheiten entstehen lassen und ihre Mortalität steigern.[185] Für Krankheitserreger, besonders für derart ansteckende Viren, gilt: Eine individuelle Gefahr bedroht letztlich alle.

3.
Wie fand Ebola eine neue Nische?

Von Palmöl, Flughunden und der
Neoliberalisierung der westafrikanischen Wälder

Der Ausbruch des humanen Ebolavirus in Westafrika ist die größte und ausgedehnteste Ebola-Epidemie der Geschichte. Er nahm seinen Ausgang im Dezember 2013 in einigen Walddörfern in vier Bezirken im südöstlichen Guinea. Dann verbreitete sich das Virus weiter in Guinea, Liberia und Sierra Leone, dort auch in den Hauptstädten Conakry und Monrovia, bevor es schließlich Nigeria und den Senegal infiltrierte.[186] Bald wurden außerhalb des afrikanischen Kontinents neue Infektionen diagnostiziert. Die Epidemie stellt eine so schwerwiegende Gefahr dar, dass die Weltgesundheitsorganisation ihr den Status »Gesundheitliche Notlage internationaler Tragweite« gegeben hat.[187]

Der Tropenmediziner Daniel Bausch und seine Kollegin Lara Schwarz stellen die These auf, dass der ursprüngliche *Spillover* des Virus von Tier zu Mensch zustande kam, weil eine Reihe von politischen und wirtschaftlichen Entwicklungen in Guinea die Dorfgemeinschaften in den Wäldern veränderte, wo das erste Epizentrum der Epidemie lag.[188] Die Armut treibt die Menschen zum Jagen im Wald. Infizierte kommen in unzureichende medizinische Einrichtungen, wodurch sich die Ansteckung verstärkt. Eine Kaskade aus logistischem Versagen beutelt die verarmten Länder, von dem Ausbruch des Virus bis zu den grundlegendsten gesellschaftlichen Funktionen, darunter der Mangel an Nahrung.

Die veränderte Landnutzung in den Wäldern Guineas, von wo das Virus stammt, steht aber auch in Beziehung zu der neoliberalen

Regierungspolitik, die Strukturanpassungen anstrebt. Neben den sinkenden Ausgaben für die Gesundheitssysteme ist eine Folge davon, dass die heimische Nahrungsmittelproduktion in globale Kreisläufe des Kapitals hineingezogen wird.[189] Mit Unterstützung Großbritanniens hat sich die Firma *Farm Land of Guinea* mit Sitz in Nevada Pachtverträge für zwei Grundstücke gesichert. Die Verträge haben eine Laufzeit von 99 Jahren. Zusammen umfassen die Grundstücke fast 9000 Hektar. Eines davon grenzt an die Dörfer N'Dema und Konindou im Amtsbezirk Dabola, wo sich ein zweites Epizentrum der Ebola entwickelte. Das andere liegt bei dem Dorf Saraya im Amtsbezirk Kouroussa.[190]

Diese Neuerwerbungen sollen für den Mais- und Soja-Anbau entwickelt werden. Sie sind lediglich ein Startschuss für weitere Investitionen. Das Ministerium für Landwirtschaft hat das Unternehmen beauftragt, zusätzliche 1,5 Millionen Hektar zu vermessen, worauf sie von Dritten wirtschaftlich entwickelt werden sollen.

Solche internationalen Verträge gehören zu postkolonialen Versuchen, die landwirtschaftliche Produktion in Guinea zu steigern. Beispiele sind Reis und Kaffee, auch in der bewaldeten Bergregion *Guinée Forestière*.[191] Bausch und Schwarz beschreiben das Gebiet als ein Mosaik aus kleinen und isolierten Siedlungen unterschiedlicher ethnischer Gruppen, die kaum über politische Macht verfügen und wenig Mittel für die Infrastruktur erhalten.[192] Wirtschaft und Ökologie werden zusätzlich durch Tausende von Einwanderern belastet, die vor den Bürgerkriegen in benachbarten Ländern geflohen sind. Der Wald leidet unter dem immer schnelleren Verfall der öffentlichen Infrastruktur, gleichzeitig unter der organisierten privaten Erschließung von Grundstücken. Land, das für den Ackerbau und die Nahrungssuche genutzt wurde, wird enteignet. Stattdessen dient es fortan dem Bergbau, der Abholzung und zunehmend auch der exportorientierten intensivierten Landwirtschaft.

Die Beziehung zwischen der globalen Produktion, der Entwaldung und der wirtschaftlichen Entwicklung ist allerdings selten direkt oder deterministisch.[193] Innerhalb eines Landes prägen Eigentumsstrukturen, Lobbying, öffentlicher Protest und staatliche Strukturen die jeweiligen Auswirkungen vor Ort.[194] 2007/08 trieb die Spekulation mit Grundnahrungsmitteln die Lebensmittelpreise weltweit in die Höhe. Die Ghanaer wehrten sich gegen die Lieferengpässe und hohe Preise und organisierten zweimal einen Generalstreik, der die Militärregierung zwang, alle Exporte ins Ausland zu stoppen, darunter Produkte aus der Land- und Forstwirtschaft sowie Vieh, Fisch und Erdöl.[195]

Die Palmöl-These

Im Verlauf der Geschichte prägen solche unvorhersehbaren gesellschaftlichen Ereignisse neue Epidemiologien – Systeme der Krankheitsentstehung und -verbreitung –, andererseits werden die Gesellschaften selbst von diesen Epidemiologien verändert.[196] So fand zuletzt auch der *Spillover* der Ebola statt, als die lokale Agrarwirtschaft rund um die Ölpalme *Elaeis guineensis* einen tiefgreifenden Wandel durchmachte.

Natürliche und halbwilde Haine mit verschiedenen Ölpalmenarten (wie Dura, Pisifera und Tenera) dienen in *Guinée Forestière* schon lange als Quelle für rotes Palmöl.[197] Die verbreiteten Vorstellungen über eine paradiesische Zeit des Jagens und Sammelns sind reine Phantasie; in Wirklichkeit haben die Waldbauern seit Jahrhunderten in der einen oder anderen Form Ölpalmen angebaut. Damit die Böden sich wieder regenerieren konnten, wurden sie in regelmäßigen Abständen brach gelassen. Allerdings wurde diese Brachzeit im Laufe des 20. Jahrhunderts immer weiter verkürzt: von 20 Jahren in den 1930ern auf 10 Jahre in den 1970ern und noch weiter in den 2000er Jahren. Das hatte zusätzlich den Effekt, dass die Gehölzdichte zunahm.

Natürlich werden im Wald auch andere Feldfrüchte kultiviert.[198] In der Region wird der Schatten-Anbau[*] von Kaffee, Kakao, Kolanüs-

---

[*] *Schatten-Anbau*: Eine Anbaumethode im Regenwald, bei der die Bäume nicht gefällt werden, sondern in ihrem Schatten gepflanzt wird.

sen und anderem praktiziert. In der traditionellen Agrarforstwirtschaft gab es Fruchtfolgen wie diese: im ersten Jahr Brandrodung
und Anbau von Reis, Mais, Hibiskus und Taro-Knollen, im zweiten
Jahr Erdnuss und Maniok, dann eine Brachzeit. Überschwemmun-
gen im Tiefland machten Reisanbau möglich. Diese Fruchtfolge hat
soziokulturelle Auswirkungen, die über die bloße Reihenfolge der
Pflanzen hinausgehen, sie betreffen auch Ernährungssicherheit,
Landbesitz, Verfügbarkeit von Arbeitskräften und regionale Preisschwankungen.[199]

Entscheidend ist dabei, dass trotz der zunehmenden Intensivierung diese Form der Landwirtschaft immer noch als Agrarforstwirtschaft eingestuft werden kann. Finanzkapital spielt keine Rolle.
Aber der Wald ist in einem fortwährenden Wandel begriffen. Guinea verfügt über zwei Millionen Hektar Waldbestände, die zum Teil
bewirtschaftet werden. Selbst die unterentwickelte Forstwirtschaft
in Liberia ist ökonomisch leistungsfähiger. Wegen der billigen Importe aus Asien bemüht sich die ghanaische Regierung seit einiger
Zeit um die Vermarktung des Palmöls.[200] Sie entwickelte einen Plan,
um die Familien- und Industrieproduktion bis zum Jahr 2015 auf
15.000 Hektar und eine Menge von 8.000 Tonnen Palmöl auszuweiten. Mehr als die Hälfte davon sollte in der Bergregion *Guinée
Forestière* hergestellt werden.

Bereits 1987 hatte der Staat die Guineische *Ölpalmen- und
Kautschukgesellschaft* (SOGUIPAH) gegründet. Zunächst handelte es sich um eine halbstaatliche Genossenschaft, die sich aber
seitdem zu einem reinen Staatsunternehmen entwickelte.[201] Die
SOGUIPAH koordinierte die regionalen Projekte, die ab dem Jahr
2006 begannen, Plantagen mit ertragreichen Hybridpalmen für
den Rohstoffexport aufzubauen. Das Unternehmen rationalisierte
die Palmenproduktion im Amtsbezirk Yomou, südlich des Aus-
bruchsgebietes. Sie organisierte Vertragsanbau, verhandelte über
Landenteignungen, schuf neue Lieferketten und vergab Konzessionen für ein bestimmtes Produktionsmodell. Mit der Unterstützung
der Polizei enteignete das Unternehmen Ackerland, was sofort zu

gewalttätigen Protesten führte. 2011 wurden Dorfbewohner von ihren Reis-, Kaffee- und Kautschukfeldern vertrieben und mussten in einer Kirche in der Provinzhauptstadt Nzérékoré Zuflucht suchen.[202]

Die internationale Entwicklungshilfe hat den Übergang von der Agrarforstwirtschaft zur Weltmarktproduktion beschleunigt. Die Europäische Investitionsbank finanzierte eine industrielle Palmölmühle, mit der die SOGUIPAH ihre Produktionsmenge vervierfachen konnte.[203] Die neue Mühle beendete die handwerkliche Ölgewinnung, die noch bis 2010 der lokalen Bevölkerung Vollbeschäftigung geboten hatte. Der darauffolgende Anstieg der saisonalen Produktion führte dazu, dass die Mühle in den Erntephasen überlastet war, aber zwischen den Ernten nicht ausgelastet. Dies führte zu Konflikten zwischen dem Unternehmen und rund 2000 der nunmehr proletarisierten Pflanzer und Pflücker. Ein Teil von ihnen bestand darauf, die Ausbeute zumindest teilweise selbst zu verarbeiten, um die entstehenden Einkommenseinbußen auszugleichen. Vertragsbauern, die darauf bestanden, während der Regenzeit ihr eigenes Öl herzustellen, riskierten nun allerdings, verhaftet zu werden.

Aber auch die Biologie des industrialisierten Baumes wirkt disziplinierend. Hersteller, die ihre Verträge brechen, bekommen von der Firma keine neuen Hybridsamen mehr und bleiben mit der Tochtergeneration zurück (F2), die nur 60 Prozent der Menge der ersten Generation hergibt.[204]

Bei der Neuordnung des Wirtschaftsraums handelt es sich um einen klassischen Fall von Einhegung (*land enclosures*).* Traditionell war der Wald als Allmende genutzt worden. Nun wurde von informellen Pflückern erwartet, dass sie die Erlaubnis des Besitzers

---

* *Land enclosures* waren in England Einhegungen von Gemeindeland und Allmende-Wäldern, die vor allem im 18. und frühen 19. Jahrhundert stattfanden. Das Land wurde privatisiert und der allgemeinen Nutzung entzogen. Die Einhegungen bereiteten der kapitalistischen Landwirtschaft und der Proletarisierung der Landbevölkerung den Weg.

einholen, wenn sie Palmen auf brachliegendem Land außerhalb der Gebiete ihrer Verwandten abernten.[205] Gleichzeitig haben sich einige der Kleinbauern, die unabhängig geblieben sind, an das neue Umfeld angepasst. Bei einer Befragung gaben Bauern aus der Umgebung des Dorfes Nienh, südlich des ersten Ausbruchs, an, dass sie den Monokulturanbau von Hybridpalmen nach Brandrodung gegenüber den alten Regeln bevorzugen. Diese Methode steigere die Ölernte und das Einkommen und verschaffe ihnen die private Kontrolle über die Ressource und das Land darunter.[206] SOGUIPAH veränderte auch die Produktion in Gebieten, in denen sie keine Plantagen oder Vertragspartner hat, etwa beim Technologietransfer und bei den Rohstoffpreisen.[207]

Flughunde auf Plantagen

Diese äußerst vielschichtigen agrarwirtschaftlichen Umwälzungen veränderten auch die Epizoologie des Waldes, also das Krankheitsgeschehen in der Tierwelt. Als erste dokumentierte Fälle des Ebola-Ausbruchs in Westafrika galten ein zweijähriger Dorfjunge und seine dreijährige Schwester, die nördlich von Guéckédou lebten, einer Stadt mit 200.000 Einwohnern.

Aber die Konzentration auf einen Indexfall – Patient Null – geht am eigentlichen Problem vorbei: Ebola könnte schon seit Jahren im Umlauf sein. Untersuchungen des Kulturanthropologen Barry Hewlett und des einstigen ugandischen Amtsarztes Richard Amola lassen vermuten, dass die lokale Bevölkerung dies sogar erkannt hatte.[208] Tatsächlich fanden Schoepp u. a. bereits fünf Jahre vor Ausbruch bei Patienten in Sierra Leone Antikörper gegen mehrere Ebola-Arten (insbesondere gegen den Zaire-Stamm).[209] Phylogenetische Analysen des Genoms des Virus datieren den Übertritt von Zaire-Ebola nach Westafrika auf spätestens 2004.[210]

Als *Ground Zero* des Ausbruchs gilt ein Archipel von Ölpalmenparzellen im Gebiet von Guéckédou. Hinsichtlich der Landnutzung handelt es sich um ein Mosaik aus lokalen Dörfern, die von dichter Vegetation umgeben sind, durchsetzt von Obstbaumplantagen. In dieser Umgebung leben auch fruchtfressende Flughunde (*Pteropodidae*), als Fledertier ein wichtiges Ebola-Reservoir, und andere kleine pflanzenfressende Arten. Shafie u. a. dokumentieren eine Vielzahl von Flughunden, die nach ihrer Vertreibung aus den Wäldern von den Ölpalmen-Plantagen angezogen wurden.[211] Die Fledertiere wandern zu den Ölpalmen, um Nahrung zu finden und sich vor der Hitze zu schützen. Außerdem erlauben die breiten Pfade der Plantagen einen einfachen Wechsel zwischen Schlaf- und Futterplätzen.

Das Abernten der Ölpalmen findet in dieser Gegend das ganze Jahr über statt, der größte Schub allerdings zu Beginn der Trockenzeit, wenn es in der gesamten Sub-Sahara zu Ebola-Ausbrüchen kommt.[212] Guéckédou befindet sich am westlichen Rand des traditionellen Verbreitungsgebietes der Flughunde. Aber selbst dort zeigen sich die Tiere in ihrem Verhalten und ihren Bewegungsmustern anpassungsfähig, so wie die wandernden Wasserzugvögel wie Enten oder Gänse, die nach der Zerstörung ihrer natürlichen Lebensräume auf abgeernteten Feldern Hunderte von Kilometern nördlich Getreidereste finden. (vgl. Kap. 2)

Schlachten und Verzehren von *bushmeat* ist zur Standarderklärung für den *Spillover* von Tier zu Mensch geworden, aber sie trifft nicht immer zu. Landwirtschaft kann ausreichen. Der Epidemiologe Hume Field stellt fest, dass die Abholzung der Wälder, auch durch die Anpflanzung von Ölpalmen, das Nahrungssuchverhalten des Flughundes verändert. Sie konzentrieren sich nun auf Gartenbaukulturen.

So vergrößert sich die Kontaktfläche zwischen Fledertieren, Menschen und Vieh.[213] In Bangladesch beispielsweise übertrugen Flughunde das Nipah-Virus auf menschliche Wirte, indem sie auf die Datteln urinierten, die von Menschen gepflanzt wurden.[214] Anti u. a. führten eine Befragung in Ghana durch, bei der mehr als ein Drittel der Teilnehmer angab, von Fledertieren gebissen, gekratzt oder ihrem Urin ausgesetzt geworden zu sein.[215] Plowright u. a. beschreiben, dass Gebäude, in denen Fledertiere nisten, indirekte Übertragungen von Viren durch Tröpfchen oder Aerosole fördern. Sie warnen davor, dass eine dauerhafte Belastung »mit hoher Wahrscheinlichkeit zu Infektionen führen kann«.[216]

Selbst Infektionen durch die Jagd können abhängig von der Landwirtschaft sein, wenn auch auf Umwegen. Leroy u. a. haben Ebola-Übertragungen in der Demokratischen Republik Kongo darauf zurückgeführt, dass dort Flughunde während ihrer jährlichen Wanderung den Lulua-Fluss hinauf in großer Zahl gejagt wurden. Unter den Tieren waren auch Hammerkopf-Flughunde (*Hypsignathus monstrosus*) und Epomops-Flughunde (*Epomops franqueti*), zwei der drei Arten, die als Ebola-Reservoirwirte gelten.[217] Die Tiere befanden sich mehrere Wochen lang in der Nähe des Dorfes, in der es zu einer Epidemie kam. Sie rasteten in Obstbäumen und Palmen einer riesigen verlassenen Plantage, die sie schon seit einem halben Jahrhundert aufsuchen.

Inzwischen vermuten Saéz u. a., dass der erste Ebola-*Spillover* im Dorf Meliandou in der ghanaischen Provinz Guéckédou standfand. Kinder, darunter der mutmaßliche Indexfall, hätten Bulldoggfledermäuse gefangen und mit ihnen gespielt.[218] Diese Fledermäuse sind eine insektenfressende Art und wurden bereits früher als Ebolavirus-Träger beschrieben.

Die Verschiebungen im agroökonomischen Kontext scheinen jedenfalls immer eine wesentliche Ursache zu sein.[219] Frühere Studien zeigen, dass die Bulldoggfledermaus von der expandierenden *Cashcrop*-Produktion[*] in Westafrika angezogen wurde, einschließlich Zuckerrohr, Baumwolle und Macadamia.[220] Tatsächlich steht bis heute fast jede Ebola-Epidemie in Zusammenhang mit einer veränderten, kapitalgetriebenen Landnutzung wie Holzeinschlag, Bergbau oder Landwirtschaft.

---

[*]   *Cashcrop-Produktion*: Landwirtschaftliche Produktion, die auf Export und Devisen ausgerichtet ist.

Dies gilt auch für den allerersten Ausbruch im Jahr 1976 in Nzara, Sudan. Eine von Großbritannien finanzierte Fabrik verarbeitete dort Baumwolle.[221] Als 1972 der Bürgerkrieg endete, bevölkerte sich das Gebiet rasch wieder. Die Subsistenzlandwirtschaft nutzte wieder einen großen Teil von Nzaras lokalem Regenwald – samt seiner Fledermausökologie –, während Baumwolle als Agrarexportgut dominierte.[222] Wie um den Punkt zu unterstreichen, wurden Hunderte von Fledermäusen in der erwähnten Fabrik entdeckt, wo mehrere Arbeiter infiziert waren.

Das Epizentrum in Liberia in der Stadt Kailahun kennzeichnet eine ähnliche Agrarökologie wie Guéckédou. Die landwirtschaftliche Konsolidierung verlief allerdings für Guineas Nachbarn im Süden anders. Liberia stand dem ausländischen Kapital offen, schon seit den ersten Investitionen der *Firestone Rubber Company* im Jahr 1925. Nach dem Zweiten Weltkrieg verfolgte Liberia eine Politik der »offenen Tür« und privatisierte diverse Sektoren, darunter Gummi, Holz, Eisenerz und Diamanten.[223] In jüngerer Zeit etablieren sich internationale Holz-, Bergbau- und agroindustrielle Unternehmen, darunter die Palmölunternehmen *Sime Darby* (Malaysia), *Equatorial Palm Oil* (Großbritannien) und *Golden Veroleum* (Indonesien). Sie betreiben groß angelegte Landenteignungen, die zusammen ein Drittel der nationalen Landfläche ausmachten. Geplante Konzessionen lassen diese Zahl auf fast 45 Prozent des Landes ansteigen.[224]

Diverse Projekte für die Landentwicklung versuchen, dieses Modell in der Region auszuweiten.[225] Die attraktive Zone umfasst einen Teil der *Guinea-Savanne*, die sich quer über den afrikanischen Kontinent bis Äthiopien erstreckt. Die Weltbank beschreibt die Region als »eine der größten ungenutzten landwirtschaftlichen Flächenreserven der Welt«. Nach ihrer Ansicht sollte sie am besten durch die Vermarktung der Flächen erschlossen werden, wenn nicht sogar ausschließlich durch die Agrarindustrie.[226] In Kontinentalafrika befinden sich 60 Prozent der übriggebliebenen Fläche weltweit, die für die Landwirtschaft erschlossen werden kann.

Hintergrund oder Vordergrund?

Bei der Evolution der Ebola waren neben der agrarkapitalistischen Offensive natürlich noch weitere Faktoren im Spiel: Entwaldung, Zersiedelung, Bevölkerungsmobilität, Periurbanisierung, zyklische Migration und nicht zuletzt ein unzulängliches Gesundheitssystem, das die Ebola-Infektionen nicht erkannt und isoliert hat. Die lethargische Reaktion der internationalen Gemeinschaft verschlimmerte die Lage. Das neoliberale Programm (und die ältere Geschichte der Ausbeutung) müssen mitbedacht werden.

All das macht die ökotypische Variation* etwas verständlicher, die das Ebolavirus durchlaufen hat. Die Krankheit entwickelte sich gleichsam von einem Mörder aus dem Wald, der in unregelmäßigen Abständen ein einzelnes Dorf heimsucht und sich danach wieder zurückzieht, zu einer protopandemischen Infektion, die Leichen in den Straßen der Hauptstädte Monrovia und Conkry zurückließ. 28.000 Menschen in der Region wurden infiziert, 11.000 getötet.[227]

Die Ansteckungsrate nahm 2014 wieder ab, dennoch wurde die Epidemie nicht besiegt. Viele, die die Infektion überlebt haben, leiden unter langfristigen Folgeschäden, darunter Augenkrankheiten, Hörverlust, Gelenkschmerzen, Mangelernährung, Schlafstörungen und posttraumatische Belastungsstörungen. Überlebende können das Virus sexuell übertragen, wie in einem Fall nachgewiesen wurde.[228]

In einigen Kommentaren wurde festgestellt, dass die Strukturanpassung, der Westafrika im letzten Jahrzehnt unterworfen wurde, zu einer Unterfinanzierung der Gesundheitsinfrastruktur geführt hat – in ganz Westafrika waren 2014 900 Krankenhausintensivbetten verfügbar. Erst das habe der Ebola ermöglicht, sich in der Bevölkerung zu reproduzieren, nach dem es den *Spillover* vollzogen hatte.[229] Die

---

*   *Ökotypische Variation* bedeutet »je nach Gebiet strukturiert«. Der Ökotyp ist eine Population, die sich genetisch von ihren Nachbarpopulationen unterscheidet, weil die selektiven Kräfte ihres Lebensraums so ausgeprägt sind, dass sie genetische Veränderungen bewirken.

politökonomischen Effekte reichen in Wirklichkeit noch weiter zurück in der Kausalkette. Die Verschiebungen in der Landnutzung in der Waldregion von Guinea, wo die Epidemie zum ersten Mal Fuß fasste, stand ebenfalls im Zusammenhang mit den neoliberalen Bemühungen, den Wald für die globalen Kapitalkreisläufe zu öffnen. Offenbar hat sich nicht Ebola grundlegend verändert, dafür aber Westafrika.[230]

Was tun?

Es scheint, als hätten Forscher mittlerweile eine wirksame Impfung gegen Ebola Makona entwickelt, das Zaire-Ebolavirus. Das ist eine gute Nachricht, selbst wenn sich der Impfstoff in kommenden klinischen Tests als weniger wirksam erweisen sollte. Impfungen sind unverzichtbare Intervention für die öffentliche Gesundheitsversorgung … wenn sie nicht in Marktversagen verstrickt sind. Eine dysfunktionale Pharmaindustrie kann die Versorgung der Bevölkerung offenbar ebenso behindern wie die Kampagnen von Impfgegnern.[231]

Eine Reihe von Fusionen und Übernahmen hat dazu geführt, dass 2014 weltweit nur noch vier Pharmaunternehmen – *GlaxoSmithKline, Sanofi-Pasteur, Merck Sharp & Dohme (MSD)* und *Pfizer* – Impfstoffe gegen andere Krankheiten als Grippe herstellten. Grippeimpfungen sind in erster Linie in den Märkten der Industriestaaten nachgefragt.[232] Aufgrund des geringen Wettbewerbs sind viele dieser Impfstoffe überteuert und in den ärmsten Ländern praktisch nicht erhältlich.[233] Die Ebola-Impfstoffstudie wurde von der WHO, dem *Wellcome Trust*[*], *Ärzte ohne Grenzen* sowie der norwegischen und der kanadischen Regierung finanziert.

Der Erfolg bei der Impfentwicklung ist allerdings gleichzeitig gefährlich. Impfungen beruhen auf einem molekularen Modell von

---

[*]   *Wellcome Trust*: Gemeinnützige Stiftung mit Sitz in London, die medizinische Forschung und Maßnahmen finanziert.

Krankheiten. Diese Ebene ist natürlich unverzichtbar; Viren und Immunität interagieren auf der molekularen Ebene, wenn auch nicht nur dort.[234] Aber für eine breite Strömung in Wissenschaft und Medizin bedeutet ein wirksamer Impfstoff, dass das Problem erledigt ist.[235] So blies 2015 ein überschwänglicher Leitartikel der Fachzeitschrift *Nature* zum Angriff:

> »Der Einsatz bei immer mehr Menschen wird die Daten liefern, die seine Wirksamkeit bestätigen. Durch die Impfung von Familienmitgliedern, Freunden, Mitarbeitern des Gesundheitswesens und anderer Personen, die mit infizierten Menschen in Kontakt kommen, könnten die Ebola-Ausbrüche gestoppt werden, mit derselben Strategie, mit der in den 1970er Jahren die Pocken ausgerottet wurden. Dieser Impfstoff kann im Prinzip sofort eingesetzt werden, um die Ebola-Epidemie in Westafrika zu beenden. Wie der französische Name der Studie treffend ausdrückt: ›Ebola, ça suffit!‹ (Ebola, das reicht!) Es ist an der Zeit, die Sache ein für alle Mal zu erledigen.«[236]

Wenn die Krankheiten doch nur auf solche Appelle hören würden!

Die Unterscheidung zwischen dem Krankheitserreger und der Epidemie einerseits und ihrem Wirkungsfeld andererseits ist falsch. Im Fall der Ebola wird die Wirkung des Erregers und seine Entwicklung behandelt, als sei sie unabhängig von dem ökosystemischen *Noise* – der Interaktionen der verschiedenen agrarökologischen Einflüsse und Akteure. Aber die Realität ist viel komplizierter als die Formel *Erreger + Umwelt = Krankheit*. Die Ursachen der Krankheitsentstehung sind auf räumlichen und zeitlichen Ebenen vernetzt und voneinander abhängig. Der vermeintliche »Hintergrund« des Waldes, vor dem Ebola und andere Krankheitserreger auftauchen, könnte der Vordergrund und die eigentliche Erklärung sein.

Unsere Gruppe hat ein einfaches Modell entwickelt, um das exponentielle Wachstum von Viren auf den *Noise* der zufallsverteilten ökologischen Interaktionen zu beziehen, die es innerhalb der und zwischen den Gattungen gibt. Diese Störgrößen sind eine Folge der Komplexität des Waldes.[237] Sinkt diese Störgröße unter eine bestimmte Schwelle, dann kann die Zahl der Erreger explodieren. Liegt sie über der Schwelle, bleibt die Ansteckung begrenzt, weil der Erreger keine anfälligen Wirte aneinanderreihen kann, die über seine Replikation hinausgehen. Unter bestimmten Bedingungen schützt der Wald sich also sozusagen selbst. Wenn wir diese Fähigkeit ausschalten, hat das brisante epidemiologische Konsequenzen. Wenn die Artenvielfalt des Ökosystems Wald verloren geht, riskieren wir Pandemien.

Die Kommerzialisierung der westafrikanischen Wälder hat möglicherweise die ökosystemische Schwelle in dieser Region so weit abgesenkt, dass die Anzahl der Ebola-Infektionen nicht mehr durch Notfallmaßnahmen unter die Schwelle gedrückt werden kann, unterhalb derer die Ansteckung zum Stillstand kommt. Neue Formen der Tier-Mensch-Übertragung tauchen scheinbar aus dem Nichts auf. Am anderen Ende der Verlaufskurve zirkulieren alte Epidemien weiter, die in unregelmäßigen Abständen wieder sprunghaft anwachsen können.[238]

Entwaldung und intensive Landwirtschaft beseitigen die (zufallsverteilten) Hindernisse der traditionellen Agrarforstwirtschaft, die das Virus einst davon abhielt, ausreichend Übertragungen zu erreichen und zu einer Pandemie zu werden. Die Veränderung der Eigentumsstrukturen und der Produktion haben wesentlich zu der Ebola-Epidemie in dieser Region beigetragen. Anders gesagt, die strukturellen Verschiebungen des Neoliberalismus sind nicht bloß der Hintergrund, vor dem sich diese Katastrophe ereignet. Die strukturellen Verschiebungen sind genauso katastrophal wie das Virus selbst.

4.
Übers Mikroskop hinaus

Können wir uns in eine Seuche hineindenken?

»Die Macht der Gedanken«, das gibt es in jedem Esoterikladen. Aber im Ernst, wenn ich mich ganz doll konzentriere, fange ich dann vielleicht an zu schweben? (Oder wenigstens heute die Wäsche zu machen?)

Der Materialismus antwortet darauf: »Komisch, dass Sie das erwähnen … ja, das geht! Ein paar schlaue Köpfe haben sich Gedanken gemacht, auf denen heute der Flugzeugbau beruht, und morgen vielleicht das persönliche *Jetpack* mit eingebautem Smartphone-Dock und Kaffeemaschine.«

Der dialektische Materialismus würde diese Selbstbeweihräucherung der Wissenschaft allerdings etwas zurechtstutzen und zum Beispiel darauf hinweisen, dass die Mehrarbeit vieler Generationen notwendig ist, damit eine Handvoll Leute sich tiefgründige Gedanken machen kann. Selbst der Erfindergeist ist gesellschaftlich.

Aber trotz dieser materiellen Grundlage unseres Denkens geraten wir in bestimmten Epochen in eine Falle. Dazu gehören die Tier- und Pflanzenkrankheiten, die uns zermürben. Nach dem Willen unserer Herren und Meister sollen wir sie unverständlich finden.

»Es geht nicht nur darum, dass große Unternehmen mit ihren Geldspenden die Universitäten unter ihre Kontrolle bekommen«, beklagt der Philosoph Slavoj Žižek. »Es geht um etwas Grundlegenderes. Es findet eine gut organisierte Kampagne statt, um uns Wissenschaftler, ob nun Geistes- oder Naturwissenschaftler, zu ›Experten‹ zu machen. Immer wenn etwas schief läuft, beispielsweise eine Ölkatastrophe in Louisiana, dann heißt es: ›Oh, wir brauchen Experten, damit sie uns sagen, wie wir das eindämmen können!‹ Oder es gibt Unruhen, Demonstrationen: ›Oh, wir brauchen Psychologen!‹ Die Machthaber definieren die Probleme, die Universitäten liefern ihnen Lösungen. Das ist kein Denken! Stattdessen sollten wir die Probleme definieren und die Fragen stellen. Ist dies wirklich das eigentliche Problem? Wir müssen viel grundlegendere Fragen stellen.«[239]

Die Problematiken werden durch das Kapital festgelegt, stärker noch als die Lösungen. Hüte dich vor den Fragestellungen, mit denen du dich als Wissenschaftler herumschlagen willst!

Das Wesen der neuen und der erneut auftretenden Krankheitserreger macht es unabdingbar, interdisziplinär zu arbeiten und alle gesellschaftlichen Bereiche zu untersuchen, in denen sie auftauchen.[240] Ansonsten werden wir einen logistischen Vorsprung gegenüber den Viren und Bakterien, der vergleichsweise leicht zu erreichen ist, mit einem strategischen Sieg verwechseln.

Aber interdisziplinäre, fächerübergreifende wissenschaftliche Zusammenarbeit, die über Lippenbekenntnisse hinausgeht, steht im Widerspruch zum obersten Gebot des Kapitalismus. Und die alltäglichen Ränke rund um Finanzierung und wissenschaftliche Reputation – die Mechanismen, mit denen das Kapital die Wissenschaft diszipliniert – machen das Rätsel dieser Krankheitserreger immer nebulöser.

＊＊

Das Kapital versucht, auch die Krankheitserreger unter Kontrolle zu bekommen. Aber die kleinen Mistviecher halten sich einfach nicht an die Vorschriften.

Impfungen, pharmazeutische Mittel und die modernen Gesundheitssysteme taugen durchaus für eine ganze Reihe von Krankheiten. Mit Impfungen haben wir die Pocken ausgerottet, die Kinderlähmung beinahe. Mit sauberem Wasser drängen wir die Cholera zurück. Solche einfachen medizinischen Maßnahmen entsprechen einem vereinfachten Modell der Krankheitsentstehung. Durch die Analyse

der molekularen Eigenschaften der Viren und ihre daraus folgenden Übertragungswege konnten die Experten, wie sie Slavoj Žižek
beschreibt, überwältigende medizinische Erfolge für die Menschen
und ihre Nutztiere erreichen. Die Biologie von »reduktionistischen
Krankheiten« entspricht tatsächlich der Summe ihrer Teile.

Aber nicht alle Krankheiten verhalten sich so nachgiebig. Von
einigen wenigen leuchtenden Beispielen abgesehen versagen unsere
medizinischen Interventionen zusehends – sowohl die individuellen
Interventionen als auch solche auf der Ebene von Bevölkerungen.
Impfungen, Medikamente, Moskitonetze über den Betten und Was-
serfilter können gegen reduktionistische Krankheiten erfolgreich
sein, gegen »holistische Krankheiten«[*] versagen sie langfristig.[241]
Denn Krankheiten wie die Influenza, HIV, Tuberkulose oder Malaria entwickeln sich über große zeitliche und räumliche Entfernungen
hinweg. Sie verfügen über eine Vielzahl von Wirten und Übertragungswegen. Werden sie auf einer Ebene angegriffen, weichen sie auf
andere Ebenen aus. Sie passen sich an und lassen selbst gut geplante
Bekämpfungsmaßnahmen ins Leere laufen.

Überhaupt sind Impfungen und Tabletten allein selten entscheidend für unsere Erfolge. Statistische Modellierungen zeigen sogar,
dass diese Interventionen in manchen Situationen die Epidemien
noch verschärfen können.[242] Um es noch allgemeiner auszudrücken,
unsere Modellierung und unsere wissenschaftlichen Theorien treiben in gewisser Weise die Evolution der Krankheitserreger an. Die
Dynamik von weltweiten Tierseuchen untergräbt die statistisch vollständigen Versuchspläne[**], auf denen ein Großteil der Wissenschaft
beruht.

* * *

---

[*]   *Holistisch*: Nur in der Ganzheit zu verstehen.

[**]   *Statistisch vollständigen Versuchspläne*: Oberbegriff für statistische Verfah-
       ren, mit denen wissenschaftliche Versuche geplant werden, zum Beispiel
       um die Einflussfaktoren und Störgrößen zu identifizieren oder um die
       Datengüte und -menge zu bestimmen, die für signifikante Ergebnisse ge-
       braucht werden.

Ein Beispiel: Mein Kollege Hal Stern und ich haben Mitte der 2000er Jahre versucht, mit molekularen Modellierungen vorauszuberechnen, an welchen Orten die humanspezifische Vogelgrippe ausbrechen könnte.[243] Bei einer Reihe von Influenza-Serotypen wurde nachgewiesen, dass bei der, wissenschaftlich gesprochen, Punktmutation der RNA ein *Bias* zugunsten der Nukleinbase Uracil besteht: Je mehr Mutationen, umso mehr Uracil.[244] Wir wollten diesen Effekt ausnutzen, um herauszufinden, wo Virenstämme der Influenza A (H5N1) vorhanden sind, die näher an einer humanspezifischen Variante waren: Je mehr Uracil, desto größer die menschliche Spezifität. Die methodischen Einzelheiten sind nicht wichtig, aber unsere Probleme bei dieser Studie sagen etwas aus über uns Wissenschaftler und die Evolution der Erreger.

Wir suchten nach statistisch signifikanten Zusammenhängen zwischen Uracilgehalt in den Proben und den Orten und Zeitpunkten ihrer Entnahme. Signifikanz kann natürlich unterschiedliche Ursachen haben. Sie kann tatsächlich auf die Anpassung der Viren zurückgehen, so wie wir vermuteten. Sie kann aber auch darauf zurückgehen, dass die Daten der Stichproben verzerrt sind, weil vor allem menschliche Fälle und / oder Geflügel mit großer wirtschaftlicher Bedeutung untersucht werden.

Die Verzerrung in der Stichprobe kann schließlich eine Folge davon sein, wie sich eine Epidemie ausgebreitet hat. Viele Krankheitserreger verbreiten sich zeitversetzt, in unterschiedliche Richtungen und im Fall der H5N1 sogar über verschiedene Wirtsarten hinweg. So ergeben sich Verteilungen, die manchmal statistisch kaum zu erfassen sind. Im Jahr 2006 waren zum Beispiel in der chinesischen Provinz Guangxi viele Gänse infiziert, aber keine anderswo. H5N1 verbreitet sich ungleichmäßig, aber auch die Stichproben werden nicht systematisch, sondern in unregelmäßigen geographischen und zeitlichen Abständen genommen.

Die Verteilung der positiven Testergebnisse ist daher kaum aussagekräftig. Aber wenn wir das Virus nicht entdecken, dann können wir keine Maßnahmen zur Eindämmung oder Ausrottung ergreifen.

Erfolgreiche Erreger zeigen eine ungleichmäßige räumlich-zeitliche Dynamik, die es ihnen ermöglicht, sich unseren Kontrollversuchen zu entziehen.

* * *

Um es anders auszudrücken: Viren und Bakterien entwickeln sich in Reaktion auf unsere vielschichtige Infrastruktur, einschließlich der Wissenschaft. Wenn aber die Krankheitserreger auf Agrarwirtschaft, Verkehr, *Public Health*, Wissenschaft, Politik und so weiter reagieren, vielleicht sind dann unsere erkenntnistheoretischen und medizinischen Schwierigkeiten letztlich zwei Seiten derselben Medaille, und Epistemiologie und Epidemiologie fallen in eins.[*]

Wir brauchen eine Virologie, die ihren Blick über das hinaus weitet, was unter dem Mikroskop zu erkennen ist. Dort zeigt sich keiner der gesellschaftlichen und ökologischen Einflüsse, die die Evolution der Influenza A prägen – gleichgültig, wie viele Mikrotierplatten wir in den Laboren automatisch auswerten oder wie viel Computer-Rechenleistung wir zu Modellierungen einsetzen. Wir brauchen einen geographischen Ansatz, der das Zusammenspiel von lebenden Organismen und menschlicher Produktion erklärt. Eine Perspektive, die holistischen Krankheiten angemessen ist. Sie wird uns helfen, die evolutionären Mechanismen freizulegen, mit denen die Influenza unseren Angriffen entkommt.

Neue Modelle müssen die Prozesse und Größenordnungen beinhalten, die denen der Erreger entsprechen. Wie sich ihre Populationen entwickeln, haben wir immer noch nicht vollständig verstanden. Um die Dynamik weltweiter Tierkrankheiten zu verstehen und vorherzusagen, müssen wir große Sprünge zwischen den Weltregionen und zwischen den wissenschaftlichen Disziplinen machen, mit neuen Begriffen und Untersuchungsgegenständen: Wirtschaftsräume. Kulturelle Virologie. Treiben ökonomische Größenvorteile die

---

[*]   *Epistemiologie* bedeutet Erkenntnistheorie, Epidemiologie die Lehre von der Entstehung und Ausbreitung von Krankheiten.

evolutionäre Durchmischung und Weiterentwicklung der Influenza an oder schwächen sie diese ab? Sind unsere Modelle von ansteckenden Krankheiten zu einfach, wenn der menschliche Faktor lediglich als Mindestdichte von Infizierbaren auftaucht?

Diese Art von Fragen zu stellen, bedeutet, eine Beobachtung des Biologen Richard Levins zu beherzigen: Welche Variablen in unseren Modellen auftauchen, ist eine gesellschaftliche Entscheidung.[245] Was interne und was externe Faktoren sein sollen, welche Daten betrachtet werden und welche nicht, entscheidet aber über ihren wissenschaftlichen und gesellschaftlichen Erfolg. Und eine echte Interdisziplinarität in den Gesundheitswissenschaften bedeutet, die Sorte Fachwissen hinter sich zu lassen, die sich die Mächtigen auf dem Marktplatz der Ideen besorgen.

5.
Wer trägt die Schuld
an der nächsten Pandemie?

Das Schwarze-Peter-Spiel um die Vogelgrippe

Ende 2007: Die Vogelgrippe Influenza A (H5N1) grassiert in Eurasien und Afrika. Zu der Zeit hat die WHO ein neues System vorgeschlagen, um den vielen verschiedenen Virenstämmen Namen zu geben. Wir sollen sie durchnummerieren, statt sie wie bisher mit den Ländern oder Region zu bezeichnen, aus denen sie stammen.

Das sei notwendig, so die WHO, weil in den wissenschaftlichen Publikationen verschiedene Systeme der Benennung benutzt werden, was verwirrend sei. Eine einheitliche Fachbezeichnung erleichtere es außerdem, die Daten von Gensequenzierungen und Proben zu interpretieren, die aus unterschiedlichen Labors stammen, und das neue System würde einen Rahmen schaffen, um die Virenstämme anhand ihrer viralen Eigenschaften neu zu benennen. Gleichzeitig würde das neue System der Stigmatisierung ein Ende setzen, die durch die Benennung von Grippestämmen nach ihrem Herkunftsort verursacht wird.[246]

Ich bin Phylogeograph für öffentliche Gesundheit. Ich verwende die genetischen Sequenzen von Viren und Bakterien, einschließlich H5N1, um die geographische Verbreitung und die Evolution des Erregers zu untersuchen. Die vorgeschlagene Benennung hat also unmittelbare Folgen für meine Arbeit.

Einerseits wirken die Vorschläge ganz vernünftig. Das neue System bietet für die H5N1-Taxonomie Raum zum Wachsen, wenn die Viren mutieren. So wie der H5N1-Stamm, der sich vom Qinghai-See im Nordwesten Chinas nach Westen über Eurasien bis nach Afrika ausgebreitet hat.[247] Die neuen Gruppen müssen mit irgendeinem Namen bezeichnet werden, der über »Qinghai-ähnlich« hinausgeht. Andererseits können wir die Viren leichter erkennen, wenn wir geographische Informationen in die Stammnamen einbeziehen. »Fujian-ähnlich« ist nun mal leichter verständlich als »Klade 2.2.4«. Viele H5N1-Stämme haben geographische Bezüge, entweder durch ihre aktuelle Verbreitung oder durch ihren Herkunftsort (was sie vielleicht noch grundlegender unterscheidet als ihre Oberflächenproteine). Zum Beispiel ist Klade 2.1 derzeit auf Indonesien beschränkt, Klade 2.2 (der Qinghai-ähnliche Stamm) grassiert westlich vom Qinghai-See.[248]

Auf den ersten Blick geht es um ein rein technisches Problem, das Wissenschaftler und Bürokraten untereinander ausmachen könnten. Aber in Wirklichkeit geht es um mehr: Die Reform könnte es schwerer machen, die Ursachen der Vogelgrippe offen auszusprechen, geeignete Gegenmaßnahmen zu treffen und die Verantwortlichen zu benennen, die dafür zuständig sind, lokale Epidemien unter Kontrolle zu bringen. Wenn in einer bestimmten Provinz oder einem bestimmten Bundesstaat eines betroffenen Landes ein neuer Stamm der Vogelgrippe auftritt, muss dieses Land eingreifen. Die Kennzeichnung eines Virus nach seinem wahrscheinlichen Ursprungsort erinnert permanent daran, wessen Aufgabe das ist. Und selbst wenn sich die Stämme später räumlich verteilen, ist ihr geographischer Ursprung immer noch von entscheidender Bedeutung, um die molekularen und epidemiologischen Eigenschaften des Virus zu untersuchen und die Entstehung ähnlicher Stämme zu verhindern.

Ursache und Schuld scheinen der Dreh- und Angelpunkt bei dieser Sache zu sein. Die bisherige Terminologie wird von der WHO als »stigmatisierend« bezeichnet, aber sie kann genauso gut als wertfreie vorläufige Definition betrachtet werden, um die jeweiligen Ursachen zu ermitteln. Unglücklicherweise kann die WHO viele historische Beispiele für ihre Argumentation anführen. Krankheiten wurden grundlos mit fremdenfeindlichen Etiketten versehen. Die Franzosenkrankheit*, die Spanische Grippe, die Krankheiten, die der »Gelben Gefahr« zugeschrieben werden – allesamt falsch beschriftet.

Aber in unserem Fall scheint die Sorge der WHO weit hergeholt und die neue Bezeichnung übermäßig fürsorglich. »Vogelgrippe« markiert kein Land. Die einzelnen Virenstämme haben zwar geographische Bezüge, aber diese werden durch wissenschaftliche Untersuchungen ermittelt, nicht unwillkürlich aus Fremdenfeindlichkeit zugeschrieben. Sollen wir Regierungen, deren Politik zur Entstehung einer Krankheit beiträgt, behandeln, als seien sie wehrlose diskriminierte Minderheiten?

In Wirklichkeit geht es der WHO um mehr als um eine neue Sensibilität gegenüber vergangenen Ungerechtigkeiten. Der Vorschlag gehört zu ihren Bemühungen, die Mitgliedsländer zu besänftigen, die gegenwärtig offensichtlich der Ursprung für viele neue Vogelgrippestämme sind. Ohne die Kooperation dieser Mitglieder hätte sie nämlich keinen oder kaum noch Zugang zu H5N1-Isolaten, die für genetische Sequenzen und Impfstoffe notwendig sind.

Die Frage ist allerdings, welchen Preis wir für die Beschwichtigungsstrategie bezahlen werden: Verlieren wir genau die Mittel, mit denen wir widerspenstige Länder dazu bewegen können, in lokale Epidemien einzugreifen, die das Wohl der ganzen Welt bedrohen?

Die vorgeschlagene Bezeichnung ist ein Sinnbild für den Versuch der WHO und vieler Regierungen, eine Influenza-Pandemie zu inszenieren. Hinweis an die Verschwörungsspinner da draußen: Das bedeutet nicht, dass die WHO oder ein Labor oder eine Behörde die Vogelgrippe absichtlich erzeugt hat. Influenza-Viren zirkulieren schon lange unter Zugvögeln und haben sich in den vergangen Jahrhunderten an den modernen Lebensstil der Menschheit angepasst.[249]

Die WHO handelt auch nicht einfach fahrlässig, sie will wirklich etwas gegen die Vogelgrippe tun. Aber jede Organisation versucht, sich selbst zu schützen. Vielleicht ist ja der virale Zug bereits abgefahren und eine Pandemie unvermeidlich. Dann könnte das katas-

---

*   *Franzosenkrankheit*: Veraltete Bezeichnung für die Syphilis.

trophale Versagen der Regierungen und Gesundheitsministerien Millionen Menschen weltweit das Leben kosten. Wer wird dann die Schuld auf sich nehmen, wenn nicht die betroffenen Länder?

Internationale Institutionen, die mit dem Verhüten von Katastrophen betraut sind, werden oft zu Sündenböcken für das Versagen ihrer Mitglieder gemacht. Der Zweite Weltkrieg hat den Völkerbund zerstört. Eine Pandemie könnte der WHO dasselbe antun. Insofern war die neue Bezeichnung vielleicht der vorsorgliche Versuch, aus der politischen Schusslinie herauszukommen.

Unerwünschte Nebenwirkungen

Ende 2006 berichteten der Virologe Guan Yi und Kollegen von der Universität Hongkong über einen bislang nicht beschriebenen H5N1-Stamm, den sie nach der mutmaßlichen chinesischen Herkunftsprovinz »Fujian-ähnlich« nannten.[250] Sie analysierten die Entstehung des Stammes als eine evolutionäre Reaktion des Virus auf eine behördliche Impfkampagne des Geflügels. Das Virus hatte sich scheinbar trotz der flächendeckenden Impfungen entwickelt.

Die chinesischen Beamten gingen in die Luft. Sie wiesen die Ergebnisse zurück. »Die Daten, die in diesem Artikel angeführt werden, sind nicht authentisch, und die Forschungsmethode hat keine wissenschaftliche Grundlage«, sagte Jia Youling, Chinas leitender Veterinärbeamter, auf einer Pressekonferenz.[251] »In Wirklichkeit gibt es überhaupt keine neue ›Fujian-ähnliche‹ Virusvariante.«

Die Studie der Universität Hongkong war für die chinesische Regierung außerordentlich peinlich. Vertreter der WHO wiesen nämlich darauf hin, dass die Behörden entweder den neuen Stamm nicht kannten – was als Zeichen von Inkompetenz gedeutet werden könnte – oder ihn verschwiegen hatten. In diesem Fall hätten sie absichtlich versäumt, die internationale Gemeinschaft zu warnen, ein Vertuschungsversuch nach dem Vorbild von SARS im Jahr 2003.[252] Damals dauerte es Monate, bis die Regierung die Welt informierte.

Selbst ohne Karten der lokalen H5N1-Ausbreitung erkannten die Chinesen sicher, dass die ersten und viele weitere H5N1-Ausbrüche zunächst in ihren südlichen Provinzen ausgebrochen waren. Andererseits sollten wir berücksichtigen, dass die Vogelgrippe ein schwieriges Problem darstellt, das jede nationale Regierung herausgefordert hätte. Was wäre passiert, wenn das Virus in 26 US-Bundesstaaten ausgebrochen wäre – es wäre um ein Vielfaches schlimmer als bei Hurrikan Katrina gewesen! Was hätten wohl die unqualifizierten Beauftragten der Bush-Regierung in den Behörden gegen die virale Attacke ausgerichtet? Damit will ich die chinesische Regierung nicht entschuldigen. Ich will lediglich vorab auf die Versuche antworten, ihr Versagen als Ausdruck einer chinesischen Besonderheit darzustellen. Keine Regierung weltweit ist vorbereitet.

Der Druck auf die chinesischen Gesundheitsbehörden musste enorm sein, jedenfalls war ein gewisser hysterischer Ton kaum zu überhören. »Die Behauptung ist völlig unbegründet, dass der Ausbruch der Vogelgrippe in südostasiatischen Ländern durch die Vogelgrippe in China verursacht wurde, oder dass es eine neue Welle ins Ausland geben wird«, sagte Jia. Stimmt nicht.

»Seit 2004 beobachtet China die Vogelgrippe-Situation in seinen südlichen Regionen sehr genau«, sagte der Sprecher des Außenministeriums, Liu Jianchao.[253] »Die Gensequenzanalyse zeigt: alle in Südchina gefundenen Varianten weisen eine hohe Einheitlichkeit auf. Das bedeutet, dass sie alle zum selben Gentyp gehören.« Stimmt auch nicht.

»Es wurde keine ausgeprägte Veränderung ihrer biologischen Merkmale festgestellt«, fuhr Liu fort. Stimmt wieder nicht.

Im März 2007 veröffentlichte ich zusammen mit Kollegen von der Universität Kalifornien einen Bericht, in dem die geographische Quelle mehrerer Stämme der hochpathogenen Influenza A (H5N1) identifiziert wurde.[254] Unsere Analyse der genetischen Sequenzen, die im Laufe des Jahres 2005 an zwanzig eurasischen Orten gesammelt wurden, zeigt, dass wahrscheinlich Guangdong die Quelle war. Obwohl sich unsere Studie nicht mit der Fujian-ähnlichen Variante befasst, widerlegen die Ergebnisse die Behauptung, China habe mit den wiederholten regionalen und internationalen Ausbrüchen von H5N1 nichts zu tun. Es steht fest, dass sich mehrere Stämme in Südchina entwickelten und von dort aus verbreiteten und, wie andere Untersuchungen belegen, dies auch weiterhin tun. Tatsächlich wirkten sogar Wissenschaftler von der Südchinesischen Landwirtschaftlichen Hochschule in Guangdong an einem Bericht mit, demzufolge der neue H5N1-Genotyp in den Jahren 2003 oder 2004 im westlichen Teil der Provinz entstand.[255]

Die offizielle chinesische Reaktion auf unsere Arbeit ähnelte der von Wissenschaftlern in Hongkong. Yu Yedong, der Leiter des *Guangdong Animal Epidemic Prevention Institute*, bezeichnete sie als »unwissenschaftlich« und »lächerlich«.[256] He Xia, ein Sprecher des Landwirtschaftsministeriums der Provinz Guangdong, sagte der Zeitung *China Daily*, die Studie sei fehlerhaft und unglaubwürdig. »Tatsächlich gab es 1996 in Guangdong keine Fälle von Vogelgrippe. Infolgedessen basieren die Ergebnisse nicht auf Fakten.«[257]

Nur komisch, dass Proben von hochpathogenem H5N1 von chinesischen Wissenschaftlern im Jahr 1996 auf einer Gänsefarm in Guangdong isoliert wurden.[258] Während des ersten H5N1-Ausbruchs in Hongkong 1997 berichten Nachrichtenmedien über das Importverbot für Geflügel aus der Provinz, weil von dort mehrere Transporte infizierter Hühner stammten.[259]

Multilaterale Manipulation

Die chinesische Regierung ist nicht die einzige, die auf offizielle Dementis und Verzögerungen setzt. Als ein Team der Universität Washington zeigte, dass ein Cluster von Infektionen in einer sumatranischen Familie durch Übertragung von Mensch zu Mensch entstanden war,[260] sagte die indonesische Gesundheitsministerin Siti Fadilah Supari, sie hätten die Öffentlichkeit »in die Irre geführt«. »Das ist einfache Logik. Wenn es eine Übertragung von Mensch zu Mensch gegeben hätte, hätte sie bereits das Land überrollt und Tausende getötet.«[261] Eine Infektion von Mensch zu Mensch bedeutet nicht automatisch eine Pandemie, Übertragungsketten können durch Zufall ausbrennen.

Siti Fadilah Supari war auch bei der WHO tätig. 2006 wurde sie zur Vizepräsidentin der Weltgesundheitsversammlung gewählt und 2007 einstimmig zum Mitglied des Exekutivrats. Der Exekutivausschuss hat seine eigenen Probleme, insbesondere andauernde Streitigkeiten wegen konkurrierender Interessen.[262] Aber man kann sich vorstellen, welche Auswirkungen es auf die Moral der Wissenschaftler in dieser Organisation hat, wenn ein Mitglied der Leitung Erkenntnisse ablehnt, weil sie nicht zu nationalen Interessen passen.

Die Verfeinerung der wissenschaftlichen Forschung durch politische Vorgaben ist nicht auf China oder Indonesien beschränkt. Die Pervertierung der Wissenschaft für politische Zwecke ist selbst pandemisch geworden. In den USA haben Vertreter der Bush-Administration den Inhalt unzähliger wissenschaftlicher Berichte – das Fundament der Realität, auf dem staatliches Handeln fußen muss – revidiert, ob sie nun Klimawandel, Entwaldung, Umweltverschmutzung, Stammzellen, Aids oder Kondome behandelten.[263]

In der internationalen Gesundheitspolitik wiederum handelte die Regierung Bush im Interesse der multinationalen Pharmakonzerne. Eines ihrer Manöver war die Blockade der Reform des Systems der weltweiten Impfentwicklung. Im Rahmen des *Global Influenza Surveillance Network* (GISN) haben die Länder 55 Jahre lang Proben der vorherrschenden Grippestämme an die WHO geschickt.[264] Die WHO leitet diese Proben dann kostenlos an solche Pharmaunternehmen weiter, die bereit sind, Impfstoffe herzustellen. Die Firmen verkaufen die Impfstoffe anschließend mit Gewinn. Damit stehen die Impfstoffe nur denjenigen zur Verfügung, die sie sich leisten können, und dies sind in erster Linie die hochindustrialisierten Länder.

Nun weigerte sich Indonesien, seine H5N1-Proben weiterzugeben, um eine Reform des Systems der Impfentwicklung zu erzwingen. Die USA und die EU kritisierten das Land deshalb heftig. Indonesien war ein wesentliches Epizentrum für H5N1-Ausbrüche und wurde deshalb auch von der WHO selbst verurteilt.

Genau besehen nimmt Indonesien die globale Gesundheit als Geisel, indem es Wissenschaftlern den Zugang zu lokalen Proben der Vogelgrippe verweigert. Aber so frustrierend das für Wissenschaftler auf der ganzen Welt auch ist (einschließlich Phylogeographen wie mich), der indonesische Protest ist gerechtfertigt. Auch Menschen, die sich die neueste Medizin nicht leisten können, verdienen es, vor tödlichen Krankheiten geschützt zu werden.

Manche Kritiker haben darauf geantwortet, dass Zeit vergeudet wird und eine Epidemie, die sich in Indonesien ungehindert verbreitet, niemandem hilft, auch nicht den Armen dort. Aber ich denke, wir kämen aus dieser Sackgasse schnell wieder heraus, wenn Impfstofffabriken in ärmeren Ländern mit internationalen Geldern aufgebaut werden. Das Problem ist natürlich, dass eine solche Lösung die profitorientierte Medizin untergraben würde. Sie passt nicht zu der neoliberalen Globalisierung, die die reichsten Geldgeber der WHO verherrlichen. Auf einer internationalen Konferenz, die zum Ziel hatte, aus der Sackgasse herauszufinden, blockten die USA und die EU bald wieder die Bemühungen um eine Reform der GISN ab.

Frühwarnungen

Beamte der chinesischen Provinzregierungen attackierten unsere Studie zur Phylogeographie der Vogelgrippe, noch bevor die Arbeit erschienen war. Peking dagegen blieb auffällig still. Vielleicht machte die wachsende Evidenz für die Bedeutung Südchinas bei der Ausbreitung von H5N1 die Zentralregierung nachdenklich. Vielleicht zeigte sie sich darum guten Stil, die Arbeit erst nach ihrer Veröffentlichung zu kritisieren. Oder vielleicht wollten die Regierungsvertreter nicht mit Dementis zusätzliche Aufmerksamkeit für die lange chinesische Geschichte der Influenza wecken.

Der Hongkonger Mikrobiologe Kennedy Shortridge führte bereits 1982 Gründe dafür an, warum die nächste Influenza-Pandemie sehr wahrscheinlich von Südchina ausgehen würde. (vgl. Kap. 2) Im April

desselben Jahres lud Shortridge Virologen und Veterinärbeamte aus
Hongkong und China zu einem Treffen ein, um über die mögliche
Entstehung von humanspezifischen Infektionen durch die Influenza
zu beraten.[265] Seit langem gibt es eine vertrauensvolle wissenschaftliche Zusammenarbeit. Nachdem unsere Arbeit über die Phylogeographie der Vogelgrippe veröffentlicht worden war, bekam ich E-Mails
von Wissenschaftlern aus ganz China. Sie enthielten faszinierende
Einsichten, Fragen zur Methodik und ernsthafte Kritik.

Kurz, viele chinesische Wissenschaftler beschäftigten sich enga-
giert und ernsthaft mit der Vogelgrippe. Tatsächlich wurde ein be-
trächtlicher Teil der hier zitierten Arbeiten von Wissenschaftlern in
Festland-China durchgeführt. Ihre Forschungsanstrengungen verdienen Anerkennung. Die chinesische Regierung dagegen ließ Verhältnisse zu, die in eine anschwellende epidemiologische Katastrophe geführt haben.

Schuldzuweisungen sind eine gute Sache

Der Konflikt um den Fujian-ähnlichen Stamm gehörte zu einem
anhaltenden Streit zwischen der chinesischen Regierung und Guan
Yi, einem in Hongkong ansässigen Wissenschaftler und Leiter des
Teams, das den Bericht über die neue Virusvariante erstellt hat. Im
Jahr 2003, als SARS erstmals in Guangdong auftauchte, schmuggelte
Guan Proben von Patienten, die an der mysteriösen neuen Lungenentzündung litten, aus dem Land.[266] Damals hatte Peking ein Embar-
go verhängt, nur wenige Proben waren überhaupt verfügbar. Seitdem
hat Guan die Regierung wiederholt wegen ihrer Untätigkeit in Bezug
auf die Vogelgrippe angeprangert.[267] Als Vergeltung drohte die Regierung im Jahr 2005 mit der Schließung von Guans Labor in der
chinesischen Stadt Shantou.

Dieser Konflikt vermischte sich dann mit einem Streit zwischen
dem chinesischen Cheftierarzt und westlichen Wissenschaftlern um
die Autorschaft einer wissenschaftlichen Studie. Um weiter H5N1-

Proben aus China zu bekommen, entschuldigte sich die WHO. Aber nicht nur das: obwohl es keinen Zusammenhang gab, forderte die Organisation Wissenschaftler auf, Vogelgrippe-Stämme nicht mehr in Verbindung mit bestimmten Orten zu bringen. Das war 16 Monate vor dem Reformvorschlag für die H5N1-Benennung.

Seit dem Jahr 1580 wurden Influenza-Ausbrüche in Eurasien immer wieder fremden Ländern zugeschrieben und nach ihnen benannt, oft auf der Grundlage vager Hinweise.[268] Wie bereits erwähnt entstehen diese Bezeichnungen aus der gleichen rassistischen Sündenbock-Struktur wie die Namen anderer Krankheiten (am deutlichsten vielleicht bei den Geschlechtskrankheiten). Aber die »spanische« Grippe entstand nicht in Spanien. Vielmehr kamen von dort lediglich die ersten Nachrichten über die Krankheit, weil die spanische Presse während des Ersten Weltkriegs im Gegensatz zu den meisten anderen einigermaßen unzensiert berichten konnte.

Die Chinesen haben in dieser Beziehung besonderen Anlass zur Sorge. Die dritte Pestpandemie begann 1855 in der Provinz Yunnan, bevor sie in den nächsten 100 Jahren weltweit Millionen Menschen infizierte. Sinophobe[*] Bewegungen schrieben die Krankheit besonderen Eigenschaften der Bevölkerung zu und benutzen sie als Begründung dafür, dass die Einwanderung der »Gelben Gefahr« rückgängig gemacht werden müsse.

Die schreckliche Ironie besteht jedoch darin, dass die nächste Influenza-Pandemie die erste in der Geschichte sein wird, bei wir in der Lage sein werden, den Ursprungsort tatsächlich exakt zu bestimmen. Wenn die Probennahme oder die Koordinaten des *Global Positioning Systems* (GPS) noch etwas besser werden, können wir sogar den Bauernhof lokalisieren, wo das Virus zum ersten Mal entstand.[269] Wahrscheinlich ist das der Grund, warum die chinesische Regierung und andere Länder die neue Fachbezeichnung wollten.

Orte haben Bedeutung, die über zufällige Stellen hinausgeht, wo der Erreger entstanden ist. Die öffentliche Politik und die soziale Pra-

---

[*] *Sinophobie*: Antichinesischer Rassismus.

xis vor Ort bestimmen die Bedingungen, unter denen das Virus sich
entwickelt. Eine solche Kausalität trifft für andere Krisen nicht zu.

Zur Entstehung der hochpathogenen H5N1 haben viele Einflüsse beigetragen. Viele Länder, Wirtschaftszweige und Umweltfakto-
ren tragen Schuld. Können wir dann ein bestimmtes Land anklagen,
beispielsweise Indonesien, Vietnam oder Nigeria, weil es dort zu der
ersten Übertragung von Mensch zu Mensch kam? Sollen wir China
zur Verantwortung ziehen, weil von dort immer wieder regionale und
internationale Epidemien ausgehen? Sollen wir die Agrarinvestitionen
aus Hongkong zum Problem erklären? Oder sollen wir die Vereinigten Staaten geißeln, aus denen das Modell der vertikal integrierten Geflügelzucht schließlich stammt, ein Schlaraffenland für Grippeviren
mit Tausenden von Nutztieren? Die Antwort lautet: ja, ja und ja – die
Verantwortung für die Influenza-Entwicklung liegt auf vielen gesellschaftlichen und ökologischen Ebenen, so wie das Problem selbst.

Fundierte Schuldzuweisungen sind eine gute Sache, aber sie allein
sind natürlich keine Lösung. Kurzfristig müssen Kleinbauern angemessen entschädigt werden, wenn Epidemien mit Notschlachtungen
bekämpft werden. Der grenzüberschreitende Viehhandel muss besser geregelt werden.[270] Die Überwachung von Tierseuchen, die immer
noch größtenteils freiwillig geschieht, muss gesetzlich vorgeschrieben
und von ausreichend finanzierten Behörden durchgeführt werden.
Beschäftigte mit unmittelbarem Kontakt zu Tieren, so wie die arme
Weltbevölkerung insgesamt, brauchen ärztliche Versorgung, wozu
kostenfreie Impfungen und antivirale Medikamente zählen.[271] Strukturanpassungsmaßnahmen in den ärmsten Ländern, unter denen die
tiermedizinische Kontrolle leidet, müssen beendet werden.

Gegen inhaltslose Bezeichnungen

Von diesem umfassenden Reformprogramm abgesehen, muss die
WHO anders auftreten. Während der SARS-Epidemie hat die chinesische Regierung die Organisation zunächst zum Narren gehal-

ten. Sie hinderte Wissenschaftler daran, Guangdong zu besuchen. Mit einem dreisten Manöver wurden sie auf eine sinnlose Suche quer durch Peking geschickt. Wochenlang leugnete das chinesische Gesundheitsministerium, dass es in Peking mehr als nur ein paar SARS-Fälle gab. Während WHO-Vertreter Krankenhäuser besuchten, verfrachtete der städtische Gesundheitsdienst Dutzende von todkranken SARS-Patienten in Krankenwagen, die durch die Stadt fuhren, bis die WHO-Vertreter wieder weg waren.[272] Als diese Finte herauskam, wurde der Gesundheitsminister entlassen. Unter dem neuen Staatspräsidenten Hu Jianto vollzog die Zentralregierung eine Kehrtwende und machte SARS zu einer Priorität. Die betroffenen Gebiete wurden faktisch abgeriegelt.

Dass die chinesische Regierung derart drastische Maßnahmen für die öffentliche Gesundheit durchsetzen kann, könnten wir als einen bedauerlichen Vorteil autoritärer Regierungsformen ansehen. Allerdings hat die Regierung die damalige Krise erst herbeigeführt, indem sie die Daten des öffentlichen Gesundheitssystems als Staatsgeheimnis behandelte. Sie ließ die Ärzte in den nächsten betroffenen Provinzen im Dunkeln tappen. So wurde eine angemessene Behandlung verzögert und SARS zur nächsten Stadt getragen.

Seitdem hat die WHO eine bessere, wenn auch immer noch zerbrechliche Arbeitsbeziehung mit dem chinesischen Staat entwickelt. Für eine Reihe von Krankheitserregern bekommt sie Zugang zu Proben und Standorten. So begrüßenswert das auch ist, durch die Reaktionen auf unseren Forschungsbericht habe ich gelernt, dass Kooperation ihren Preis hat. Die Verantwortung der Regierung für die Ausbrüche wird heruntergespielt oder gar ganz geleugnet. Immer wieder loben WHO-Beamte Chinas epidemiologische Offenheit (was von anderen Ländern als selbstverständlicher Standard erwartet wird) und wehren Kritik von außen ab, selbst wenn chinesische Beamte die Freigabe von Proben verzögern.

Vielleicht scheint es der WHO als angemessener Preis, die Arbeit einer Handvoll unabhängiger Wissenschaftler zu übergehen. Schließlich ist der Zugang zu Proben aus China unerlässlich. Aber was geschieht, wenn die Interessen der Regierungen mit der Gesundheit der Weltbevölkerung in Konflikt geraten? Wissenschaftler-Diplomaten neigen dazu, das große Spiel auf dem politischen Parkett damit zu verwechseln, wie die Welt wirklich funktioniert. Verhandlungen zwischen Ländern und internationalen Institutionen gehören natürlich auch dazu, aber sie sind kein Selbstzweck.

WHO-Funktionäre würden wohl antworten, dass wir die Zusammenarbeit mit China brauchen, um die nächste Pandemie stoppen. Angesichts der Tatsache, dass sich H5N1 über Eurasien und Afrika verbreitete, kann diese Strategie als gescheitert betrachtet werden. Die bedingungslose Zusammenarbeit hat stattdessen die landwirtschaftlichen und gesundheitspolitischen Praktiken verschleiert, die die Welt bis an den Abgrund der nächsten Pandemie gebracht haben.

Die WHO muss aufhören, die Regierungen zu verteidigen, ob nun die chinesische oder die der Vereinigten Staaten. Zumindest sollte sie chinesische Vogelgrippestämme nicht unter generischen Bezeichnungen verstecken. »Qinghai-ähnlich«, »Fujian-ähnlich«, solche Namen sollten bestehen bleiben, denn sie erinnern uns daran, dass die Vogelgrippe spezifische Ursprünge hat. Am einfachsten kann die chinesische oder jede andere Regierung diese Peinlichkeit vermeiden, indem sie mit geeigneten Maßnahmen verhindert, dass die nächsten Stämme überhaupt erst entstehen.

Nun könnte China argumentieren, dass ein genaueres Namenssystem besser wäre. Sobald die Massentierhaltungen identifiziert worden sind, in denen die virulenten Ausbrüche auftreten, können wir die neuen Virenstämme nach den Firmen benennen, die sie betreiben: der *Bernard-Matthews*-Stamm, das *Charoen-Pokphand*-Virus oder der *Tyson*-Cluster.[*] Wenn unter dieser Benennung der Ruf leidet, ist es nicht unfair oder rassistisch. Es liegt daran, dass Regierungen und Unternehmen viele Millionen Menschen in Gefahr bringen.

---

[*]   Namen großer thailändischer und US-amerikanischer Lebensmittel Konzerne. Vergleichbar wäre »Tönnies-Virus« oder »Westfleisch-Influenza«.

6.
Die Lebensmittelindustrie wird den Planeten nicht retten

Für eine umwelterhaltende Landwirtschaft unter Kontrolle der Bevölkerung

Wissenschaftler aller Disziplinen sind sich einig, dass die Menschheit vor einem Abgrund steht. Der Klimawandel, die Versauerung der Ozeane, die Wasser- und Luftverschmutzung, Nitrat- und Phosphatbelastung, Störungen der Ozeanströmungen, all diese Elemente des Erdsystems haben entweder Kipppunkte bereits überschritten oder nähern sich ihnen rasch an.[273] Die drängendsten ökologischen und sozioökologischen Probleme sind die Zerstörung der Habitate, der Verlust biologischer Vielfalt, kollabierende Ökosysteme, neue Krankheiten, die Erschöpfung von Ressourcen, *Peak Oil* und zunehmende Schwierigkeiten bei der Energiegewinnung insgesamt, die Eutrophierung* der Gewässer, der Kollaps der Ozeane, die Verschlechterung der Bodenqualität, die Anreicherung von Giftstoffen in der Umwelt und natürlich die Klimaveränderungen. All das bedroht viele Pflanzen- und Tierpopulationen, ohne die unsere Gattung nicht überleben kann.

Die Umweltschäden sind nicht auf einzelne Biome** beschränkt, sie haben globale Ausmaße. Und sie beeinträchtigen unsere Fähigkeit,

---

*   *Eutrophierung* bedeutet steigende Konzentrationen von Stickstoff und Phosphor in Flüssen und Meeren.

**   *Biome* oder *Bioregionen* sind Räume mit bestimmten Lebensgemeinschaften von Tieren und Pflanzen, die auf geologischen und klimatischen Voraussetzungen beruhen (zum Beispiel sommergrüne Laubwälder mit bestimmten charakteristischen Lebensgemeinschaften und Nahrungsketten).

eine Weltbevölkerung zu ernähren, die einerseits wächst, andererseits mehr konsumiert als früher. Die Ernährungs- und Landwirtschaftsorganisation (FOA) der Vereinten Nationen schätzt, dass im Jahr 2009 1,2 Milliarden Menschen auf der Welt an chronischem Hunger oder Unterernährung litten, so viele wie niemals zuvor. Unter- und Mangelernährung führt zu Krankheiten und erhöht die Sterblichkeit. Davon ist der Globale Süden am stärksten betroffen.[274] Nach Angaben der FOA leben 906 Millionen Menschen von den 925 Millionen unterernährten Menschen weltweit in Entwicklungsländern.[*]

Bislang »löst« die Menschheit eine Hungersnot nach der anderen, indem sie die Nahrungsmittelüberschüsse von einem Ort zum anderen Ort verschiebt. Millionen von Menschen kamen in Folge des vermeintlichen Erfolgs dieser Strategie ums Leben. Anfang der 2010er Jahre zeichneten sich am Horn von Afrika und in der Sahelzone neue Hungersnöte ab. Hungerkrisen werden häufiger, aber unsere Reaktionsmöglichkeiten schwinden. Die Widerstandsfähigkeit und Leistungsfähigkeit der Ökosysteme nimmt ab. Gleichzeitig ist die Verfügbarkeit von Nahrungsmitteln durch eben jene Produktions- und Geschäftsmodelle bedroht, mit denen die Welt gegenwärtig ernährt wird: Nahrungsmittelpreise schnellen in die Höhe (auch wegen der zunehmenden Preisspekulationen[275]). Die ärmsten Bevölkerungen sind dagegen von den Rohstoffmärkten ausgeschlossen, über die Grundnahrungsmittel zunehmend verteilt werden. Ein wahres Heer von Forschern, politischen Entscheidungsträgern und Experten unterschiedlicher Couleur haben das Problem erkannt. Allerdings besteht keine Einigkeit darüber, was zu tun wäre, geschweige denn über konkrete Gegenmaßnahmen.

In einem Kommentar in dem Fachmagazin *Nature* von 2011 macht Jason Clay einen Vorschlag. Clay ist leitender Vizepräsident

---

[*]   Angaben von 2011. 2018 lag die Zahl der Unterernährten bei 820 Millionen Menschen. Bis zum Jahr 2015 fiel ihr Anteil an der Weltbevölkerung und steigt seitdem wieder leicht an.

für Markttransformation bei der *World Wildlife Foundation* (WWF), einer der größten und einflussreichsten Nichtregierungsorganisationen (NGO) im Umweltbereich:

> »In den vergangenen 18 Monaten haben sich Mitglieder von NGOs, Akademiker und Vertreter der Privatwirtschaft zusammengetan, um Reformvorschläge für das globale Ernährungssystem zu entwickeln. Mit diesen Reformen kann die Nahrungsmittelproduktion erhöht werden, ohne die biologische Vielfalt zu schädigen. Gruppen wie die *Global Harvest Initiative* und die *Sustainable Agriculture Initiative* arbeiten daran, den ökologischen Fußabdruck der Nahrungsproduktion stabil zu halten.«[276]

Jason Clay empfiehlt eine Reihe von Strategien, um die Auswirkungen der Landwirtschaft auf die Umwelt zu vermindern. Besondere Aufmerksamkeit widmet er dabei Subsahara-Afrika. Laut Clay müssen wir den Verbrauch senken, Lebensmittelverschwendung vermeiden, die Effizienz der landwirtschaftlichen Betriebsmittel verdoppeln, die Eigentumsrechte der Bauern gesetzlich schützen und die Produktivität bestimmter vernachlässigter Nutzpflanzen durch Gentechnik und Hightech steigern. Wir sollen ausgelaugte Böden sanieren und den organischen Bodenkohlenstoff schützen, indem wir Bäume und Wurzelgräser pflanzen und einen Kohlenstoffmarkt für die Landwirtschaft einführen, nach dem Vorbild des Emissionshandels für Treibhausgase.

Dieses Reformprogramm enthält einige gut begründete Ratschläge und Ziele, die übrigens auch von anderen Wissenschaftlerinnen und Wissenschaftlern vertreten werden.[277] Viele seiner praktischen Vorschläge wären sicher ernsthaft in Erwägung zu ziehen, um den Lebensmittelkrisen in den verschiedenen Weltregionen entgegenzuwirken. Aber Clay ordnet diese Ratschläge ein in eine übergreifende Argumentation, die letztlich darauf hinausläuft, dass wir die Nahrungsmittel- und Umweltkrisen lösen, indem wir genauso weitermachen wie bisher. Es wird selten so offen ausgesprochen: Um die

Menschheit nachhaltig zu ernähren, sollen wir der Agrarindustrie
– also dem Ursprung des energieintensiven Monokultur-Anbaus –
noch mehr Kontrolle über das weltweite Nahrungssystem überant-
worten.[278]

Im Folgenden prüfen wir die Position von Jason Clay, derzufolge
ein kleines Kartell von Agrarkonglomeraten sich um Ernährungssicherheit kümmern sollte. Wie steht es um die politische Zweckmäßigkeit dieses Reformprogramms? Welche Sichtweise von Produktions-
effizienz und Größenvorteilen liegen seinen Vorschlägen zugrunde,
und warum eigentlich setzt er, trotz gegenteiliger historischer Belege,
auf die Großzügigkeit und Großherzigkeit der Industrie? Wir gehen
auf bedeutende Leerstellen in der Argumentation ein, insbesondere
auf Clays Behandlung des Kapitalismus als Naturgewalt, das Nieder-
gangsnarrativ, mit dem er die Enteignung von Kleinbetrieben und
Subsistenzbauern* rechtfertigt, und wir beschreiben die sozioökonomischen, gesundheitlichen und ökologischen Folgen, die das Ernährungsregime unter Kontrolle der Agrar- und Lebensmittelindustrie
bereits jetzt zeitigt.

Abschließend liefern wir Beispiele für andere landwirtschaftliche
Prinzipien, um die Welt zu ernähren, während der Planet an ökologische Grenzen stößt. Die *Conservation Agriculture*** macht unter Kontrolle der Menschen vor Ort vor, wie das geht. Diese Projekte sind der
lebende Beweis dafür, dass das Modell Agrobusiness nicht alternativ-
los ist. Sie sind in der Lage, die lokale Bevölkerung zu ernähren und zu
beschäftigen – manche ernähren tatsächlich Millionen –, Ernährungssouveränität zu schaffen und die Tierwelt, Gesundheit und Umwelt für
kommende Generationen zu erhalten. Das Agrobusiness hält die Ent-
wicklungsländer für den Weg des geringsten Widerstandes bei seinem

---

*   Bäuerinnen und Bauern, die hauptsächlich für die Selbstversorgung oder
      lokale Märkte wirtschaften.

**   *Conservation Agriculture* ist ein Fachbegriff, der von internationalen Orga-
      nisationen wie der FAO verwendet wird, und eine ökologisch nachhaltige
      Landwirtschaft beschreibt, die der Bodenerosion und dem Wasserverlust
      entgegenwirkt.

versuchten Durchmarsch, um das verbliebene Land und die restlichen unverbrauchten Ressourcen zu kommerzialisieren. Aber eine Ernährungsrevolution ist im Gange und wächst, auch und gerade dort.

Zwangsrekrutierte Gesellschaften

Um eine Weltbevölkerung zu ernähren, die bis zum Jahr 2050 voraussichtlich auf elf Milliarden Menschen anwachsen wird, müssen wir in den nächsten dreißig Jahren jährlich sechs Millionen Hektar, also 60.000 km², zusätzlich landwirtschaftlich bearbeiten, schätzt die FAO.[279] Diese Zahlen erwecken zunächst den Anschein, dass wir die Großproduktion rasch ausweiten müssen, und dazu wiederum scheint nur die multinationale Agrarindustrie fähig. Jason Clay und viele Experten jedenfalls gehen davon aus. Aber es handelt sich nicht nur um eine technische Frage der besten Anbaumethoden. Clay und viele seiner Kollegen vertreten ein politisches Programm, das in erster Linie dem Geschäftsmodell der Großunternehmen dient.

In einem Vortrag bei der TED-Konferenz in Kalifornien 2010 beschreibt Clay, wie wir seiner Ansicht nach den Planeten gleichzeitig retten und ernähren können:

»Es gibt fünfunddreißig Hotspots der Artenvielfalt. Fünfzehn Handelsgüter haben die größten Auswirkungen auf die Biodiversität [darunter, so Clay, Rindfleisch, Soja und Palmöl]. Mit wem müssen wir also zusammenarbeiten, um zu verändern, wie die Rohstoffe hergestellt werden? … Dreihundert bis fünfhundert Unternehmen kontrollieren 70 Prozent oder mehr des Handels mit einem dieser Rohstoffe. Wenn wir mit diesen Unternehmen zusammenarbeiten, und wenn wir die Art und Weise, wie sie Geschäfte machen, verändern, dann passiert der Rest von allein.«[280]

Die erwähnte Zahl von Unternehmen scheint Clay aber immer noch zu groß für eine effiziente Kooperation:

»Einhundert Unternehmen kontrollieren 25 Prozent des Handels mit den fünfzehn ökologisch wichtigsten Rohstoffen auf dem Planeten. Hundert Firmen kann man gut erfassen. Mit hundert Firmen können wir arbeiten. ... Unternehmen können die Hersteller schneller unter Druck setzen als die Verbraucher. Nach vierzig Jahren hat die weltweite Biobewegung 0,7 Prozent der weltweiten Nahrungsmittel erreicht. Wir können nicht so lange warten. So viel Zeit haben wir nicht.«[281]

Mit einzelnen Unternehmen zusammenzuarbeiten, genügt nicht, sagt Clay: »Wir müssen anfangen, uns mit der Industrie insgesamt zu beschäftigen. Deshalb haben wir Gesprächsrunden eingerichtet, bei denen wir die gesamte Wertschöpfungskette zusammenbringen.« Aber warum nehmen die Unternehmen daran teil? Aus zwei Gründen:

»Große Unternehmen riskieren zwar ihren Ruf, aber noch wichtiger ist: es kümmert sie nicht, wie hoch der Preis der Rohstoffe ist. Wenn sie keine Rohstoffe haben, machen sie auch kein Geschäft. Ihnen geht es um Verfügbarkeit. Das große Risiko für sie besteht also darin, überhaupt keine Produkte zu haben. Wenn ein Käufer etwas kaufen will, das auf eine bestimmte Art und Weise produziert wurde, dann ist es für die Produzenten das, was sie an den Tisch bringt. Es ist die Nachfrage, die sie an den Verhandlungstisch bringt.«

Zugegeben, Jason Clay hat einen ausgefeilten Vortrag gehalten. Aber warum eigentlich sollte es den Top-100-Unternehmen erlaubt sein, die »fünfzehn ökologisch bedeutsamen Produkte«, die Clay identifiziert hat, zu kontrollieren – und ihre Kontrolle noch auszuweiten! –, wenn doch ihre Produktionsmethoden und Geschäftspraktiken dazu beigetragen haben, dass wir uns in dieser ökologischen Krise befinden? Aber Clay übergeht die Frage und drängt die Umwelt- und Nahrungsmittelbewegungen in eine Rolle, mit der sie den Bedürfnissen dieser Unternehmen entgegenkommen müssten. Bloße Zweckmäßigkeit ist Grund genug dafür. Es sei zu schwer für »uns«, die Verbraucher und die kleinen Produzenten zu organisieren, ihr Marktanteil ist schließlich zu gering, um etwas zu bewirken. Mit dem Verweis auf Skaleneffekte durch größere Einheiten wird uns eine falsche Prämisse nach der anderen aufgenötigt. Immer wieder spricht Clay von diesem nebulösen »Wir«, das angeblich mit dem Agrobusiness zusammenarbeiten muss, wenn es denn wirklich an der Rettung der Welt interessiert ist. Dass immer noch Millionen von Kleinbauern einen wichtigen Beitrag zur lokalen und regionalen Nahrungsmittelproduktion leisten, erwähnt er nicht.

Die Jevons-Falle

Während seines TED-Vortrags pries der WWF-Experte zwei Firmen, mit denen er zusammenarbeitet, wie in einer Werbebroschüre an, als gehe es um Reklame statt um Kooperation. Da wäre zunächst der Lebensmittelkonzern *Cargill*.

>»Er hat Forschung finanziert, die zeigt, dass wir die weltweite Palmölproduktion in den nächsten zwanzig Jahren verdoppeln können, ohne einen einzigen Baum zu fällen. Und das alles allein in Borneo, indem wir auf Böden pflanzen, die bereits ausgelaugt sind. … Sie führen auch eine Studie durch, um ihre gesamten Palmöllieferungen zu überprüfen. Ob sie zertifiziert werden können. Was geändert werden muss, damit sie ein glaubwürdiges, unabhängiges Zertifizierungsprogramm bekommen. Warum ist *Cargill* wichtig? Weil die Firma 20 bis 25 Prozent des weltweiten Palmöls besitzt. Wenn *Cargill* eine Entscheidung trifft, dann bewegt sich die gesamte Palmölindustrie.«

Jason Clay übergeht höflich, wie der Konzern einen so großen Anteil an der weltweiten Palmölproduktion errungen hat. Das *World Rain-*

forest Network (WRN) weist darauf hin, dass der »Runde Tisch für nachhaltiges Palmöl« (RSPO)[*] *Cargills* Vorgeschichte ebenfalls unter den Tisch fallen lässt. Der RSPO wird von der Industrie dominiert.[282] Er hat seine Mitglieder von ihrer schmutzigen Vergangenheit freigesprochen, in der sie das Land entwaldet und seine Bewohner enteignet haben. Die Überprüfung der Nachhaltigkeit beginnt mit dem Jahr 2005. Laut WRN bedeutet das,

> »dass die ganze vorherige Abholzung nicht berücksichtigt wird. Plantagen, in denen vor dieser Zeit gerodet wurde, bekommen ebenfalls das Gütesiegel für Nachhaltigkeit des RSPO. Allerdings werden Ölpalmen bis zu 30 Jahre lang geerntet. Das heißt, ein Großteil des Palmöls, das mit diesem Gütesiegel auf den Markt kommt, stammt von Plantagen, die den ursprünglichen Wald verdrängt haben.«

Mehr noch, die Zertifizierung ist freiwillig, was letztlich bedeutet, dass die Industrie selbst entscheidet, ob ein Fehlverhalten vorliegt oder nicht. Das WRN kommentiert:

> »Vorzutäuschen, ein Produkt aus großflächigen Monokulturen mit meist importierten Palmen habe das Zertifikat als ›nachhaltig‹ verdient, ist – gelinde gesagt – irreführend, insbesondere für Ölpalmenplantagen, deren Geschichte geprägt ist von der tropischen Abholzung und weit verbreiteten Menschenrechtsverletzungen. … Das RSPO-Zertifikat ist ein Betrug.«

Zurück zu dem TED-Vortrag von Jason Clay. Als nächstes lobt er das Süßwarenunternehmen *M&M Mars:*

---

[*]   Beim *Runden Tisch für nachhaltiges Palmöl (Roundtable on Sustainable Palm Oil, RSPO)* handelt es sich um eine Organisation, die 2004 auf Initiative des WWF zustande kam und in der Nichtregierungsorganisationen mit Unternehmen der Agrar- und Lebensmittelindustrie kooperieren.

»*Mars* hat sich in Sachen Nachhaltigkeit verpflichtet, im Bereich Meeresfrüchte nur zertifizierte Produkte zu kaufen. Erstaunlicherweise kauft *Mars* mehr Meeresfrüchte als Walmart, weil sie Tiernahrung herstellen. Und sie machen wirklich interessante Sachen im Bereich Schokolade. Und all das kommt daher, dass *Mars* auch in Zukunft im Geschäft bleiben will. Sie verstehen, dass sie die Schokoladenproduktion verbessern müssen. Deshalb sequenzieren sie das Genom der Kakaopflanze, zusammen mit *IBM* und dem US-amerikanischen Landwirtschaftsministerium. Sie wollen, dass man ihnen hilft, nachhaltig zu werden. Jetzt ist ihnen klar geworden, dass sie 320 Prozent mehr Kakao auf 40 Prozent weniger Land erzeugen können, wenn sie die genetischen Merkmale für Wachstum und Dürretoleranz identifizieren können. Das übrige Land kann dann für etwas anderes benutzt werden. Das heißt: mehr mit weniger oder noch mal weniger. So muss die Zukunft aussehen!«

Keine Hilfe bei seinem Streben nach Nachhaltigkeit will *Mars* allerdings von den Tausenden von Kindern, die für seine Zulieferer in Ghana und der Elfenbeinküste unter sklavenartigen Bedingungen Monokultur-Kakao anbauen. Beziehungsweise von den Tausenden Vertragsbauern dort, die in bitterer Armut leben und von dem Unternehmen keine Fairtrade-Preise erhalten.[283]

Jason Clay verteidigt *Cargill* und *Mars* mit dem Argument, die Agrarindustrie sei am besten in der Lage, Effizienzgewinne in der landwirtschaftlichen Produktion zu erreichen, um den Ressourcenverbrauch zu senken. Diese Annahme ist das zentrale Glaubensbekenntnis des grünen Kapitalismus. Aber sie ist bestenfalls ahistorisch und lässt die umfassende Zerstörung außer Acht, die die Monokulturen der Agrarindustrie hervorgebracht haben. Ihre Effizienzgewinne werden häufig mit Einbußen an anderer Stelle erkauft, darunter so sentimentale »Fixkosten« wie Menschenrechte, Gesundheit, Löhne und, um einen reduktionistischen Begriff zu verwenden, Ökosystemdienstleistungen.

Die Grundannahme, der Kapitalismus ließe sich durch Effizienzgewinne »nachhaltig« machen, ist schon vor langer Zeit kritisiert worden.[284] Bei seinen Untersuchungen der Kohleförderung bemerkte der englische Ökonom William Stanley Jevons (1835 – 1882), dass gesteigerte Effizienz bei der Extraktion eines Rohstoffs langfristig zu einem Mehrverbrauch führt. Dieser Effekt wird als das sogenannte Jevons-Paradox bezeichnet. Dass der Verbrauch der fossilen Brennstoffe immer schneller ansteigt, belegt seine Argumentation eigentlich hinreichend. Ein noch schlagenderes Beispiel ist die Nahrungsherstellung: Die Grüne Revolution* verdoppelte die Produktion pro Hektar, aber ihre Nachwirkungen führten zu weit verbreiteter Mangelernährung.[285]

In einem Wirtschaftssystem, das im Jahresdurchschnitt um drei Prozent wachsen soll, führt die bessere und billigere Rohstoffgewinnung – gemessen an der investierten Geldmenge pro Einheit – zu einer erhöhten Förderung, und zwar oft so lange, bis die Ressource schließlich erschöpft ist. Das Paradox wird nur dadurch »gelöst«, dass eine andere Ressource an die Stelle der verbrauchten tritt. So werden die natürlichen Grundlagen immer weiter aufgebraucht, Art für Art, Bodenschatz für Bodenschatz, Landstrich für Landstrich.

Von dieser Praxis haben unter anderem die Firmen *Cargill* und *Mars* enorm profitiert. Wenn es eine Lehre aus der Geschichte gibt, dann die, dass das Agrobusiness höchstens seine operative Geschäftstaktik zwischen zwei Jahresabschlüssen verändert, wenn ein Rohstoff zur Neige geht. Grünes Marketing beispielsweise wirkt in den oberen Marktsegmenten in Nordamerika, Europa und Asien verkaufsfördernd, obwohl diese Konsumentengruppen pro Kopf mehr verbrauchen als fast alle anderen, und zwar quer durch die Produktbereiche.[286] Die grundlegenden Strategien der Unternehmen verändern sich kaum, denn sie beruhen auf ihren jeweiligen Konkurrenzvorteilen – unwahrscheinlich, dass sie diese freiwillig aufgeben werden.

---

*   Die *Grüne Revolution* bezeichnet die Ertragssteigerungen in der Landwirtschaft nach dem Zweiten Weltkrieg durch neue produktivere Pflanzensorten, Mechanisierung (und daher mehr Bodenwendung) sowie erhöhten Pestizid- und Düngereinsatz.

Das Motto lautet: »Wir verwandeln die Ressourcen anderer Leute in enormen privaten Profit (und machen jemand anderen für die entstehenden Schäden verantwortlich).« Berechnungen von Luke Bergman zeigen, dass der Konsum und die Kapitalakkumulation in den Vereinigten Staaten, Europa und Japan einen Großteil der Kohlenstoffemissionen, der kommerziell genutzten Anbaufläche und der Waldwirtschaft im Globalen Süden antreiben (oder, aus umgekehrter Perspektive, dem Konsum und der Akkumulation im Globalen Norden dienen).[287]

Der einflussreichen umweltwissenschaftlichen *Forest Transition Theory* zufolge hängen Wirtschaftswachstum und Waldgröße zusammen: Je wohlhabender ein Land, umso mehr wird wieder aufgeforstet. Allerdings haben Becky Mansfield und Kolleginnen gezeigt, dass dieser Zusammenhang nicht grundsätzlich gilt, sondern nur, wenn die Länder des Globalen Nordens Wald- und Agrarprodukte importieren können – und die dazugehörige Umweltzerstörung exportieren.[288] Entlang der Kapitalkreisläufe und durch sie entsteht Zerstörung. Vor diesem Hintergrund wirkt das grüne Marketing in den wohlhabenden Weltregionen wie ein Manöver, um die Verantwortung für die entstehenden Schäden im Moralismus individueller Konsumentscheidungen aufzulösen.

Allerdings schwimmt da eine Fliege in der Suppe der Branche. Die sich weltweit ausbreitenden Krisen durch Bodenverlust und Umweltzerstörung könnten einen Wendepunkt markieren, erklärt der Umwelthistoriker Jason Moore. Der Neoliberalismus ist nicht länger in der Lage, die Produktionskosten im Gesamtsystem zu senken. Vielleicht ist die Krise sogar noch epochaler und steht für das Ende der kapitalistischen »*longue durée** der ›billigen Ökologie‹: billige Energie, Arbeit, Rohstoffe und Nahrung.«[289]

---

* *Longue durée* (frz. für »lange Dauer«) bezeichnet die langfristigsten gesellschaftlichen Strukturen (Herrschaft, Produktion, Sitten), die sich historisch nur sehr langsam (und für die Zeitgenossen oft unmerklich) verändern. Der Begriff wurde von dem französischen Historiker Fernand Braudel geprägt.

Durchleben wir die Krise des Neoliberalismus oder eine Krise der kapitalistischen Produktionsweise? Wie immer, beide Szenarien liefern eine plausible Erklärung, warum das Agrobusiness so unbedingt auf seinem Narrativ von einer dystopischen Rettung besteht. Wir werden darauf zurückkommen.

Bequeme Auslassungen

Vor diesem Hintergrund wirken Jason Clays scheinbar wohlmeinende Ratschläge anders, auch wenn sein Artikel in *Nature* keinen Hinweis auf eine bestimmte Marke enthält. Würden seine Empfehlungen umgesetzt, käme es zu Verschiebungen im Agrar- und Nahrungssystem (vor allem in Afrika), die den transnationalen Konzernen strategische Vorteile bringen würden.

Natürlich hat Clay recht damit, dass die lokale Bevölkerung verschiedene arbeitssparende und umweltfreundliche Technologien in Betracht ziehen sollte, wenn sie neue Landwirtschaftsbetriebe plant. Aber das Agrobusiness ist nur eine der Möglichkeiten, solche Technologien zu beziehen, und die Branche handelt dabei nicht aus Barmherzigkeit. Technologie dient oft als Trojanisches Pferd, das neue gesellschaftliche Beziehungen mit sich bringt. In diesem Fall bedeutet es, dass ausländisches Kapital Land billig aufkaufen oder pachten kann, das sich zuvor im Besitz von Subsistenzbauern befand, und Kleinbauern abhängig gemacht werden von patentgeschützten biotechnologischen Produktfamilien.[*]

Clay hebt in seinem Vortrag ausschließlich auf absolute Produkti-

---

[*] Pflanzen, Pestizide und Dünger bestimmter Hersteller werden gentechnisch aufeinander abgestimmt und funktionieren in Kombination miteinander. Das bekannteste Beispiel ist Saatgut von *Monsanto-Bayer*, aus dem Pflanzen wachsen, die resistent gegen die Glyphosat-Unkrautvernichtungsmittel der gleichen Firma sind. Lock-in-Strategien werden von den Unternehmen mittlerweile auch bei landwirtschaftlichen Maschinen eingesetzt, indem sie die digitale Steuerung proprietär gestalten (das heißt für die Nutzer nicht oder nur zum Teil veränderbar).

vität ab, nicht auf Ernährung, Nachhaltigkeit oder Gemeinschaft. Um die Leistung der »schlimmsten« Produzenten zu verbessern, wäre es in der Tat erforderlich, solchen Kleinbauern Unterstützung und Fachwissen anzubieten. »Üblicherweise wurden solche Programme von den Regierungen betrieben, aber es ist nicht klar, ob sie in Afrika dieser Aufgabe gewachsen sind«, so Clay.[290] Mit dieser Bemerkung geht er über die Anstrengungen hinweg, die afrikanische Länder zur Unterstützung ihrer Bauern unternehmen, denen in Europa übrigens nicht unähnlich. Er ignoriert aber auch die Strukturanpassungsprogramme, die in manchen Teilen des Kontinents solche Unterstützung unmöglich gemacht haben, wovon wiederum die Agrarindustrie profitiert.[291] Wenn private Unterstützung daran gebunden ist, dass der Agrarindustrie Land und Arbeitskraft übereignet werden, dann klingt das kaum nach einem fairen Hilfsangebot.

Clay empfiehlt, den Bauern individuelle Eigentumsrechte einzuräumen, was so pauschal nicht empfehlenswert wäre. In einigen Fällen sollten diese Rechte von der Regierung auf bestimmte Gruppen von Kleinbauern übertragen werden. Aber das Agrobusiness fordert solche Reformen aus Eigeninteresse: Die Unternehmen bevorzugen einen rechtlichen Rahmen, der es ihnen erlaubt, noch die kleinsten Grundstücke zu erwerben. Viele der kleinbäuerlichen Eigentümer, verarmt durch die Exportorientierung ihrer Länder und ohne den Schutz durch kontrollierte Preise, würden ihr Land sicher billig verkaufen.[292] Afrikanische Bauern- und Hirtenvölker haben nachweisbar jahrhundertelang ökonomisch und ökologisch effizient gewirtschaftet. Nun werden sie Opfer eines Goldrauschs nach billigem Land.[293]

Wenn in einem Ernährungsregime agrarkapitalistische Unternehmen gedeihen, gilt das nicht unbedingt auch für die lokale Bevölkerung. Clay fordert beispielsweise Marktmechanismen für Bodenkohlenstoff, also die Einbeziehung der Landwirtschaft in den Emissionshandel. Solche Maßnahmen treiben nicht nur die Neoliberalisierung der Natur voran. Sie erlauben den großen Unternehmen, für ihren Raubbau an den Böden mit Ausgleichsmaßnahmen anderswo zu bezahlen (*Offset*-Mechanismen). Kleinere Produzenten kön-

nen sich das nicht leisten.[294] Die Ausgleichsmechanismen werden zu
einer grünen Barriere für die Kleinbauern, die eigentlich vergleichsweise wenig zu dem Problem der Treibhausgase beitragen.

Grundsätzlich gibt es für Skaleneffekte, ob nun ökologisch oder
ökonomisch, keine Garantie. Größere Betriebe sind nur dann produktiver, wenn die Ausweitung der Produktion kontinuierlich Effizienzgewinne liefert.[295] Viele Produktionsformen mit kleineren
Einheiten haben sich über Jahrhunderte entwickelt und entsprechen
dem notwendigerweise biologischen und gesellschaftlichen Charakter der Landwirtschaft. Sie können sich unter Umständen sogar in
der multinationalen Konkurrenz behaupten, besonders Genossen-
schaften, wenn sie die Verwaltungskosten vieler kleiner landwirt-
schaftlicher Einheiten aufteilen.

Der eigentliche Fehlschluss in Clays Argumentation entsteht aus
einer Leerstelle, die viele Programme für eine ökologische Moderni-
sierung aufweisen:[296] Er behandelt den gegenwärtigen neoliberalen
Kapitalismus wie ein Naturgesetz, so unverrückbar wie die Erdan-
ziehung oder Erdrotation. Seine politischen und wirtschaftlichen
Grundlagen können angeblich weder kritisiert noch verändert werden.[297] Demnach müssen wir mit dem Agrobusiness nicht nur deshalb zusammenarbeiten, weil es gegenwärtig einen großen Teil unserer Nahrung herstellt und verteilt. Nein, für jetzt und immerdar wird
es zum System der Nahrungserzeugung erklärt.

Aber die Geschichte zeigt, dass der Kapitalismus eine voraus-
setzungsvolle – und wahrscheinlich vergängliche – Form der gesellschaftlichen Organisation ist, so wie die ägyptischen Pharaonen
oder der Feudalismus. Er herrscht eine Weile lang, dann bricht er
zusammen, wird verändert oder abgestreift. Hinter den agrarkapitalistischen Reformvorschlägen, die grün übertüncht werden, stehen
politische und finanzielle Interessen. Anpassung an den Status quo
wird als »Ökopragmatismus« dargestellt. Aber wenn wir den Kapitalismus erst einmal als unhinterfragbares Naturgesetz akzeptiert haben, dann bewegen sich alle weiteren Schlussfolgerungen in einem
Rahmen, der das Agrobusiness begünstigt.

Jason Clay verwechselt die kapitalistische Effizienz bei der Umwandlung natürlicher Ressourcen in Waren mit der Effizienz, die wir brauchen, um unsere Lebensgrundlagen zu erhalten und gleichzeitig die Weltbevölkerung zu ernähren. Multinationale Konzerne können offensichtlich gewaltige Landschaften in Milliarden von Lebensmittelpackungen verwandeln, wenn auch oft nur solche mit fragwürdigem Nährwert. Eine andere Frage ist, ob die Industrie in der Lage oder auch nur Willens ist, die Weltbevölkerung zu ernähren, selbst wenn dies einem habgierigen Kalkül entspräche. Milliarden von Hungernden auf der Welt verfügen kaum über die nötigen Mittel, um an den kapitalistischen Märkten teilzuhaben, während das Agrobusiness dort prosperiert. Aufgrund ihrer Armut stellen sie keine Nachfrage dar und werden folglich behandelt, als gäbe es sie gar nicht.

Auf der Angebotsseite haben die großen Agrarunternehmen und die ländlichen und städtischen Armen, die Landwirtschaft betreiben, grundsätzlich gegensätzliche Interessen. Das Wachstum der Industrie beruht darauf, das Land von Millionen von Subsistenzbauern zu enteignen, um Nutzpflanzen und Nutztiere für den Export in lukrativere Märkte zu produzieren.[298] Wie Jason Clay selbst ausführte, geht es der Agrarindustrie um Verfügbarkeit. Die neuen Lohnarbeitsmärkte, die anstelle der einheimischen Nahrungssysteme entstehen, können die schlecht ernährten und zunehmend widerspenstigen Massen nicht aufnehmen. Um diesen Kollateralschaden kümmern sich lokale Regierungsbehörden und NGOs, die diese Menschen versorgen und kontrollieren.

Die Schlüssel zum Planeten

Wenn die Agrarindustrie die Welt retten soll, dann braucht sie freie Hand, um zu tun, was ihr gefällt. Das jedenfalls behauptet die Branche, und Jason Clay stimmt zu. Letztlich argumentiert er, dass Selbstregulierung ohne staatliche Einflussnahme es den Unternehmen erlaubt, sich vor der Umweltzerstörung zu retten, die sie angerichtet haben. Im Zuge dessen würden sie auch den Planeten retten, wenn wir Glück haben und ihre Gewinnmargen dies erlauben.

Dieser Vorschlag ist ebenso eigennützig wie zweifelhaft. Transnationale Agrarunternehmen werden und bleiben so groß, wie sie sind, weil sie Kapitalakkumulation in politische Macht umsetzen. Diese Macht wiederum garantiert jene *Laissez-Faire*-Wirtschaftspolitik, die es ihnen erlaubt, die Umwelt weiter ungestraft zurechtzustutzen. Tatsächlich gäbe es ohne politische Macht unterm Strich keine Gewinne für das Agrobusiness. Nur sie macht es möglich, die Kosten zu externalisieren, die letztlich indigene Völker, Steuerzahler, Verbraucher, Nutz- und Wildtiere tragen.[299] Was immer auch schief geht, ob eine Ölpest oder ein Seuchenausbruch, Arbeitslosigkeit oder Preisschwankungen, jemand anders übernimmt die Rechnung. So entstehen Fehlanreize von geradezu apokalyptischen Ausmaßen.

Nur indem sie solche Kosten vergesellschaften und aus ihren Bilanzen heraushielten, konnten die Agrarunternehmen überhaupt als Kapitalgesellschaften überleben. Aber obwohl sie ihre Existenz der Allgemeinheit verdanken, bringen sie sich jetzt – unterstützt von den vielen Stiftungen, die sie finanzieren – als Retter der Welt ins Spiel. Dieser Vorschlag stößt natürlich kaum auf einhellige Begeisterung, aber darum geht es eigentlich auch gar nicht. Die Weltrettung ist nur die Verpackung für die Unternehmen, um eine gruselige Forderung zu unterbreiten. Im Gegenzug für ausreichend Nahrung in der Zukunft – egal wie problematisch diese Annahme ist – soll die Menschheit die Kontrolle über die letzten unberührten Böden und Ressourcen an eine kleine hochbezahlte Minderheit abtreten. Enteignung durch private Unternehmen gibt es seit Jahrhunderten. Nun soll ihre effektive Kontrolle über die natürlichen Reichtümer der Erde zementiert werden, weil dies angeblich dem Umweltschutz dient – das ist neu! Ähnliche Forderungen kommen auch aus anderen Sektoren.[300]

Dass das Agrarkapital von uns verlangt, dass wir ihnen die Schlüssel zum Planeten aushändigen, entspricht einem alten Muster, bekannt seit zwei Jahrhunderten.[301] Das sogenannte Lauderdale-Paradox besagt, dass öffentlicher Wohlstand und privater Reichtum in einem inversen Verhältnis zueinander stehen können (insbesondere wenn es sich um natürliche Ressourcen handelt).

Für den größten Teil der Menschheitsgeschichte war die Natur Gemeineigentum. Die natürliche Umwelt war für die Menschheit als Ganzes verfügbar, daher trug sie keinen Tauschwert. Wir können Luft (oder bis vor kurzem Wasser) nicht in Flaschen abfüllen und verkaufen, wenn sie frei verfügbar ist. Im Gegensatz dazu sind private Reichtümer wertvoll, weil sie knapp sind. Das Paradox entstand im Gefolge der Industriellen Revolution, als sich das Verhältnis von allgemeinem Wohlstand und privatem Reichtum verschob. Das Kapital verwandelte Gemeingüter in Wertgegenstände, die knapp genug waren, um sie zu kommerzialisieren.* Die Zerstörung von natürlichen Ökosystemen war ein Bestandteil dieser Entwicklung.

Dass die Ressourcenbasis zerfällt, ist also kein hinreichender Grund dafür, dass Agrarindustrielle zu wohlmeinenden Weltbürgern werden, wie Jason Clay behauptet. Im Gegenteil, die Industrie will exklusiven Zugang zu den Naturräumen, deren Wert trotz der ökologischen Zerstörung steigt. Es geht um Verfügbarkeit, wieder einmal. Deswegen unternimmt die Industrie Vorstöße, um Alternativen zu zerstören, die bislang an den ökonomischen Randgebieten vorhanden sind. Subsistenzbauern machen in manchen Gegenden immer noch 80 Prozent der Bevölkerung aus. Sie verkörpern immer noch die Möglichkeit einer anderen Landwirtschaft. Sie müssen an den Rand gedrängt und beseitigt werden und in Arbeiterinnen und Arbeiter verwandelt werden, so dass sich das Agrarkapital ungehindert und nach Gutdünken räumlich ausbreiten kann.[302]

---

* Der englische Ökonom James Maitland, Earl of Lauderdale (1759–1839), verfasste sein einflussreiches Buch »An Inquiry into the Nature and Origin of Public Wealth and into the Means and Causes of its Increase« im Jahr 1804. Angeregt durch die Beobachtung, dass Landbesitzer Teile ihrer Ernte vernichten ließen, um die Marktpreise zu stützen, unterschied er als einer der ersten Theoretiker zwischen Gebrauchs- und Tauschwert.

Landgrabbing, hübsch verpackt

Etwa 60 Prozent der noch unerschlossenen Ackerflächen der Welt befinden sich in Afrika. Der Wettbewerb um dieses Land wird schärfer.[303] Auch darum geht es Jason Clay.

Dem Oakland-Institut* zufolge arbeiten Agrarunternehmen bei Projekten in Afrika mit einer Reihe US-amerikanischer Universitäten zusammen, darunter Harvard, Vanderbilt und Spelmen.[304] Die Hochschulen investierten Stiftungsgelder, indem sie über europäische Hedgefonds und Spekulanten riesige Ackerflächen in Afrika kaufen oder pachten. Private Partnerunternehmen erschließen diese Gebiete nach dem Erwerb.

Das Oakland-Institut schätzte Anfang der 2010er Jahre, dass insgesamt 500 Millionen US-Dollar investiert wurden, vor allem in Ländern wie Sierra Leone, Tansania, Mosambik oder Mali. Die Gewinnerwartung beträgt 25 Prozent durch landwirtschaftliche Produktion und aufwertende Grundstückspreise. Die Einnahmen aus den Pachtverträgen sind bis zu 99 Jahren steuerfrei gestellt.[305] Berater von McKinsey schätzen, dass die landwirtschaftliche Produktion in Afrika sich im Gefolge der Investitionen verdreifachen könnte, auf 880 Milliarden US-Dollar im Jahr 2030.[306]

Eines dieser Landnahme-Projekte in Tansania wird von *AgriSol Energy* angeschoben, außerdem von der *Summit Group* aus dem US-Bundesstaat Iowa, dem *Global Agriculture Fund* der *Pharos Financial Group* in Zusammenarbeit mit der Fakultät für Landwirtschaft und *Life Science* der *Iowa State University*.[307] Der Standort umfasst laut dem Oakland-Institut

»drei ›verlassene Flüchtlingslager‹ – Lugufu in der Provinz Kigoma (25.000 Hektar), Katumba (80.317 Hektar) und Mishamo (219.800 Hektar), beide in der Provinz Rukwa … Es laufen Ver-

---

*   *Oakland-Institut*: Thinktank in den USA, der sich kritisch mit Ökologie, dem Weltmarkt und dem Ernährungsregime auseinandersetzt.

handlungen mit der tansanischen Regierung über die Zuerkennung des Status eines strategischen Investors, um sicherzustellen, dass entsprechende Anreize gewährt werden (Steuerbefreiungen, Rückführung von Dollars aus dem Land, Befreiung von Zöllen auf Diesel, landwirtschaftliche und industrielle Ausrüstung, Zubehör usw.), und über einen verpflichtenden Zeitplan für den Bau einer Eisenbahnverbindung nach Mishamo.«

Die drei Gebiete sollen verschiedene landwirtschaftliche Betriebe beherbergen, die in großem Maßstab gentechnisch veränderte Nutzpflanzen, Rindfleisch, Geflügel und Biotreibstoffe herstellen werden. Dazu gehört, dass Tausende ansässiger Kleinbauern ersetzt werden durch Arbeitskräfte unter der Leitung von ausländischen Managern. Ein Sprecher von *Emergent Asset Management,* die einen der größten Landerwerbs-Fonds verwalten, verteidigt das Vorhaben der Universitäten folgendermaßen:

»Fonds von Universitätsstiftungen und Pensionsfonds sind langfristige Investoren. Wir investieren in die afrikanische Landwirtschaft, wir lassen uns dort geschäftlich nieder und schaffen Arbeitsplätze auf verantwortungsbewusste Art. ... Es geht um hohe Beträge. Wir wollen das Land aufwerten. Größenvorteile sorgen dafür, dass man produktiver wird.«[308]

Solche Versicherungen klingen eigentlich für sich genommen schon entlarvend genug. Ein großer Teil der neuen Landwirtschaft dient dem Agrarexport. Viele Tausende Bauern werden von ihrem Land vertrieben. Die Vorverständigung für das Tansania-Projekt von *AgriSol*

»legt fest, dass die beiden Hauptstandorte – Katumba und Mishamo – die Flüchtlingssiedlungen mit bis zu 162.000 Menschen schließen müssen, bevor das 700-Millionen-Dollar-Projekt beginnen kann. Die Flüchtlinge bewirtschaften dieses Land seit 40 Jahren.«

Tansania ist keine Ausnahme. Akkumulation durch Enteignung ist in ganz Afrika im Gange, von Nord nach Süd. *Nile Trading and Development* aus Dallas hat einen Pachtvertrag über 600.000 Hektar im Südsudan im Bundesstaat Zentral-Äquatoria geschlossen, mit einer Option auf weitere 400.000 Hektar. Der Vertrag gibt dem Unternehmen sämtliche Rechte auf das dortige Öl und Holz. Die Laufzeit beträgt 49 Jahre, der spottbillige Preis: 25.000 US-Dollar.[309]

Die »Allianz für eine Grüne Revolution in Afrika« (AGRA) ist eine Entwicklungshilfe-Organisation, bei der es sich sozusagen um die afrikanische Abteilung der Gates-Stiftung handelt. 2010 arbeiteten etwa 70 Prozent ihrer kenianischen Stipendiaten direkt mit *Monsanto* zusammen.[310] Die Stiftung hält außerdem *Monsanto*-Aktien im Wert von geschätzten 23,1 Millionen US-Dollar.

Die hochproduktive Weidewirtschaft im äthiopischen Awash-Tal[311] wird durch die Zentralregierung zerstört. Sie vertreibt Tausende von Bauern und Hirten von ihrem angestammten Land und siedelt sie zwangsweise in neuen Dörfern an. Diese Verpflichtung ist sie im Rahmen diverser Landverkäufe an ausländische Investoren eingegangen.

In Ruanda siedelten sich nach dem Völkermord aus Tansania zurückgekehrte Flüchtlinge auf dem Land eines ehemaligen Nationalparks an. Ihre winzigen Parzellen wurden fortan von politisch gut vernetzten Viehzüchtern enteignet oder von Bier- und Biotreibstoffunternehmen für die Exportproduktion aufgekauft.[312]

Und so weiter: Madagaskar verpachtete ein Gebiet von der Größe Connecticuts an den koreanischen Mischkonzern *Daewoo*. Mosambik stellte sieben Millionen Hektar zum Verkauf. Südafrikanische Unternehmen arbeiten mit europäischen Hedgefonds zusammen, um die für den Aufkauf von Wald und Ackerland erforderliche Investitionssumme aufzubringen.[313]

Ob von Neoliberalen oder NGOs vorangetrieben, die ursprüngliche Akkumulation[*] ist eben einfach unwiderstehlich. Aber selbst

---

[*]   Als *ursprüngliche Akkumulation* bezeichnet Karl Marx die Trennung der Produzenten von den Produktionsmitteln.

an den eigenen Maßstäben gemessen, ist die Proletarisierung der Bauern und die Aneignung ihres Landes keine endgültige Lösung, sondern führt in neue Widersprüche. Durch die Vertreibung vom Land werden sie vollständig lohnabhängig und in den Arbeitsmarkt hineingezwungen.

Der Historiker Giovanni Arrighi erklärte bereits im Jahr 1966 in einer Studie über das damalige Rhodesien[314], dass dies letztlich für das Kapital neue Probleme bringt – ein Beispiel für die *Größennachteile*[*] der industriellen Landwirtschaft:

> »Der Prozess der extremen Enteignung war widersprüchlich. Zunächst schuf er die Voraussetzungen dafür, dass die Bauernschaft die kapitalistische Landwirtschaft, den Bergbau, die verarbeitende Industrie und so weiter subventionieren konnte. Aber es wurde zunehmend schwierig, das entstandene Proletariat auszubeuten, zu mobilisieren und zu kontrollieren. … Vollständig proletarisierte Arbeit konnte nur dann ausgebeutet werden, wenn sie einen vollen existenzsichernden Lohn erhielt.«[315]

Giovanni Arrighi und andere Autoren schlossen daraus, dass die politische Kontrolle besser ausgeübt werden konnte, indem die Bäuerinnen und Bauern nur teilweise proletarisiert wurden. In Afrika und anderswo wurde es beispielsweise üblich, dass sie für ihre Ernährung zwischen den Erntezeiten in ihren Heimatdörfern auf andere Einkommen angewiesen sind.[316] Die ihnen aufgezwungene Vielfalt der ökonomischen Aktivitäten haben sie in ein (allerdings prekäres) Mittel verwandelt, um unter zunehmend informellen und ungerechten wirtschaftlichen Bedingungen überleben zu können. Ironischerweise widerspricht ihre Reproduktionsstrategie nun dem Verlangen des Agrobusiness nach Ackerland und frei verfügbaren Arbeitskräften.[317]

---

[*]   *Größennachteile*: also negative Skaleneffekte.

Ernährung im dauerhaften Niedergang

Die neuen Landnahmen zerbrechen historisch gewachsene einheimische Agrar-Nahrungs-Komplexe. »Grüne« Effizienzvorteile entstehen so kaum. Die wachsende Kluft zwischen Arm und Reich, die durch diese Enteignung entsteht, dient heute als Rechtfertigung für ein weltumspannendes »Agrarunternehmen Erde« – obwohl größere Ungleichheit üblicherweise die Umweltzerstörung verschlimmert.[318]

Ägypten ist ein bezeichnendes Beispiel dafür.[319] Während des Mubarak-Regimes (1981–2011) kam es im ägyptischen Gartenbau und in der Viehzucht zu einer ausgeprägten wirtschaftlichen Konzentration. Eine Folge war, dass Millionen ehemaliger Kleinbauern als Tagelöhner an den Rändern der Städte endeten. Während der letzten fünf Jahre des Regimes verarmten viele von ihnen noch weiter.

Dies lag gerade auch an Maßnahmen der öffentlichen Gesundheitsvorsorge, die ihnen angeblich helfen sollten. Um die Ausbrüche der hochpathogenen Influenza A (H5N1) (»Vogelgrippe«) und H1N1 2009 (»Schweinegrippe«) einzudämmen, vernichteten die Behörden vierzig Millionen Hühner und den gesamten Schweinebestand. Am stärksten betroffen waren die Hinterhof- und Kleinbetriebe, obwohl es ernstzunehmende Hinweise darauf gab, dass die Geflügelmassenhaltungen und Wildvögel die Epidemien antrieben.

Vieles spricht dafür, dass die intensive Geflügel- und Viehwirtschaft heute der Schmelztiegel ist, in dem viele der virulenten tierischen Krankheitserreger entstehen, einschließlich der Influenza.[320] Die Erreger verbreiten sich dann regelmäßig entlang der Warenketten des Sektors in andere Länder. Ihre geographische Reichweite erstreckt sich über Kontinente, weiter als Kleinbauern je liefern könnten.

Dennoch wurde die industrielle Geflügelzucht nie ernsthaft als mögliche Ursache für die Epidemien in Ägypten oder irgendwo sonst in Erwägung gezogen. Begründet wird das mit der Biosicherheit der Agrarindustrie. Ihre Fähigkeit, eine von ihr selbst verursachte Krankheit technisch unter Kontrolle zu halten, setzt sie gegen die kleinbäuerliche Konkurrenz ein. Die Zahl der getöteten Tiere ist in den Massenhaltungen geringer.

Im Falle Ägyptens hatte diese Strategie nicht nur Folgen für die öffentliche Gesundheit und den Agrarsektor, sondern auch für das politische Machtzentrum des Landes. Die rein technischen Interventionen gegen die endemische H5N1-Influenza verschlimmerten die Armut im Land. Einzelne Studien weisen darauf hin, dass Kinder unter fünf Lebensjahren wegen der fehlenden Kalorienzufuhr in dieser Zeit eine geringere Körpergröße entwickelten. Die Schlachtungen von Geflügel allein haben sicher nicht die Aufstände von 2011 ausgelöst. Aber sie haben die Preise von Nahrungsmitteln erhöht und ihre Verfügbarkeit verschlechtert und zu dem Bedürfnis des ägyptischen Volkes beigetragen, über das eigene Schicksal selbst zu entscheiden – einschließlich der Frage, ob sie Hühner halten oder nicht.

Die wissenschaftliche Literatur rund um die Influenza-Ausbrüche in Ägypten und anderswo ignoriert die Rolle der Massentierhaltung und unterstützt den Übergang zu einer hochkapitalisierten Landwirtschaft. Unter dem herrschenden Modell der weltmarktorientierten Landwirtschaft enteignet das Agrobusiness die einheimischen Bauern, produziert Hunger und Krankheiten und zerstört die Umwelt direkt sowie über Umwege. Die so entstehenden Krisen werden dann als triftiger Grund für weitere Enteignung angeführt.

Die Geographin und Veterinärin Diana Davis von der Universität Berkeley beschreibt solche »humanitären« Argumentationsweisen als festen Bestandteil »eines kolonialistischen Narrativs vom ökologischen Niedergang. Sie eignen sich, um neoliberale Ziele der Landprivatisierung und der Intensivierung der landwirtschaftlichen Produktion im Namen des Umweltschutzes zu rechtfertigen und voranzutreiben.«[321]

Das Narrativ vom Niedergang der kleinbäuerlichen Landwirtschaft ist eine Neuauflage der malthusianischen »Tragik der Allmen-

de«: Angeblich konkurriert der Pöbel um eine gemeinsame Ressource
und zerstört sie. Mit diesem rhetorischen Manöver wird begründet,
dass die Gemeingüter eingezäunt werden müssen, worauf sie dann
von ausgewählten Personen ruiniert werden.[322] In Wirklichkeit wurden Allmenden in unterschiedlichen Gesellschaftsformen von lokalen Räten verwaltet, selbst wenn die Natur eigentlich genug für alle
bot.[323] Allmenden sind keine Garantie gegen den Niedergang, manche Gesellschaften brechen tatsächlich zusammen. Aber die Vorstel-
lung, Allmenden seien grundsätzlich nicht funktionsfähig, beruht
auf einer Ideologie, nicht auf Fakten.

Wenn Lebensmittel krank machen

Welchem Zweck dienen aber solche »humanitären« Erzählungen
vom unaufhaltsamen Niedergang der Nahrungssysteme? Und worauf beruht die produktive Effizienz der agrarkapitalischen Unternehmen wirklich? Das Beispiel der wohlhabenderen Gesellschaften
zeigt, was das Kapital den ärmsten Weltregionen zu bieten hat.

Billige Nahrung wird gleichförmig und massenhaft produziert,
was eine zentrale Kontrolle von der Quelle bis zum Teller und massive Gewinne für einige wenige ermöglicht. Diese Lebensmittel
werden geschickt verpackt und vermarktet. Sie sind hochgradig verarbeitet, kalorienreich und haben Suchtpotenzial, allerdings keine
ausreichenden Nährwerte. Daher sind sie verantwortlich für eine
Reihe chronischer Krankheiten von Diabetes bis zu krankhafter Fett-
leibigkeit.[324]

In den Haustier- und Nutzpflanzengemeinschaften der industriellen Landwirtschaft, die über einen begrenzten Genpool verfügen,
entwickeln sich mit zunehmender Geschwindigkeit Krankheiten.[325]
In der Viehwirtschaft begegnet man diesen Fehlentwicklungen mit
einer vergleichsweise sterilen Haltung, die aber wegen der enormen Dichte der Tiere dennoch das Entstehen von Krankheitserregern fördert. Daher ist ein kontinuierlicher Einsatz von Impfungen

und pharmazeutischen Mitteln notwendig, um die endemischen Durchfall- und Atemwegserkrankungen unter Kontrolle zu halten. Pflanzen werden gezüchtet, um einen höheren petrochemischen Input* auszuhalten. Durch den Selektionsdruck entstehen resistente *Superweeds* und Schädlinge.[326]

Die entstehenden Abflüsse der Rückstände enthalten DNA-Stränge mit wirkstoffresistenten Genen, außerdem wachsende Konzentration von hormonaktiven Substanzen und anderer ökotoxischer Stoffe. Sie sickern in Böden, Grundwasser und Flüsse und werden teilweise sogar als Düngemittel wiederverwendet.[327] Medikamentenrückstände können mittlerweile in der Umwelt nachgewiesen werden, sogar in biologisch wirksamen Konzentrationen. Die Hinweise mehren sich, dass sie ökologische, körperliche und pathogene Wirkungen haben.[328] Abgeschwächte Lebendimpfstoffe** haben zur Gesundheit von Tieren und Menschen beigetragen, aber die Impfungen haben einen Selektionsdruck aufgebaut, weshalb trotz der Impfdeckung neue Virenstämme entstanden sind. Außerdem können sich abgeschwächte Viren aus den Impfungen mit zirkulierenden Wildtypen verbinden und wieder virulent werden.[329]

Umweltverschmutzung und Krankheitserreger sind zu einem ständigen Risiko innerhalb der industrialisierten Lebensmittelerzeugung geworden.[330] Die wissenschaftliche Ernährungssicherheit muss jeden Tag aufs Neue die Ausbrüche beseitigen, die an irgendeiner Stelle im globalen Versand von Zuchttieren oder bei kontaminierten Lebensmitteln entstehen. Im Jahr 2010 erkrankten beispielsweise 4100 Deutsche an einem neuen Kolibakterium, das über Bockshornklee-Sprossen eingeschleppt wurde. Elf Tonnen der Sprossen aus Ägypten wurden von einem deutschen Zwischenhänd-

---

*   *Petrochemischer Input*: Anorganische Düngemittel und einige Pestizide werden mit Erdöl / Benzol hergestellt.

** *Abgeschwächte Lebendimpfstoffe*: Impfungen, die lebende Viren oder Bakterien enthalten, deren krankheitslösende Wirkung durch Züchtung oder andere Methoden der Vermehrung abgeschwächt wurde. Beispiele sind die Impfungen gegen Windpocken, Masern, Mumps oder Röteln.

ler umverpackt und an siebzig Unternehmen in zwölf verschiedenen Ländern Europas weiterverkauft.[331]

Die Skaleneffekte der großen Agrarunternehmen erstrecken sich nun einmal auch auf die Evolution der Lebewesen, die sie kommerzialisiert haben. Die Größenvorteile fördern die Weiterentwicklung und Verbreitung von Krankheitserregern. Dies betrifft auch Zoonosen: Wenn Nutztier-Populationen in ihre Lebensräume vordringen, geraten Wildtiere unter Druck. Im Gegenzug laden sie ihre parasitären, bakteriellen und viralen Erregergemeinschaften ab auf Lebendmärkten (*wet markets*), in Fleischereien, in exotischem Jagdfleisch (*bushmeat*), auf Plantagen und in städtischen Gebieten. So kommt es zum riskanten Experiment in der freien Natur, was Krankheitsübertragung und Erregerentwicklung über mehrere Tierarten hinweg zustande bringen wird.[332]

Umwelterhaltende Landwirtschaft

Was also tun? Alle Beteiligten in dieser Debatte, einschließlich des Agrobusiness, berufen sich gerne auf den menschlichen Erfindungsreichtum als Mittel, um die ökologische Krise zu überwinden. Aber sobald etwas anderes vorgeschlagen wird als Agrobusiness, widersprechen die steuerlich absetzbaren Berater, so wie Jason Clay: »Das ist unmöglich!«[333]

Aber eine andere Landwirtschaft ist möglich. Tatsächlich existiert sie bereits, wenn auch in unterschiedlich weit fortgeschritten.[334] Alternative Ansätze erreichen niedrigere Inputkosten, indem sie die ökologischen Folgekosten senken. Sie benutzen ökologische, natürlich erneuerbare Produktionsmethoden und hochmoderne umweltschonende Anbaumethoden.

Bereits jetzt lassen sich Agrarökosysteme mit verschiedenen Praktiken nachhaltig bewirtschaften. Dazu zählt die »nachhaltige Intensivierung«. Wo sie am weitesten fortgeschritten ist, erzielt sie so viel Nahrung pro Fläche wie die petrochemisch gestützte, industrielle Landwirtschaft.[335] Integriertes Schädlingsmanagement, integriertes Nährstoffmanagement, konservierende Bodenbearbeitung, Deckfrüchte, Fallenfrüchte zur Insektenkontrolle, Streifenanbau gegen die Bodenerosion, Agrarforstwirtschaft, Aquakultur, Regenwassergewinnung sowie kombinierte Pflanzen- und Tierhaltungssysteme sind einsatzbereit.[336]

All diesen landwirtschaftlichen Ansätzen liegt die Auffassung zugrunde, dass die Menschheit immer noch ein Teil der Ökologie ist, aus der sie entstanden ist. Menschliche Zivilisation zielt darauf ab, unser Wohlergehen unabhängig von den Naturgewalten zu machen. Dennoch können wir den ökologischen Kreisläufen nicht entgehen. Wir bleiben ein Teil von ihnen, so sehr wir sie auch verändern. Andererseits sollten wir uns nicht in Phantasien von einer Landwirtschaft vor dem kapitalistischen Sündenfall ergehen, die es in Wirklichkeit nie gegeben hat. Es geht nicht um ein »Zurück zur Natur«. Täglich entwickeln Landwirte Innovationen in der biologischen Landwirtschaft, um die aktuellen Probleme beim Anbau von Pflanzen und in der Viehzucht zu lösen. Wir befinden uns in einem bestimmten historischen Moment mit klimatischen und wirtschaftlichen Herausforderungen, die neue Antworten verlangen.

Die theoretische und praktische Arbeit, die dazu nötig sein wird, ist enorm. Viele aufkeimende Versuche in diese Richtung scheitern wegen der fehlenden Finanzierung und Infrastruktur. Dennoch gibt es eine Fülle von Beispielen mit unterschiedlicher Produktintegration und unterschiedlichem Organisationsgrad der Beteiligten. Aus den 2000er Jahren ist etwa dokumentiert:

- Mit Unterstützung der mexikanischen Regierung betreiben zapotekische Indianer in Oaxaca eine nachhaltige selbstverwaltete Forstwirtschaft.[337] Das Kiefernholz wird einerseits an die Behörden bzw. Regierung des Bundesstaates verkauft, andererseits werden Fertigprodukte wie Möbel in einer Fabrik vor Ort hergestellt.
- Die *Federation of Unions of Farmers' Groups of Niger* (FUGPN-Mooriben) ist ein Zusammenschluss von Bauern mit über 62.000 Mitgliedern, die Mehrzahl sind Frauen. Die FUGPN organisiert

Ausbildungsmöglichkeiten, den Austausch von Saatgut, Dünger
und Pestiziden, gemeinsame Lagerung und Vermarktung, Kredite und Anlagemöglichkeiten, Beratung, rechtliche Vertretung
und ein Community-Radio.[338]

- Kommunale Syndikate in Nordkenia haben eine tragfähige
  Landbewirtschaftung geschaffen, mit der die Einkommensquel-
  len breiter gestreut wurden. Sie schützt gleichzeitig die natürlichen Ressourcen und dient der Viehzucht. Durch die Erhaltung
  bestimmter entscheidender Schlüsselressourcen, darunter die
  Grasnarben, erholen sich die degradierte Umwelt und Tierwelt,
  während sich die Einkommen der Bäuerinnen und Bauern ver-
  dreifacht haben.

- *Tarun Bharat Sangh*, eine örtliche Freiwilligenorganisation in
  Jaipur, Indien, initiierte ein Programm zur Wiederherstellung
  von Wassereinzugsgebieten, an dem sich tausend Dörfer beteiligten.[339] Die Organisation baute »johads« wieder auf – traditionelle Schlammsperren zum Sammeln von Wasser, die das
  Grundwasser wieder auffüllen, das Waldwachstum verbessern
  und Wasser für die Bewässerung, Wildtiere, Viehzucht und den
  Hausgebrauch liefern. Die Arbeiten wurden von Dorfräten koor-
  diniert. So konnten einheimische Vogelpopulationen wieder angesiedelt und der Avari-Fluss wiederhergestellt werden, der seit
  den 1940er Jahren ausgetrocknet war.

Viele dieser Initiativen funktionieren nur, weil die lokale Bevölkerung die Kontrolle übernimmt, und zwar nicht im Sinne von »com-
munity-geleiteten« marktorientierten Entscheidungsstrukturen, die
typisch sind für das neoliberale Management natürlicher Ressourcen.[340] Nachhaltigkeit entsteht auch deshalb, weil die Gemeinschaften verantwortlich dafür sind, Nahrung und Ökologie miteinander
zu versöhnen. Dazu gehört das Wiederverwenden der physikali-
schen und gesellschaftlichen Ressourcen für die nächste Ernte, das
nächste Jahr, die nächste Generation.

Agrarkapitalistische Unternehmen dagegen nutzen immer wieder *spatial fixes,* um ökologische Widersprüche an andere Orte zu

verlagern. Wenn sie eine Region ruiniert haben, ziehen sie weiter; sie surfen sozusagen auf der Welle ihrer Zerstörung.[341] Schon in den 1850er Jahren bezeichnete der deutsche Chemiker Justus von Liebig die chemikalisch ermöglichte Intensivierung der Landwirtschaft an sich als »Raub«, weil sie die Böden für Generationen zerstöre.[342]

Der Erfolg von *Community*-Alternativen ist niemals sicher. Ob sie gelingen, hängt davon ab, ob sie 1) ihre Strategien immer wieder neu überdenken und anpassen, 2) natürliche und soziale Reserven anlegen können, um globale ökologische und wirtschaftliche Prozesse abzufedern, die ihren Bemühungen zuwiderlaufen, und 3) materielle und politische Unterstützung durch die staatlichen Stellen erhalten. Nötig ist die permanente Anpassung an die lokalen und aktuellen Gegebenheiten. Bei Agrarreformen liegt der Teufel im Detail.

Der US-amerikanische Biologe Richard Levins hat jahrzehntelang Wissenschaftler und Praktiker beraten und mit ökologischen Ansätzen der Landwirtschaft und dem Gesundheitswesen in Kuba bekannt gemacht. Er nennt einige Grundsätze für eine neue Form der Agrikultur:

> »Wir müssen uns nicht *a priori* entscheiden zwischen einer industriemäßigeren Produktion im großen Stil oder dem Ansatz ›klein, aber fein‹. Stattdessen haben wir festgestellt, dass die ideale Größe der landwirtschaftlichen Einheiten von natürlichen und gesellschaftlichen Bedingungen abhängt, wobei die Planung viele Einheiten umfassen sollte. Die unterschiedlichen Größenordnungen sind abhängig von der Wasserverfügbarkeit, der Klimazone und Oberflächenbeschaffenheit, Bevölkerungsdichte, Verfügbarkeit von Ressourcen und der Mobilität von Schädlingen und ihrer Feinde.«[343]

Der zufällige Flickenteppich der bäuerlichen Landwirtschaft aufgrund der Eigentumsstruktur würde ebenso ersetzt wie die schroffen Landschaften der destruktiven industriellen Landwirtschaft durch ein geplantes Mosaik verschiedener Nutzungen, wobei jeder Flecken eigene Produkte herstellt, aber auch die Produktion der anderen Flecken unterstützt. Wälder liefern Holz zum Bauen und Heizen, Früchte, Nüsse und Honig – aber sie regulieren auch die Wasserströme, beeinflussen das Klima bis zur zehnfachen Höhe der Bäume, schaffen an ihren Rändern in Windrichtung ein günstiges Mikroklima. Sie bieten Menschen und Nutztieren Schatten und einen Lebensraum für Bestäuber und die Fressfeinde von Schädlingen. In dieser Landwirtschaft gäbe es keine Höfe mehr, die sich auf nur ein einziges Produkt spezialisieren. Eine breitere Palette erlaubt die Wiederverwendung von Materialien und eine abwechslungsreichere Speisekarte für die Beschäftigten, und sie federt Verluste durch klimatische Schwankungen ab. Der Arbeitsbedarf wäre gleichmäßiger über das Jahr verteilt.

Anders als es die abstrakten neoklassischen Produktionsmodelle nahelegen, gibt es nicht die eine optimale Lösung. Stattdessen können Größenordnung und Methoden flexibel an die geographischen, sozialen und epidemiologischen Verhältnisse vor Ort angepasst werden. Zugegebenermaßen werden in einem solchen System nicht alle Einheiten permanent profitabel sein. Richard Levins weist darauf hin, dass Einkommenseinbußen, die entstehen, weil eine landwirtschaftliche Einheit dem Rest der Region dient, durch regelmäßige Umverteilung ausgeglichen werden müssen.

Wenn der Reichtum einer Gemeinschaft sich aus einer Landschaft speist, statt aus Löhnen, die von auswärtigem Kapital bezahlt werden, oder aus den saisonalen Erträgen einer kleinen Parzelle, dann wird der Schutz des Landes sowie der Tier- und Pflanzenwelt zur bestimmenden Maxime – auch auf dem Weltmarkt, vielleicht gerade dort. Der Reichtum einer geteilten Allmende verwandelt sich zurück in eine Art von Wohlstand, den die neoklasssische Wirtschaftswissenschaft vor langer Zeit aufgegeben hat. Das Lauderdale-Paradox führt dazu, dass der Markt die Zerstörung der verbleibenden natürlichen Ressourcen belohnt. Es wird aufgelöst durch Bevölkerungen, die eben jene Umwelten bewahren, von denen sie leben.

Nahrungsrevolution

Die Sorge um die globale Ernährungssicherheit ist sicherlich berechtigt. Langfristige Lösungen unterscheiden sich aber von dem Versuch einer zweiten Grünen Revolution mit gewaltigen Investitionen in die Transgenetik, in mehr Chemikalien und mehr Enteignung. Wenn wir die grundlegenden Annahmen des agrarindustriellen Modells widerlegen, dann schaffen wir Raum für Alternativen, für eine langfristig sichere Nahrungsversorgung.

Anfangs geht das vielleicht nur durch einzelne konkrete Beispiele. Letztlich muss die Ausstrahlungskraft solcher Beispiele allerdings zu einem Paradigmenwechsel führen, der über den Agrar- und Lebensmittelsektor hinausgeht. Sollte die Wirtschaft weiter ungebremst wachsen – oder aufs Neue wachsen, wie es der grüne (oder grün angepinselte) Neoliberalismus letztlich propagiert –, werden sich die ökologischen und sozialen Verwerfungen weiter verschärfen. Wenn sie ins Bewusstsein der Menschen dringen, besteht vielleicht eine Chance, dass sich eine Politik und Verhaltensweisen durchsetzen, die Wirtschaftswachstum und Ressourcenverbrauch reduzieren. Das könnte uns eine Atempause verschaffen, so dass die Ökosysteme und die Artenvielfalt genug Zeit bekommen, um sich wieder zu erholen, eine anspruchsvolle integrative Landwirtschaft entsteht und wir die Qualität und Nachhaltigkeit unseres Lebens verbessern können.

Das wachsende Interesse an einer stationären Wirtschaft gibt Anlass zur Hoffnung, ebenso die Entwicklung des »One Health«-Ansatzes. Er behandelt die Gesundheit von Menschen, Nutztieren und Nutzpflanzen, Wildtieren und Wildpflanzen als untrennbare Teile integrierter Ökosysteme.[344] Aber diese theoretischen Ansätze gehen nicht weit genug. Sie berücksichtigen nicht die entscheidende Bedeutung der materiellen Enteignung und Entfremdung bei der Umgestaltung von Natur und Krankheitsgeschehen.

Der Vorwurf der Maschinenstürmerei ist gänzlich unangebracht.[345] Es ist um ein Vielfaches komplizierter, die Weltbevölkerung mit nachhaltigen Gemeingütern zu ernähren, als den gegenwärtigen und katastrophalen Kurs des globalen Agrarsystems beizubehalten. Es wird wissenschaftlich und technisch außerordentlich anspruchsvoll sein, eine konservierende Landwirtschaft zu entwickeln und so aus der Falle wieder herauszukommen, in die wir uns hineinmanövriert haben. Aber dies ist unsere einzige Alternative für eine gerechte und wohlgenährte Zukunft.

Entscheidend für eine solche Revolution – ein anderer Ausdruck würde nicht passen – wird ihre Steuerung und Koordinierung sein. Zugegeben, viele Institutionen haben verstanden, dass Ernährungssicherheit mit Nachhaltigkeit und Gerechtigkeit zu tun hat. Dennoch sind sie immer noch in hohem Maße abhängig von globalen und lokalen Regierungen und *Governance*-Strukturen. Der gute Wille bricht allzu oft zusammen, wenn nur ausreichend Lobbying eingesetzt wird. Lokal haben die transnationalen Agrarkonzerne oft mehr politischen Einfluss als internationale Institutionen.[346] Daher erschöpfen sich die Fortschritte bisher vor allem auf die Wortwahl. Rhetorisch wird anerkannt, dass Veränderungen notwendig sind, wenigstens solange die makroökonomischen Quartalszahlen zufriedenstellend sind. Aber sobald Volkswirtschaften in einen Abschwung geraten, bricht Panik aus und von Veränderung ist keine Rede mehr.

Der widersprüchliche Wunsch nach Nachhaltigkeit und Wachstum führt zu schwachen politischen Vorgaben und der Unfähigkeit, mutig wirksame Schritte für eine ökologisch vertretbare Ernährungssicherheit zu unternehmen. Vielleicht muss der politische Wille ja aus anderen Quellen kommen, nämlich von populären Bewegungen außerhalb der etablierten politischen Strukturen. Die Aufstände in Nordafrika und dem Nahen Osten fielen mit der Krise der Lebensmittelpreise zusammen.[347] Manche Kommentatoren, auch Jason Clay vom WWF, führen sie als ernste Warnung an. Für einen Großteil der Welt hingegen bedeuteten diese Volksbewegungen ein echtes Zeichen der Hoffnung.

Die Geschichte unserer Gattung hat wiederholt gezeigt, dass zu einer Nahrungsrevolution ebenso sehr Innvotationen wie Verzweiflung gehören.[348] Heute ist Veränderung eine prekäre Notwendigkeit – prekär, weil ihre Ergebnisse nicht vorhersehbar sind. Die Menschheit hat immer wieder katastrophale Ernährungsengpässe überwunden. Andererseits sind die archäologischen Schichten voller Überreste untergegangener Zivilisationen. Die historischen Fälle, die knapp dem Untergang entronnen sind, liefern uns keine ausreichende Datenbasis für eine Handlungsanleitung, die uns eine Zukunft garantieren würde. Anders gesagt, es geht buchstäblich um das Überleben unserer Gattung.[349]

Das Agrobusiness sieht im ökologischen Kollaps eine Investitionsmöglichkeit und ein Geschäftsfeld. Die Unternehmen versuchen insgeheim, in eine Position zu kommen, von der aus sie die Welt erpressen können: Nahrung für diejenigen, die sie sich leisten können, im Austausch für die Kontrolle und Befehlsgewalt über das System. Aber überall auf der Welt suchen die Menschen nach einem anderen Weg. Es gibt selbst bei einer wachsenden Weltbevölkerung genügend Kapazitäten für die Nahrungsmittelproduktion, wenn wir sie in erster Linie als ökologisch integrierte Quelle von Nährstoffen betrachten, nicht als bloße Handelsware. Als Einkommensquelle, die nachhaltig sein muss und lokal ausgeübt wird, wenn auch global vernetzt. Wenn wir den Gebrauchswert über den Mehrwert stellen. Und, nicht zu vergessen, wenn wir erkennen, dass Nahrung zu den Genüssen zählt, die uns das Leben zu bieten hat, ein schmackhaftes Vergnügen. Unser Wohlstand entsteht aus der Selbsterneuerung unseres Bodens, des Wassers und der Luft. Er entsteht aus der Arbeit, die wir leisten, um diese Fähigkeiten zu erhalten, während wir sie für unsere eigenen Bedürfnisse ausnutzen.

Eine umwelterhaltende Landwirtschaft (*conservation agriculture*), die diesen Namen verdient, versöhnt Menschen und ihre Ökologien. Sie bringt Ernährungssicherheit und Ernährungssouveränität[*]

---

[*] *Ernährungssouveränität* ist ein politisches Konzept, das die Selbstbestimmung der Produzenten und ihre politischen Gemeinwesen beschreibt, über die Art der Nahrungsmittelproduktion selbst zu bestimmen.

in Übereinstimmung. Wir können es rechtzeitig schaffen, wenn die Nahrungsmittelproduktion dem politischen und praktischen Einfluss des Kapitals entzogen wird. Unsere Befreiung wird zu einem Mittel, um unseren Planeten zu retten und seine Bewohner zu ernähren – ein Akt der Erlösung, ebenso schön wie aufgrund der gegenwärtigen Zerstörung unabdingbar.

7.
Das Alien und die industrielle Viehzucht

Oder: Die heutige Massentierhaltung erzeugt die Krankheitserreger von morgen

> *Dallas:* (*betrachtet den Kugelschreiber, der sich im Blut des Aliens auflöst*) So was habe ich nie zuvor gesehen. Höchstens bei Säure...
> *Brett:* Es muss sie als Blut benutzen.
> *Parker:* Was für ein wundervoller Schutzmechanismus. Wagt es bloß nicht, es zu töten!
>
> (*Aus dem Drehbuch des Films* Alien *von 1979*)

Die NASA gibt bekannt, dass eines ihrer Forschungsteams ein »außerirdisches« Bakterium auf dem Grund des *Mono Lake* in Kalifornien entdeckt hat.[350] Kein Grund, die *Men in Black* loszuschicken! Bei dieser Meldung von Ende 2010 handelt sich ausschließlich um eine Angelegenheit für die Nerds in weißen Kitteln. Das Bakterium ist nicht wirklich von einem anderen Planeten. Vielmehr zeigte sich, dass dieser irdische Mikroorganismus unter den extrem harten Bedingungen, wie sie auf anderen Planeten herrschen, in der Lage sein könnte, Arsen aufzunehmen und mit diesem Element das bisher als unverzichtbar geltenden Phosphor zu ersetzen.

Der *Mono Lake* hat keinen natürlichen Abfluss, sein Wasser ist äußerst alkalisch und salzhaltig und weist eine hohe Konzentration von gelöstem Arsen auf. Arsen und Phosphor haben eine ähnliche elektrische Ladung und einen ähnlichen Atomradius. Arsenate ist für die meisten Arten von Erdlingen giftig, weil es Phosphat nachahmt, die biologisch nützliche Form von Phosphor. Das Team unter der Leitung der NASA-Biologin Felisa Wolfe-Simon zog *in vitro*, also im Reagenzglas oder in der Petrischale, Kolonien von Gammaproteobakterien mit unterschiedlich alkalischen Sedimenten aus dem *Mono Lake* heran, die sich nur in ihrem Verhältnis von Arsenat zu Phosphat unterschieden. Letztlich hungerten Wolfe-Simon und ihre Kollegen die aufeinander folgenden Generationen des Phosphor-Bakteriums immer weiter aus, während sie ihm gleichzeitig an Stelle des Phosphats arsenhaltige Vorspeisen anboten.

Das frei schwebende Arsenat wurde radioaktiv markiert. Das Team fand heraus, dass das Arsenat sich mit den Proteinen, Metaboliten, Lipiden und Nukleinsäuren des GFAJ-1-Stammes des Bakteriums verband. Das entspricht dem Einbau des Arsenats in die Proteine und die DNA des neu entwickelten Bakterienstammes.

Die Studie wurde in *Science* veröffentlicht, das zu den angesehensten wissenschaftlichen Journals gehört.[351] Dennoch war ihre Arbeit heftigen, teilweise verleumderischen Angriffen ausgesetzt.[352] NASA-Mitarbeiter haben schon 1996 über Spuren von Bakterien in einem Mars-Meteoriten berichtet, was bis heute kontrovers diskutiert wird. Vielleicht lag es daran, dass die die Studie über die arsenhaltigen Bakterien sofort heftig attackiert wurde. Einige der Einwände kommen mir auf den ersten Blick zugespitzt, aber zutreffend vor. Andere scheinen mir in einem argumentativen Zirkelschluss darauf hinauszulaufen, dass die Evolution so etwas nicht machen kann, weil unsere Modelle sagen, dass sie es nicht kann.

Was auch immer aus der Ankündigung der NASA werden wird[*], sie hat mehr mit dem Leben auf der Erde zu tun als mit dem hypothetischen Leben im All, auch wenn diese Organismen so fremdartig wirken, als kämen sie von einem anderen Planeten. Vielleicht stellen diese Bakterien nicht ihre Ernährung von Phosphor auf Arsen um. Aber sie gedeihen in der tiefsten Schicht der ozeanischen Kruste, widerstehen der brennenden Hitze und dem zermürbenden Druck und fressen Methan und Benzol.[353] Im Jahr 2011 entdeckte ein Team

---

[*]   Später stellte sich heraus, dass die Bakterien das Arsen nicht assimiliert hatten.

der Universität Binghamton im kalifornischen *Saline Valley* im Innern eines 150.000 Jahre alten Salzhaliten[*] Bakterien und Algen, die immer noch lebten.[354] Vier Jahre später zeigte die Gruppe um Lee Kerkhof, Professor für Meereskunde an der Rutgers Universität von New Jersey, dass in einer radioaktiv kontaminierten Uranmühle in Colorado Beta-Proteobakterien lebten, die für ihre Respiration Uran umwandelten – ein Bakterium »atmet« Uran! Die Art »hat ein genetisches Element entwickelt, das ihr ermöglicht, Uran zu entgiften, buchstäblich auf Uran zu wachsen«, sagte Kerkhof.[355]

Solche Beispiele zeigen, wie anpassungsfähig Mikroben sein können. Bezogen auf die Landwirtschaft sollte dies eigentlich die Propaganda des Agrobusiness über ihre »Biosicherheit« erledigen. Auch wenn Begriffe wie »Schutzstufe 4« etwas anderes nahelegen: es gibt keine vollständige Abschottung, die alle Krankheitserreger aus dem Inneren einer begrenzten Mastanlage oder einer anderen Massentierhaltung heraushält. Wenn Bakterien angesichts von Arsen oder Benzol überleben, wie könnte die Viehwirtschaft ihre Anlagen verteidigen und frei von ihnen halten? In der agrarindustriellen Tierhaltung sind Verstöße gegen die Biosicherheit und die Bioeindämmung vorprogrammiert.[356] Darüber hinaus aber schaffen wir Nischen für neue und manchmal seltsame Virenstämme, wenn wir die Bedingungen beseitigen, unter denen Mikroben gedeihen, darunter auch für die Influenza.

Wenn selbst penibel steril gehaltene Krankenhäuser in der Ersten Welt regelmäßig von arzneimittelresistenten Krankheitserregern befallen werden, so sind die Mastbetriebe im Globalen Süden, unterhalten von profithungrigen Agrarunternehmen, geradezu chancenlos. Um ihre Gewinnspannen hoch zu halten, lassen sie die Tiere in Schuppen voller Fäkalien mästen. Wie sollten Bakterien ausgerechnet dort nicht siedeln?[357]

In Wirklichkeit entspricht das Problem mit den Krankheitserregern in der Viehzucht von Anfang an einem Satz Nietzsches: Was viele Krankheitserreger abtötet, macht die Übriggebliebenen stärker.

---

[*]   *Haliten* sind Mineralien, meist kristallförmig, auch bekannt als »Steinsalz«.

Die kleine Zahl der Viren oder Bakterien mit der seltsamen Mutation, die sie eine neue Bedrohung überleben lässt, gedeihen und vermehren sich fortan.

Sogar der Begriff der Kausalität kommt da ins Wanken, Ursache und Wirkung werden vertauscht. Wie schützen wir uns vor Influenza oder anderen Krankheitserregern, wenn sie letzte Woche bereits mehrere Strategien entwickelt haben, um sich gegen unsere Vorsorge zu wehren, mit der wir noch nicht einmal begonnen haben?[358]

Die Influenza bringt mit verblüffenden Mutationsraten phänotypische Variationen hervor (2 x 10^6 Mutationen pro Infektionszyklus pro Infektionsort). Diese Variation verkörpert die Möglichkeiten, aus denen das Virus – bitte entschuldigen Sie die Vermenschlichung – eine Lösung für die Probleme wählen kann, mit denen es konfrontiert ist, einschließlich solcher, denen es noch nicht einmal begegnet ist.[359] Zur Mutation hinzu kommen neu entstehende Funktionen, etwa die Zweckentfremdung von Molekülen. Zusammen erlauben diese Mechanismen dem Virus, den T- und B-Zellen des Immunsystems, die auf die erlernten Epitome fixiert sind, zu entgehen.

Diese Variation wird vervielfacht durch den Austausch von DNA- und RNA-Abschnitten. Durch dieses *Reassortment* können Influenza-Viren ihre Gensegmente mischen wie Kartenspieler am Freitagabend. Sowohl H5N1 als auch H1N1 entstanden durch mehrfaches Reassortment in unterschiedlichen Serotypen.

Und die Influenza hat noch andere Tricks auf Lager, zum Beispiel: Sie verändert die Proteasen im Wirtsgewebe, um sich dort schneller und weiter auszubreiten. Sie erhöht in Säugetieren und Geflügel die Effizienz der viralen Replikation. Mehrere Influenza-Proteine hemmen die Immunantwort.[360]

Die Vogelgrippe H5N1 erwies sich als lebensfähig bei Wirten aus verschiedenen Tierordnungen, die traditionell als gegenseitige Barrieren für Tierseuchen angesehen wurden. Vor einigen Jahren berichtete Robert Webster, dass H5N1-Proben bei hohen Temperaturen, bei denen sie sich nach bisherigen Erkenntnissen eigentlich zerfallen, lebensfähig blieben. Falls dieses Ergebnis zutrifft, hat das massive

Auswirkungen auf die Überlebensfähigkeit des Virus in äquatorialen Meeresküsten, vielleicht sogar in Abwassersystemen.

Aber dieses Kapitel ist kein Aufruf zur Verzweiflung und auch keine Botschaft, die demnächst von den wütenden Überlebenden der kommenden Apokalypse entziffert werden muss. Wir sind durchaus in der Lage, die Erreger besser einzudämmen, sobald wir die Krankheitsbekämpfung – und die Landwirtschaft – auf allen Ebenen neu denken. Ein integriertes Management der Krankheitserreger mag die Gewinnmargen senken, aber das würde es den kleinen Wesen vom vermeintlich anderen Stern deutlich schwerer machen.

Und was könnte wichtiger sein, selbst für monomanische Ökonomen, die sich ausschließlich mit makroökonomischen Indikatoren beschäftigen? Eine wirklich schlimme Pandemie würde zusammen mit einem Großteil der Menschheit auch die globale Wirtschaft zerstören. Schädlingsmanagement mit integriertem Pflanzenschutz[*], konsequent und überall eingesetzt, könnte Millionen Menschen das Leben retten. Im Gegensatz dazu erzeugt die gegenwärtige Landwirtschaft mit ihren Fleischmonokulturen die Krankheitserreger von morgen. Trotz ihres oberflächlichen Interessengegensatzes kommen Agrobusiness und Influenza eigentlich gut miteinander zurecht. Tatsächlich haben die großen Konzerne die Erreger geradezu für ihre Zwecke eingespannt, weil sie kleinere Konkurrenten aus dem Geschäft werfen, die sich die teure Aufrüstung ihrer Anlagen für mehr Biosicherheit nicht leisten können.[361]

Es ist ein bisschen wie in dem Kultfilm *Alien* von Ridley Scott: eine Flut virulenter Stämme und andere Krankheitserreger platzt blutüberströmt und kreischend aus dem Bauch der industriellen Viehzucht. Vielleicht die schlimmste Ironie dabei: die Erreger haben es irgendwie geschafft, dass ihnen Freilauf gewährt wird.

---

[*] Bekämpfen von Schädlingen mit geeigneten Anbaumethoden, auch beispielsweise durch die Förderung von Fressfeinden, möglichst ohne toxische Mittel.

8.
Von Höhlen und Menschen

Bitte wenden, evolutionäre Sackgasse!

> Newton sprach oft über die Geschichte von Belsazars gottlosem
> Festmahl und der kryptischen Schrift, welche Daniel entzifferte.
> Tatsächlich war ihm das Buch Daniel von allen biblischen Bü-
> chern eins der liebsten, da es voller numerischer Prophezeiungen
> war. Er fragte sich, warum die Weisen an Belsazars Hof nicht le-
> sen konnten, was da stand: Mene mene tekel upharsin. »Gezählt,
> gewogen, geteilt.« Vielleicht fürchteten sie sich davor, dem König
> eine schlechte Botschaft zu übermitteln, wohingegen Daniel nur
> Gott fürchtete.
>
> *(Philipp Kerr[362])*

Eine Studie von 2012 berichtet, dass mehrere Bakterienstämme in
der Lechuguilla-Höhle in New Mexico entdeckt wurden. Über vier
Millionen Jahre lang waren sie von der Welt abgeschirmt, aber sie
sind resistent gegenüber vierzehn verschiedenen Antibiotika, die
heute im Handel sind.[363]

Die Implikationen sind erschütternd. Ohne diese Entdeckung
übermäßig dramatisieren zu wollen, geht es hier um das Wesen
unserer ganzen Existenz. Und es geht, etwas pragmatischer, um
unser Verhältnis zu den Krankheitserregern, die sich von uns ernähren.

Der Schrecken, den Bakterien und Viren auslösen, beruht nicht
darauf, dass sie als Arten über eine Form der Kognition verfügen,
ein »Denken«. Er beruht auch nicht auf ihrer Resistenz gegen unsere
antibiotischen Medikamente, die sich täglich weiterentwickelt. Diese
Resistenz macht sie nicht nur gegen die Mittel gefeit, die wir bereits
entworfen haben, sondern auch gegen die, die wir erst in der Zukunft

entwerfen werden.[364] Gemäß einer umfassenden hegelianischen Dialektik sind sie uns einen Schritt voraus.

Nein, erschreckend ist etwas anderes: Wenn diese Höhlenbakterien der Maßstab sind, dann überlisten die Erreger uns, während sie sich in Wirklichkeit mit einem ganz anderen Problem beschäftigen. Für sie sind wir nicht wie eine Konkurrenz, die bereits erledigt ist. Für sie sind wir eine Verkehrsschwelle auf einer Straße, die ganz anderswo hinführt. Unsere medizinischen Fortschritte, in geologischen Zeiträumen betrachtet ein kurzes Flackern, schnippen sie beiseite, während sie sich einen Milliarden Jahre alten molekularen Bauplan der Zellen zunutze machen.* So erfindungsreich die Menschheit auch sein mag, kein Forschungsbudget ist groß genug, um mit diesem Problem fertig zu werden.

Aber es gibt doch einen kleinen ironischen Hoffnungsschimmer. Die Krankheitserreger durchlaufen die multidimensionalen ökologischen Nischenräume und kümmern sich nicht um unser Leiden. Ohne ihnen Handlungsfähigkeit und eine Geschichte absprechen zu wollen, so entstehen doch die schlimmsten Epidemien wegen der Verhältnisse, die wir Menschen geschaffen haben.[365]

Mit unseren biomedizinischen Interventionen versuchen wir, uns etwas unterzuordnen, das in Wirklichkeit bereits uns untergeordnet hat. Unser menschliches Mikrobiom**, unser Immunsystem, selbst unsere eigenen Zellen und unsere DNA sind von parasitären Lebensformen geprägt. Wir täten besser daran, unsere sozio-ökologischen Angelegenheiten in Ordnung bringen. Das geht mit multidimensionalen gesundheitlichen Interventionen, ökologischer Resilienz und einer Gesellschaftlichkeit, die Menschen über Profite stellt. Wenn wir geschickt vorgehen, werden wir eine epidemiologische Entspannung zwischen den kleinen und größeren Lebensformen erreichen.

---

*   Rob Wallace schreibt im Original von »Exaptation«, ein evolutionsbiologischer Begriff für die Zweckentfremdung einer Funktion.

**   Gesamtheit der im menschlichen Körper lebenden Mikroorganismen, vor allem im Darm und auf der Haut.

Das uralte und notwendige Scheitern unserer gegenwärtigen Ansätze steht im genetischen Code über die ganze Höhlenwand geschrieben – Belsazars Resistom, die Gesamtheit der Resistenzgene gegen unsere antibiotischen Angriffe. Und doch, unfassbar, geht es weiter wie bisher und mit dieser Studie wird ein weiterer Großauftrag für die Pharmaindustrie begründet:

>>Auch wenn dies nach schlechten Nachrichten klingt, erklären die Forscher, dass das Auffinden isolierter, arzneimittelresistenter Bakterien tatsächlich eine gute Sache ist. Es deutet darauf hin, dass es viele bisher unbekannte, natürlich vorkommende Antibiotika in der Umwelt gibt. Diese könnten für den medizinischen Gebrauch entwickelt werden, um sie gegen derzeit unbehandelbare Infektionen einzusetzen.<<[366]

III.
VIRENHERD AGROBUSINESS:
EINE SAAT GEHT AUF

9.
Nur eine andere Landwirtschaft hilft gegen Pandemien

Anmerkungen zu einem neuartigen Coronavirus

Januar 2020: Ein tödliches Coronavirus, vorläufig als 2019-nCoV bezeichnet, beginnt sich weltweit auszubreiten. Es wird mit SARS und MERS in Verbindung gebracht und hat seinen Ursprung scheinbar auf den Märkten für lebende Tiere in Wuhan, China. Die chinesischen Behörden melden landesweit 5974 Fälle, 1000 davon schwerwiegend. In fast allen Provinzen gibt es mittlerweile Infektionen. Die Behörden warnen, dass 2019-nCoV sich schnell von seinem Epizentrum aus verbreitet.

Neue Viren finden unbegrenzt anfällige Personen. Die Basisreproduktionszahl des Virus – das Maß für die Ansteckungen pro Infektion – erreicht solide 3,11. Das bedeutet, dass Gegenmaßnahmen 75 Prozent der Neuinfektionen verhindern müssen, um die Dynamik zu stoppen. Die Sequenzierungen des Virusgenoms zeigen bisher wenige Unterschiede zwischen den aufbereiteten Proben aus verschiedenen Gegenden Chinas. Das deutet auf eine rasche Ausbreitung hin, weil sich solche RNA-Viren schnell verändern und von Ort zu Ort Mutationen anhäufen.

Das Coronavirus taucht bereits in Übersee auf. Scheinbar wird die Infektion von Mensch zu Mensch übertragen und vor dem Ausbruch der Krankheit liegt eine zweiwöchige Inkubationszeit. Daher wird sich die Infektion wahrscheinlich über den gesamten Globus ausbreiten. Ob es überall so wie in Wuhan sein wird, ist noch offen. Letztlich ist das Ausmaß der Penetration abhängig von dem

Unterschied zwischen der Infektionsrate und der Rate der beendeten Infektionen durch Genesung oder Tod. Sind die neuen Infektionen deutlich häufiger, nähert sich ihre Zahl der gesamten Menschheit an. Wahrscheinlich würde sich das Ergebnis allerdings regional sehr unterscheiden, wegen Zufälligkeiten und wegen der unterschiedlichen Reaktionen der Länder auf den Ausbruch.

Die Pandemie-Skeptiker überzeugt ein solches Szenario nicht. Noch bis Januar 2020 sind durch 2019-nCoV weit weniger Patienten infiziert bzw. getötet worden als durch die normale saisonale Grippe. Aber es ist falsch, die erste Phase eines Ausbruchs mit der Natur eines Virus zu verwechseln. Ausbrüche sind dynamisch. Ja, einige erschöpfen sich, und vielleicht gehört auch 2019-nCoV zu ihnen. Vielleicht. Man braucht den richtigen evolutionären Ansatz und etwas Glück, um dem Aussterben zu entgehen. Manchmal stehen nicht genügend Wirte zur Verfügung, um die Übertragung aufrechtzuerhalten. Andere Epidemien dagegen explodieren regelrecht. Diejenigen, die es auf die Weltbühne schaffen, führen zu tiefgreifenden Veränderungen, selbst wenn sie irgendwann zum Erliegen kommen. Sie stellen die gewohnten Verhältnisse auf den Kopf, selbst in einer Welt, die sich bereits in Aufruhr oder im Krieg befindet.

Entscheidend ist die Tödlichkeit eines potenziell pandemischen Virusstammes. Sollte sich das Virus als weniger infektiös oder tödlich erweisen als ursprünglich befürchtet, dann geht das Leben weiter wie bisher, gleich wie viele Todesopfer es geben wird. Die H1N1-Grippe (2009) erwies sich als weniger virulent, als es zunächst schien. Dennoch verbreitete sich dieser Stamm in der Weltbevölkerung und tötete in aller Stille Patienten in einem Ausmaß, das die voreiligen Entwarnungen weit übertraf. Im ersten Jahr tötete das Virus 579.000 Menschen. Die ursprünglichen Prognosen aufgrund von Labortests unterschätzen die tatsächliche Zahl der Komplikationen um das Fünfzehnfache.

Die Ursache dafür liegt in der historisch beispiellosen Vernetzung der Menschheit. H1N1 (2009) überquerte den Pazifik in neun Tagen und übertraf damit die Vorhersagen der besten Modelle der globalen Reise und Verkehrsnetze um Monate. Daten von Fluggesellschaften zeigen, dass sich allein das chinesische Reiseaufkommen seit der SARS-Pandemie 2002/03 verzehnfacht hat.

Ein entscheidender epidemiologischer Parameter ist das Verhältnis zwischen der Infektiösität und dem Zeitpunkt, zu dem die Infizierten Symptome zeigen. SARS und MERS waren nur bei symptomatischen Patienten ansteckend. Wenn dies gleichermaßen für 2019-nCoV gilt, befinden wir uns als Menschheit in einer einigermaßen guten Ausgangslage, um das Virus unter Kontrolle zu bekommen. Auch ohne Impfungen oder maßgeschneiderte antivirale Medikamente können wir diejenigen isolieren, die plötzlich erkranken, und so die Übertragungsketten unterbrechen, mit den Mitteln des Gesundheitswesens, die seit dem 19. Jahrhundert eingesetzt werden.

Aber im Januar 2020 verblüffte die chinesische Gesundheitsministerin Ma Xiaowei die Welt, als sie verkündete, dass 2019-nCoV wohl vor Symptomen ansteckend sei. Diese Kehrtwende ist so schockierend, dass wütende US-Epidemiologen Zugang zu den entsprechenden wissenschaftlichen Daten verlangen. Ihre Reaktion zeigt aber auch, dass US-amerikanische Wissenschaftler sich einfach nicht vorstellen können, dass ein Virus sich nicht an die Regeln hält und sich anders entwickelt, als es die Grundsätze des Gesundheitswesens vorsehen.

Wir kennen bis jetzt weder die genaue Quelle noch die Ansteckungsrate, Ausprägung und mögliche Behandlungen. Die vielen offenen Fragen erklären, warum Epidemiologen und Beamte aus den Gesundheitsbehörden nervös sind. Diese Fachleute beruhigt der Vergleich mit der Grippe nicht, der von den Pandemie-Skeptikern angeführt wird. Zugegeben, sich Sorgen zu machen, gehört zu ihrem Berufsbild. Die Sorge durchdringt die Wahrscheinlichkeitsrechnungen und Standardabweichungen, mit denen wir in dem Fachbereich hantieren. Der Schaden, den eine tödliche Epidemie verursacht, ist nämlich weit schlimmer als die peinliche Situation, wenn die Vorbereitungen auf eine Epidemie die anfänglichen übertriebenen Befürchtungen nicht rechtfertigen. In einem Zeitalter, das der Austerität huldigt, wollen allerdings nur wenige Gesetzgeber für Katastrophen bezahlen, für die es keine Garantie gibt – egal wie groß der erwartbare Nutzen ist beziehungsweise, am anderen Ende des Spektrums, die verheerenden Verluste bei einer Fehlkalkulation sind.

Epidemiologen haben es ohnehin letztlich nicht in der Hand, wie auf die Gefahr reagiert wird. Die nationalen Behörden, die solche Entscheidungen treffen, jonglieren mit vielen unterschiedlichen und oft widerstreitenden Interessen. Sogar eine tödliche Epidemie zu beenden, ist nicht immer ihr oberstes Ziel.

Während die Behörden noch grübeln, was zu tun sei, kann eine Epidemie plötzlich Fahrt aufnehmen und Fluchtgeschwindigkeit entwickeln. 2019-nCoV eroberte innerhalb eines Monats von einem einzigen Lebensmittelmarkt aus die Weltbühne. Fallzahlen können so schnell und so massiv steigen, dass alle Bemühungen der Epidemiologen, die Entwicklung vorherzusagen – ihre Daseinsberechtigung –, durch die tatsächlichen Entwicklungen brutal zunichtegemacht werden.

***

Meine eigene unwillkürliche Reaktion auf den Krankheitsausbruch schwankt zwischen Sorgen, Enttäuschung und Ungeduld. Als Evolutionsbiologe und Phylogeograph für das öffentliche Gesundheitswesen habe ich fünfundzwanzig Jahre lang, den größten Teil meines Erwachsenenlebens, verschiedene Aspekte der neuen Pandemien erforscht. Ich habe versucht, diese Krankheitserreger wissenschaftlich zu beleuchten, anfangs mit genetischen Sequenzierungen, dann mit wirtschaftsgeographischen Untersuchungen der Landnutzung, mit politischer Ökonomie der globalen Landwirtschaft und schließlich mit Wissenschaftstheorie.

Wissen kann belastend sein. Als mir über die Sozialen Medien immer mehr Leute Fragen zu 2019-nCoV stellten, sprachen aus meinen spontanen Antworten Ärger und Erschöpfung. Was um Himmels willen wollt ihr von mir hören? Was soll ich machen? Bei meinen privaten und beruflichen Ratschlägen sind mir einige Missgriffe unterlaufen. Etwa als ich einem befreundeten Bauern riet, eine Gesichtsmaske zu tragen und keinen ungeschützten Sex mehr mit Tieren zu haben.

Schwarzer (und roter) Humor helfen mir in solchen Krisen, aber er fand es nicht witzig. Mittlerweile habe ich mich bei ihm entschuldigt.

Es handelt sich wohl um eine Berufskrankheit. Um die Welt gegen die nahenden unbeherrschbaren Pandemien zu wappnen, müssen Epidemiologen die politische Trägheit von Politikern überwinden, die wiederum ihren Unterstützern versichern, dass kein Grund zur Sorge wegen irgendetwas besteht. So entstehen leicht Angststörungen. Sollte 2019-nCoV tatsächlich der große Seuchenzug sein, auf den wir schon so lange warten – ob er es ist, steht keineswegs fest –, gibt es kaum etwas, was wir im Augenblick unternehmen können. Uns bleibt nur, unsere Gesundheitssysteme sturmbereit zu machen, und darauf zu hoffen, dass das Virus nur einen kleinen Teil der Weltbevölkerung umbringt statt 90 Prozent.

Es liegt auf der Hand, dass die Menschheit nicht erst auf eine Pandemie reagieren sollte, wenn sie bereits im Gange ist. Der Anspruch auf eine verantwortungsbewusste, vorausschauende Theorie und Praxis ist völlig auf den Hund gekommen. Vor sieben Jahren formulierte ich es so:

»Es wird lange dauern, bis ich mich wieder mit der humanen Influenza beschäftigen werde. Angst zu bekommen, ist zwar eine verständliche emotionale Reaktion, aber angesichts der fortgeschrittenen Entwicklung doch verdreht, weil zu spät. Woher der Erreger auch stammen mag, er hat schon vor langer Zeit buchstäblich sein Nest verlassen.«

Folgende Pathogene durften wir bereits unseren Sammelalben seit dem Jahr 2000 hinzufügen: neue Stämme der Afrikanischen Schweinepest, Campylobacter, Cryptosporidium, Cyclospora, Ebola, Escherichia coli, Maul- und Klauenseuche, Hepatitis E, Listerien, Nipah-Virus, Q-Fieber (»Zeckenstichfieber«), Salmonellen, Vibrionen, Yersinia-Bakterien, Zika-Viren und eine Vielzahl neuer Influenza-A-Varianten, darunter H1N1 (2009), H1N2v, H3N2v, H5N1, H5N2, H5Nx, H6N1, H7N1, H7N3, H7N7, H7N9 und H9N2. Und fast nichts wurde gegen irgendeinen dieser Erreger unternommen! Die Behörden seufzten vor Erleichterung, als diese sich wieder zurückzogen. Sie spielten weiter ein epidemiologisches Glücksspiel, trotz der Gefahr, dass ein verlorenes Spiel maximale Virulenz und Übertragbarkeit bedeutet.

Dieser Ansatz ist nicht nur deswegen falsch, weil manchmal die Voraussicht und die Nerven versagen. Notfallmaßnahmen mögen geboten sein, um die jeweiligen Schlamassel zu beseitigen, aber andererseits verschlimmern solche Maßnahmen manchmal die Lage sogar noch. Unterschiedliche Ansätze für Interventionen stehen nämlich miteinander in Konkurrenz. Die Katastrophe und ihre Verhinderung wird uns mit sanfter Gewalt als der Maßstab aufgenötigt, an dem wir uns orientieren sollen, damit wir nicht über Maßnahmen auf der Ebene von Macht- und Produktionsverhältnissen sprechen. Denn, habt ihr es noch nicht mitbekommen, wir sind in Gefahr, jetzt im Moment ist ein Notfall!

Dieses Versteckspiel kann sogar dazu führen, dass Notfallmaßnahmen wirkungslos bleiben, weil die zugrunde liegenden Probleme nicht gelöst werden. Vorbeugung und Quarantäne dienen dazu, die Populationsgröße eines Krankheitserregers unter einen kritischen Wert zu drücken, so dass die Infektionen zum Erliegen kommen, weil sie keine neuen anfälligen Wirte mehr finden. Dieser Wert (»Allee-Effekt« genannt) wird aber durch die gesellschaftlichen und ökologischen Verhältnisse festgelegt. Wie unser Team über den Ebola-Ausbruch in Westafrika schrieb:

»Die Kommerzialisierung der Wälder hat möglicherweise die ökosystemische Schwelle in dieser Region so abgesenkt, dass die Anzahl der Ebola-Infektionen nicht mehr durch Notfallmaßnahmen unter eine Schwelle gedrückt werden kann, unterhalb derer die Ansteckung zum Stillstand kommt. ... Kurz gesagt sind die strukturellen Verschiebungen des Neoliberalismus nicht bloß der Hintergrund, vor dem sich die Katastrophe Ebola ereignet. Diese strukturellen Verschiebungen sind genauso katastrophal wie das Virus selbst.« (vgl. Kap. 3)

Obwohl mittlerweile sowohl ein wirksamer Impfstoff als auch antivirale Medikamente zur Verfügung stehen, dauert in der Demokratischen Republik Kongo die längste bekannte Ebola-Epidemie immer noch an. Was ist auf der Strecke geblieben? Und wo ist unser biomedizinischer Gott jetzt, an welcher Stelle sind wir vom rechten Weg abgekommen? Die Kongolesen dafür zu tadeln, hieße, sich in kolonialer Verdrängung zu üben. Mehr noch: die Hände des Westens trotz jahrzehntelanger Strukturanpassungsprogramme und einer Politik des *Regime Change* in Unschuld zu waschen.

Es ist falsch, immer erst dann zu reagieren, wenn eine neue Krankheit um sich greift. Aber das heißt nicht, dass wir gar nichts tun können. Aber an dieser Stelle meiner beruflichen Laufbahn schreibe ich über die Infektionskrankheiten höchstens noch am Rande.

* * *

Die strukturellen Ursachen von Krankheiten sind umstritten. Da wäre die offene Frage nach dem Ursprung von 2019-nCoV. Anfangs wurde einem besonders exotischen Lebensmittelmarkt in Wuhan viel Aufmerksamkeit geschenkt. Mit orientalistischer Faszination werden die dortigen seltsamen und unappetitlichen Ernährungsgewohnheiten ausgemalt. Sie stehen sinnbildlich für die Artenvielfalt, die der Globale Norden selbst zerstört, aber auch für ekelerregende Quellen von gefährlichen Krankheiten. Wie in einem Artikel der *New York Times*, in dem es heißt: »Auf einem typischen chinesischen Markt gibt es Obst und Gemüse, Rind-, Schweine- und Lammfleisch, ganze gerupfte Hühner – mit Köpfen und Schnäbeln – und lebende Krebse und Fische, die aus aufgewühlten Becken Wasser verspritzen. Manche Händler führen ungewöhnlichere Kost, zum Beispiel lebende Schlangen, Schildkröten und Heuschrecken, Meerschweinchen, Bambusratten; Dachse, Igel, Palmenroller (Schleichkatzen) und sogar Wolfswelpen.« Die Schlangen tauchen hier gleichzeitig als Sinnbild für Gefahr und konkrete Gefahrenquelle für 2019-nCoV auf, Signifikant und Signifikat – Bezeichnendes und Bezeichnetes – in einem.

Es gibt tatsächlich epidemiologische Daten, die für diese Hypothese sprechen. In 33 von 585 Proben vom Markt von Wuhan wurde 2019-nCoV nachgewiesen. 31 von diesen Proben kamen vom westlichen Ende des Marktes, wo der Handel mit Wildtieren konzentriert war. Andererseits aber stammten nur 41 Prozent dieser positiven Proben aus Marktstraßen, in denen mit Wildtieren gehandelt wird. Ein Viertel der ursprünglich Infizierten besuchte zu keinem Zeitpunkt den Wuhan-Markt und kam scheinbar auch gar nicht in Kontakt mit Tieren oder Fleisch von dort. Der erste Fall wurde bereits bekannt, bevor es zum Ausbruch auf dem Markt kam. Manche infizierte Händler hatten ausschließlich Schweine im Angebot. Ein Forschungsteam vermutete daher, Schweine seien die Quelle für das neuartige Coronavirus.

Dass im Westen Rassismus und die Angst vor einer »Gelben Gefahr« grassieren, bedeutet keinen Freispruch für die chinesischen Gesundheitsbehörden. Auch viele Chinesen äußerten Wut und Enttäuschung über die langsame Reaktion der lokalen und nationalen Behörden, wohl kaum aus Fremdenfeindlichkeit.

Lassen wir den Kulturkampf beiseite und betrachten die agrarökologische Entwicklung: Lebendmärkte (*wet markets*) und exotische Nahrungsmittel gehören in China zum Alltag, ebenso wie die industrielle Lebensmittelproduktion. Seit der wirtschaftlichen Liberalisierung nach Mao existieren beide Ernährungsarten nebeneinander. Tatsächlich hängen sie vermittels der Landnutzung miteinander zusammen. Die Ausweitung der industriellen Produktion drängt freilebende Tiere, die zunehmend vermarktet werden, in die letzten unberührten Naturräume zurück. Über die Jagd verbreitet sich dann eine größere Bandbreite potenziell pandemischer Krankheitserreger. Periurbane Siedlungen mit zunehmendem Umfang und steigender Bevölkerungsdichte vergrößern die Kontaktfläche zwischen den wilden Tierpopulationen und den gerade urbanisierten Gebieten (und damit den Übergang von Krankheitserregern zwischen den Gattungen).

Überall auf der Welt werden selbst noch die wildesten Arten in die Wertschöpfungsketten der Agrarindustrie eingespannt, zum Beispiel Strauße, Stachelschweine, Krokodile, Flughunde und Fleckenmusangs*, deren teilweise verdauten Beeren heute die teuerste Kaffeebohne der Welt liefern. Manche Gattungen landen auf dem Teller, bevor sie überhaupt wissenschaftlich klassifiziert wurden, darunter ein Dornhai mit kurzer Schnauze, der auf einem taiwanesischen Markt entdeckt wurde. Sie alle werden zunehmend als vermarktbare Nahrungsmittel behandelt. Die Natur wird ausgeschlachtet, Ort für Ort, Gattung nach Gattung, und was übrig bleibt, steigt im Preis. Die Unterscheidung zwischen industrieller Produktion und Lebendmärkten ist nicht unwichtig, aber wir dürfen keinesfalls ihre Gemeinsamkeiten (und ihre wechselseitige Beziehung) übersehen.

Die Unterscheidungen werden durch eine Reihe weiterer Mechanismen verwischt. So mancher Kleinbauer, auch in China, ist heute in Wirklichkeit ein Auftragnehmer, der beispielsweise wenige Tage altes Geflügel auf seinem Hof aufzieht und später an die industrielle Weiterverarbeitung liefert. Auf einem kleinen Hof am Waldrand, den ein solcher Lieferant bewirtschaftet, kann sich ein Nutztier mit einem Krankheitserreger anstecken, bevor es zu den Anlagen für die Weiterverarbeitung am äußeren Stadtrand gebracht wird.

Die Wildfleischhändler sind mittlerweile zu professionellen und kapitalkräftigen Unternehmen geworden. Die räumliche Expansion der industriellen Landwirtschaft und Massentierhaltung zwingt sie, immer tiefere Waldgebiete zu durchkämmen. So steigt die Wahrscheinlichkeit, auf neue Krankheitserreger zu stoßen, während die ökologische Komplexität sinkt, mit denen die Wälder die Übertragungsketten unterbrechen.

Das Kapital versucht, nach dem Ausbruch einer Epidemie die medizinische Debatte politisch auszuschlachten. Kleinbauern die Schuld zu geben, gehört heutzutage zum Standard-Krisenmanagement des Agrobusiness. Aber Krankheiten entstehen aus unterschiedlich strukturierten Produktionssystemen, und nicht etwa durch das Fehlverhalten bestimmter Akteure, denen wir später ihren jeweiligen Schuldanteil zuteilen können. Die Coronaviren jedenfalls setzen sich

---

* Eine südasiatische Schleichkatzen-Art, die in tropischen Regenwäldern lebt.

über die Unterscheidung zwischen Großbetrieben und Kleinbauern offenbar hinweg. SARS und 2019-nCoV scheinen aus Lebendmärkten zu stammen (wenn wir den möglichen Beitrag von Schweinen einmal beiseitelassen). MERS, ein anderes tödlicher Coronavirus, stammt dagegen aus der industrialisierten Kamelzucht im Nahen Osten.

Ich persönlich würde ja dazu raten, übertriebene Vorsicht walten zu lassen und unseren Blick zu weiten. Die Ursachen und Behandlungsmöglichkeiten solcher Krankheiten finden wir nicht in einer Biomedizin, nicht einmal in der Gesundheitsökologie (*EcoHealth*, vgl. Kap. 1). Wir müssen die ökologisch-gesellschaftlichen Verhältnisse in den Blick nehmen.

Oder gibt es doch einen anderen Ausweg? Einige Forscher raten uns, Hühner und andere Nutztiere gentechnisch so zu verändern, dass sie gegen diese Krankheiten resistent sind. Sie verraten allerdings nicht, ob die Virenstämme dann weiter unter den symptomfreien Tieren zirkulieren würden, bevor sie auf die (mutmaßlich nicht gentechnisch veränderten) Menschen übergehen. Die Kurzsichtigkeit solcher Versuche, Krankheitserreger biotechnologisch abzumontieren, scheint leider unheilbar zu sein. Vor neun Jahren schrieb ich:

»Von der Frage einmal abgesehen, wer sich solche Frankenstein-Hühner leisten kann, ganz besonders in den ärmsten Ländern der Welt: der Erfolg der Influenza erklärt sich auch aus ihrer Fähigkeit, solche Wundermittel zu überlisten und zu überstehen. Der Hintergrund ist, dass die biologischen Modelle eng mit Geschäftsinteressen verwoben sind. So werden Hypothesen verwechselt mit erwartbarem Verhalten in der Wirklichkeit. Hoffnungen werden zu Erwartungen, Erwartungen zu Vorhersagen. Ein fortwährendes Ärgernis dabei ist, wie vielschichtig dieses Problem ist. Selbst etablierten Wissenschaftlern dämmert allmählich, dass die Influenza mehr ist als nur ein Virion oder eine Infektion. Die Grenzen unserer Fachgebiete (und Geschäftsideen) sind ihr egal.«

Immer wieder lenkt das Agrobusiness unsere Blicke auf eine vermeintliche technische Zukunftsutopie, um uns in einer kapitalistischen Vergangenheit festzuhalten. Wir drehen uns immer wieder im Kreis, immer entlang jener Warenketten, die die neuen Krankheiten durch evolutionäre Prozesse erst entstehen lassen.

* * *

Der heimliche Nervenkitzel (und das Entsetzen), den Epidemiologen bei einem Ausbruch empfinden, ist nichts anderes als eine Niederlage, die sich als Heldentum tarnt. Der Berufsstand kreist gegenwärtig fast nur um Aufgaben, die danach anfallen, so wie im Zirkus der Stalljunge mit der Schaufel dem Elefanten folgt. Unter neoliberalen Verhältnissen werden Epidemiologen und Gesundheitswissenschaftler dafür bezahlt, den Dreck wegzuräumen, den das System gemacht hat, und noch die schlimmsten Fehlentwicklungen zu rechtfertigen, mögen sie auch zu tödlichen Pandemien führen.

Ein Kollege namens Simon Reid, Professor für Übertragbare Krankheiten an der Universität von Queensland, hat einen Kommentar zum neuartigen Coronavirus verfasst, der als Paradebeispiel für die Zusammenhangslosigkeit dienen mag. Er springt von einem Thema zum anderen, ohne seine rein technischen Beobachtungen zu einem Ganzen zu verbinden. Dabei leuchtet ihm ein, dass das Ernährungssystem und die Umweltzerstörung dazu gehören, um 2019-nCoV zu erklären. Und dennoch erklärt er (um es mit etwas anderen Worten auszudrücken): »Hurra, dieses absolute Grauen hat auch etwas Erlösendes!« China sei zwar »wiederholt der Ursprung neuer Epidemien, aber die Behörden üben vorbildliche Biokontrolle und werden dabei von einer WHO unterstützt, die sich mittlerweile im Besitz von Wohltätigkeitskapitalisten befindet.«[*]

---

[*]   Rob Wallace spricht im Original von »Philantrokapitalisten«, womit zum Beispiel Warren Buffett oder Bill und Melinda Gates mit ihren jeweiligen Stiftungen gemeint sind.

Wir können die antichinesische Propaganda ablehnen und dennoch daran erinnern, wie China den SARS-Ausbruch im Jahr 2003 vertuscht hat.[367] Die Regierung unterdrückte Berichte von Journalisten und Gesundheitsbehörden. So konnte sich das Virus übers Land ausbreiten. In einer Provinz nach der anderen wussten die medizinischen Einrichtungen nicht, mit was sie es zu tun hatten, als plötzlich die Patienten in ihren Notaufnahmen auftauchten. SARS verbreitete sich über zahlreiche Länder bis nach Kanada und konnte nur mit Mühe ausgerottet werden.

Seit der Jahrtausendwende kamen in China Reisanbau, Entenhaltung und die industrielle Produktion von Geflügel und Schweinen in einer katastrophalen Weise zusammen und schufen die perfekten Bedingungen für das Entstehen neuartiger Influenza-Stämme. Die Regierung ist unfähig oder unwillig, irgendeinen dieser Faktoren anzugehen. Epidemien werden behandelt, als seien sie ein angemessener Preis für den Wohlstand. Aber China ist keine Ausnahme. Auch die USA und Europa waren der Ausgangspunkt für neue Influenza-Stämme, zuletzt H5N2 und H5Nx. Ihre transnationalen Konzerne und neokolonialen Stellvertreter haben die Ausbreitung von Ebola in Westafrika und von Zika in Brasilien zugelassen.

Mit strategischer Renaturierung und ortsspezifischer Agrarökologie kann »Biosicherheit« eine neue Bedeutung annehmen: Durch eine große Bandbreite von unterschiedlichem Vieh, Geflügel und Nutzpflanzen können wir wieder immunologische Brandschneisen errichten. Die natürliche Auslese dient als »Ökosystemdienstleistung«, wenn sich die Nutztiere und Pflanzen vor Ort fortpflanzen können. Dann geben sie an die nächste Generation ihre Immungenetik weiter, die bereits durch Krankheitserreger geprüft wurde.

Wir sollten die angeblichen Alternativen zu diesem Reformprogramm sorgfältig prüfen. Fünf Jahrhunderte voller Kriege und Seuchen beweisen, dass das Kapital, dem die Epidemiologie dient, durchaus bereit ist, über Berge von Leichen zu gehen.

IV.
ANHANG

Anmerkungen

1   Smith, K. F. / M. Goldberg / S. Rosenthal / L. Carlson / J. Chen / C. Chen / S. Ramachandran (2014): Global rise in human infectious disease outbreaks. J. R. Soc. Interface 11: 20140950.

2   Walsh: »Sickness Spreads«, Time (Asien), 11. Oktober 2004. Zitiert nach: Mike Davis (2005): Vogelgrippe: Zur gesellschaftlichen Produktion von Epidemien. Hamburg/Berlin: Assoziation A, S. 116. Vollständig online: www.assoziation-a.de/buch/Vogelgrippe.

3   Habekuss, Fritz: »In diesem Wald leben Tausende unbekannte Viren«. In: Die Zeit, 20. Mai 2020, Nr. 22. S. 29 f.

4   »Bericht zur Risikoanalyse im Bevölkerungsschutz 2012«, Deutscher Bundestag, 17. Wahlperiode, Drucksache 17/12051. 3. Januar 2013, online: https://dipbt.bundestag.de/doc/btd/17/120/1712051.pdf.

5   Wallace, Rob (2016): Big Farms Make Big Flu: Dispatches on Influenza, Agribusiness, and the Nature of Science. New York: Monthly Review Press. S. 10.

6   Ebenda. S. 11.

7   Ebenda.

8   Krumenacker, Thomas / Christian Schwägerl: »Mit der Vernichtung von Ökosystemen sind Pandemien wahrscheinlicher«. Interview mit Josef Settele und Joachim Spangenberg. Spektrum der Wissenschaft, 25. März 2020, online: www.spektrum.de/news/warum-umweltschutz-auch-seuchenschutz-ist/1715336.

9   Kollektiv: »Vulnerable Populationen«, in: Wildcat, Nr. 105. Frühjahr 2020. S. 15.

10 Braverman, Harry (1977): Die Arbeit im modernen Produktionsprozeß. Frankfurt am Main: Campus. Matthias Martin Becker (2017): Automatisierung und Ausbeutung: Was wird aus der Arbeit im digitalen Kapitalismus? Wien: Promedia.

11 Bardacke, Frank (2012): Trampling Out the Vintage: Cesar Chavez and the Two Souls of the United Farm Workers. New York / London: Verso Press.

12 Angus, Ian (2016): Facing the Anthropocene: Fossil Capitalism and the Crisis of the Earth System. New York: Monthly Review Press.

13 Reichert, Tobias (2016): Der große Strukturwandel. In: Fleischatlas. Daten und Fakten über Tiere als Lebensmittel. Herausgegeben von der Heinrich-Böll-Stiftung. S. 8 f.

14 Bundesanstalt für Landwirtschaft und Ernährung (2020): »Geflügelfleisch-erzeugung in Deutschland«, online: www.praxis-agrar.de/tier/gefluegel/ge-fluegelfleischerzeugung.

15 Bennett, Carys E./Richard Thomas/Mark Williams/Jan Zalasiewicz/Matt Edgeworth/Holly Miller/Ben Coles/Alison Foster/Emily J. Burton/Upenyu Marume (2018): The broiler chicken as a signal of a human reconfigured bio-sphere. Royal Society Open Science, Vol. 5, No. 12. 12. Dezember 2018.

16 Engels, Friedrich (1962/1896): Dialektik der Natur. In: Karl Marx/Fried-rich Engels Werke (MEW), Band 20. Berlin: Dietz. S. 452 f.

17 Roser, Max/Hannah Ritchie/Esteban Ortiz-Ospina: »Coronavirus Disease (COVID-19) – Statistics and Research«. Our World in Data, online: https://ourworldindata.org/coronavirus.

18 Rosenthal, Brian M./Joseph Goldstein/Michael Rothfeld: »Coronavirus in N.Y.: ›Deluge‹ of Cases Begins Hitting Hospitals«, New York Times, 20. März 2020.

19 Rappleye, Hannah/Andrew W. Lehren/Laura Stricklet/Sarah Fitzpatrick: »›The System Is Doomed‹: Doctors, Nurses, Sound off in NBC News Coro-navirus Survey«, NBC News, 20. März 2020.

20 Relman, Eliza: »The Federal Government Outbid States on Critical Coro-navirus Supplies After Trump Told Governors to Get Their Own Medical Equipment«, Business Insider, 20. März 2020. David Oliver: »Trump An-nounces U.S.-Mexico Border Closure to Stem Spread of Coronavirus«, USA Today, 19. März 2020.

21 Ferguson, Neil M. u.a.: On behalf of the Imperial College COVID-19 Re-sponse Team: »Impact of Non-Pharmaceutical Interventions (NPIs) to Re-duce COVID-19 Mortality and Healthcare Demand«, 16. März 2020.

22 Taleb, Nassim Nicholas: The Black Swan (New York: Random House, 2007); dt.: Nassim Nicholas Taleb (2008): Der Schwarze Schwan: Die Macht höchst unwahrscheinlicher Ereignisse. München: Hanser.

23 Shen, Chen/Nassim Nicholas Taleb/Yaneer Bar-Yam: »Review of Ferguson u.a.: »Impact of Non-Pharmaceutical Interventions«, New England Com-plex Systems Institute, 17. März 2020.

24 Wallace, Rodrick: »Pandemic Firefighting vs. Pandemic Fire Prevention« (Unveröffentlichtes Manuskript, 20. März 2020).

25 Allen, Jonathan: »Trump's Not Worried About Coronavirus: But His Scien-tists Are«, NBC News, 26. Februar 2020; Deb Riechmann: »Trump Disband-ed NSC Pandemic Unit That Experts Had Praised«, AP News, 14. März 2020.

26 Sanger, David E./Eric Lipton/Eileen Sullivan/Michael Crowley: »Before Virus Outbreak, a Cascade of Warnings Went Unheeded«, New York Times, 19. März 2020.

27 Taylor, Marisa: »Exclusive: U.S. Axed CDC Expert Job in China Months Before Virus Outbreak«, Reuters, 22. März 2020.

28 Waitzkin, Howard (Hg.): Health Care Under the Knife: Moving Beyond Capitalism for Our Health (New York: Monthly Review Press, 2018).

29   Lewontin, Richard / Richard Levins: »Let the Numbers Speak«, International Journal of Health Services 30, No. 4 (2000): 873-77.

30   Matthews, Owen: »Britain Drops Its Go-It-Alone Approach to Coronavirus«, Foreign Policy, 17. März 2020; Rob Wallace: »Pandemic Strike«, Uneven Earth, 16. März 2020; Isabel Frey: »›Herd Immunity‹ Is Epidemiological Neoliberalism«, Quarantimes, 19. März 2020.

31   Payne, Adam: »Spain Has Nationalized All of Its Private Hospitals as the Country Goes into Coronavirus Lockdown«, Business Insider, 16. März 2020.

32   Lange, Jeva: »Senegal Is Reportedly Turning Coronavirus Tests Around ›within 4 Hours‹ While Americans Might Wait a Week«, Yahoo News, 12. März 2020.

33   Sterling, Steph / Julie Margetta Morgan (2019): New Rules for the 21st Century: Corporate Power, Public Power, and the Future of Prescription Drug Policy in the United States, New York: Roosevelt Institute.

34   Koebler, Jason: »Hospitals Need to Repair Ventilators: Manufacturers Are Making That Impossible«, Vice, 18. März 2020.

35   Wang, Manli u. a.: »Remdesivir and Chloroquine Effectively Inhibit the Recently Emerged Novel Coronavirus (2019-nCoV) In Vitro«, Cell Research 30 (2020): 269-71.

36   »Autonomous Groups Are Mobilizing Mutual Aid Initiatives to Combat the Coronavirus«, It's Going Down, 20. März 2020.

37   Andersen, Kristian G. / Andrew Rambaut / W. Ian Lipkin / Edward C. Holmes / Robert F. Garry: »The Proximal Origin of SARS-CoV-2«, Nature Medicine (2020).

38   Wallace, Rob: »Notes on a Novel Coronavirus«, MRonline, 29. Januar 2020.

39   Gilbert, Marius u. a.: »Preparedness and Vulnerability of African Countries Against Importations of COVID-19: A Modelling Study«, Lancet 395, No. 10227 (2020): 871-77.

40   Sun, Juanjuan: »The Regulation of ›Novel Food‹ in China: The Tendency of Deregulation«, European Food and Feed Law Review 10, No. 6 (2015): 442-48.

41   Brooks, Emma G. E. / Scott I. Robertson / Diana J. Bell: »The Conservation Impact of Commercial Wildlife Farming of Porcupines in Vietnam«, Biological Conservation 143, No. 11 (2010): 2808-14.

42   Schneider, Mindi: »Wasting the Rural: Meat, Manure, and the Politics of Agro-Industrialization in Contemporary China«, Geoforum 78 (2017): 89-97.

43   Wallace, Robert G. / Luke Bergmann / Lenny Hogerwerf / Marius Gilbert: »Are Influenzas in Southern China Byproducts of the Region's Globalising Historical Present?«, in: Influenza and Public Health: Learning from Past Pandemics, hrsg. von Jennifer Gunn / Tamara Giles-Vernick / Susan Craddock, London: Routledge, 2010. Alessandro Broglia / Christian Kapel: »Changing Dietary Habits in a Changing World: Emerging Drivers for the Transmission of Foodborne Parasitic Zoonoses«, Veterinary Parasitology 182, No. 1 (2011): 2-13.

44   Molyneux, David u. a.: »Zoonoses and Marginalised Infectious Diseases of
     Poverty: Where Do We Stand?«, Parasites & Vectors 4, No. 106 (2011).
45   Morse, Stephen S. u. a.: »Prediction and Prevention of the Next Pandemic
     Zoonosis«, Lancet 380, No. 9857 (2012): 1956-65; Rob Wallace (2016): Big
     Farms Make Big Flu: Dispatches on Infectious Disease, Agribusiness, and
     the Nature of Science. New York: Monthly Review Press.
46   Wallace, Robert G. u. a.: »The Dawn of Structural One Health: A New Science
     Tracking Disease Emergence Along Circuits of Capital«, Social Science &
     Medicine 129 (2015): 68-77; Wallace: Big Farms Make Big Flu.
47   Cummins, Steven / Sarah Curtis / Ana V. Diez-Roux / Sally Macintyre: »Un-
     derstanding and Representing ›Place‹ in Health Research: A Relational
     Approach«, Social Science & Medicine 65, No. 9 (2007): 1825-38; Luke
     Bergmann / Mollie Holmberg: »Land in Motion«, Annals of the American
     Association of Geographer, 106, No. 4 (2016): 932-56; Luke Bergmann:
     »Towards Economic Geographies Beyond the Nature-Society Divide«,
     Geoforum 85 (2017): 324 f.
48   Jorgenson, Andrew K.: »Unequal Ecological Exchange and Environmen-
     tal Degradation: A Theoretical Proposition and Cross-National Study of
     Deforestation, 1990 – 2000«, Rural Sociology 71, No. 4 (2006): 685-712;
     Becky Mansfield / Darla K. Munroe / Kendra McSweeney: »Does Economic
     Growth Cause Environmental Recovery? Geographical Explanations of
     Forest Regrowth«, Geography Compass 4, No. 5 (2010): 416-27; Susanna B.
     Hecht: »Forests Lost and Found in Tropical Latin America: The Woodland
     ›Green Revolution‹«, Journal of Peasant Studies 41, No. 5 (2014): 877-909;
     Gustavo de L. T. Oliveira: »The Geopolitics of Brazilian Soybeans«, Journal
     of Peasant Studies 43, No. 2 (2016): 348-72.
49   Turzi, Mariano: »The Soybean Republic«, Yale Journal of International Af-
     fairs 6, No. 2 (2011); Rogério Haesbaert: El Mito de la Desterritorialización:
     Del ›Fin de Los Territorios‹ a la Multiterritorialidad (Mexico City: Siglo
     Veintiuno, 2011); Clara Craviotti: »Which Territorial Embeddedness? Ter-
     ritorial Relationships of Recently Internationalized Firms of the Soybean
     Chain«, Journal of Peasant Studies 43, No. 2 (2016): 331-47.
50   Wendy Jepson / Christian Brannstrom / Anthony Filippi: »Access Regimes
     and Regional Land Change in the Brazilian Cerrado, 1972 – 2002«, Annals
     of the Association of American Geographers 100, No. 1 (2010): 87-111;
     Patrick Meyfroidt u. a.: »Multiple Pathways of Commodity Crop Expansion
     in Tropical Forest Landscapes«, Environmental Research Letters 9, No. 7
     (2014); Oliveira: »The Geopolitics of Brazilian Soybeans«; Javier Godar:
     »Balancing Detail and Scale in Assessing Transparency to Improve the
     Governance of Agricultural Commodity Supply Chains«, Environmental
     Research Letters 11, No. 3 (2016).
51   Wallace, Rodrick u. a. (2018): Clear-Cutting Disease Control: Capital-Led
     Deforestation, Public Health Austerity, and Vector-Borne Infection, Basel:
     Springer.

52   Davis, Mike (2006): Planet of Slums, New York: Verso; dt.: Davis (2007):
     Planet der Slums, Hamburg/Berlin: Assoziation A. Moench, Marcus / Dipak
     Gyawali: Desakota. Reinterpreting the Urban-Rural Continuum, Kathman-
     du: Institute for Social and Environmental Transition, 2008; Hecht: »Forests
     Lost and Found in Tropical Latin America«.

53   Wallace, Robert G. / Rodrick Wallace (Hg.) (2016): Neoliberal Ebola: Mod-
     eling Disease Emergence from Finance to Forest and Farm, Basel: Springer;
     Wallace u. a.: Clear-Cutting Disease Control; Giorgos Kallis / Erik Swynge-
     douw: »Do Bees Produce Value? A Conversation Between an Ecological
     Economist and a Marxist Geographer«, Capitalism Nature Socialism 29,
     No. 3 (2018): 36-50.

54   Wallace, Robert G. u. a.: »Did Neoliberalizing West African Forests Produce
     a New Niche for Ebola?«, International Journal of Health Services 46, No. 1
     (2016): 149-65.

55   Wallace / Wallace, Neoliberal Ebola.

56   Bicca-Marques, Júlio César / David Santos de Freitas: »The Role of Mon-
     keys, Mosquitoes, and Humans in the Occurrence of a Yellow Fever Out-
     break in a Fragmented Landscape in South Brazil: Protecting Howler Mon-
     keys Is a Matter of Public Health«, Tropical Conservation Science 3, No. 1
     (2010): 78-89; Júlio César Bicca-Marques u. a.: »Yellow Fever Threatens
     Atlantic Forest Primates«, Science Advances e-letter, 25. Mai 2017; Luciana
     Inés Oklander u. a.: »Genetic Structure in the Southernmost Populations
     of Black-and-Gold Howler Monkeys (Alouatta caraya) and Its Conserva-
     tion Implications«, PLoS ONE 12, No. 10 (2017); Natália Coelho Couto de
     Azevedo Fernandes u. a.: »Outbreak of Yellow Fever Among Nonhuman
     Primates, Espirito Santo, Brazil, 2017«, Emerging Infectious Diseases 23,
     No. 12 (2017): 2038-41; Daiana Mir: »Phylodynamics of Yellow Fever Virus
     in the Americas: New Insights into the Origin of the 2017 Brazilian Out-
     break«, Scientific Reports 7, No. 1 (2017).

57   Davis, Mike (2005): The Monster at Our Door: The Global Threat of Avian
     Flu, New York: New Press; dt.: Mike Davis (2005): Vogelgrippe. Zur gesell-
     schaftlichen Produktion von Epidemien. Hamburg/Berlin: Assoziation A.;
     Jay P. Graham u. a.: »The Animal-Human Interface and Infectious Disease
     in Industrial Food Animal Production: Rethinking Biosecurity and Bio-
     containment«, Public Health Reports 123, No. 3 (2008): 282-99; Bryony
     A. Jones u. a.: »Zoonosis Emergence Linked to Agricultural Intensification
     and Environmental Change«, PNAS110, No. 21 (2013): 8399-404; Marco
     Liverani u. a.: »Understanding and Managing Zoonotic Risk in the New
     Livestock Industries«, Environmental Health Perspectives 121, no, 8 (2013);
     Anneke Engering / Lenny Hogerwerf / Jan Slingenbergh: »Pathogen-Host-
     Environment Interplay and Disease Emergence«, Emerging Microbes and
     Infections 2, No. 1 (2013); World Livestock 2013: Changing Disease Land-
     scapes (Rome: Food and Agriculture Organization of the United Nations,
     2013).

58   Wallace, Robert G.: »Breeding Influenza: The Political Virology of Offshore
      Farming«, Antipode 41, No. 5 (2009): 916-51; Robert G. Wallace u. a.: »In-
      dustrial Agricultural Environments«, in: The Routledge Handbook of Bio-
      security and Invasive Species, hrsg. von Juliet Fall / Robert Francis / Martin
      A. Schlaepfer / Kezia Barker (New York: Routledge, forthcoming).

59   Vandermeer, John H. (2011): The Ecology of Agroecosystems, Sudbury, MA:
      Jones and Bartlett; Peter H. Thrall u. a.: »Evolution in Agriculture: The Appli-
      cation of Evolutionary Approaches to the Management of Biotic Interactions
      in Agro-Ecosystems«, Evolutionary Applications 4, No. 2 (2011): 200-15; R.
      Ford Denison (2012): Darwinian Agriculture: How Understanding Evolu-
      tion Can Improve Agriculture, Princeton: Princeton University Press; Mari-
      us Gilbert / Xiangming Xiao / Timothy Paul Robinson: »Intensifying Poultry
      Production Systems and the Emergence of Avian Influenza in China: A ›One
      Health / Ecohealth‹ Epitome«, Archives of Public Health 75 (2017).

60   Houshmar, Mohammad u. a.: »Effects of Prebiotic, Protein Level, and Stock-
      ing Density on Performance, Immunity, and Stress Indicators of Broilers«,
      Poultry Science 91, No. 2 (2012): 393-401. A. V. S. Gomes u. a.: »Over-
      crowding Stress Decreases Macrophage Activity and Increases Salmonella
      Enteritidis Invasion in Broiler Chickens«, Avian Pathology 43, No. 1 (2014):
      82-90. Peyman Yarahmadi / Hamed Kolangi Miandare / Sahel Fayaz / Chris-
      topher Marlowe A. Caipang: »Increased Stocking Density Causes Changes
      in Expression of Selected Stress- and Immune-Related Genes, Humoral
      Innate Immune Parameters and Stress Responses of Rainbow Trout (On-
      corhynchus mykiss)«, Fish & Shellfish Immunology 48 (2016): 43-53; Wen-
      jia Li u. a.: »Effect of Stocking Density and Alpha-Lipoic Acid on the Growth
      Performance, Physiological and Oxidative Stress and Immune Response of
      Broilers«, Asian-Australasian Journal of Animal Studies 32, No. 12 (2019).

61   Wallace, Big Farms Make Big Flu, 192-201.

62   »Safer Food Saves Lives«, Centers for Disease Control and Prevention,
      November 3, 2015; Lena H. Sun: »Big and Deadly: Major Foodborne Out-
      breaks Spike Sharply«, Washington Post, 3. November 2015. Mike Stobbe:
      »CDC: More Food Poisoning Outbreaks Cross State Lines«, KSL, 3. Novem-
      ber 2015.

63   Goldenberg, Sally: »Alicia Glen, Who Oversaw de Blasio's Affordable Housing
      Plan and Embattled NYCHA, to Depart City Hall«, Politico, 19. Dezember
      2018.

64   Dymski, Gary A.: »Racial Exclusion and the Political Economy of the Sub-
      prime Crisis«, Historical Materialism 17 (2009): 149-79. Harold C. Barnett:
      »The Securitization of Mortgage Fraud«, Sociology of Crime, Law and De-
      viance 16 (2011): 65-84.

65   Ivry, Bob / Bradley Keoun / Phil Kuntz: »Secret Fed Loans Gave Banks $13
      Billion Undisclosed to Congress«, Bloomberg, November 21, 2011.

66   Merced, Michael J. de la / David Barboza: »Needing Pork, China Is to Buy a
      U.S. Supplier«, New York Times, 29. Mai 2013.

67 »Goldman Sachs Pays US $ 300 m for Poultry Farms«, South China Morning Post, August 4, 2008.

68 Rogers, Katie / Lara Jakes / Ana Swanson: »Trump Defends Using ›Chinese Virus‹ Label, Ignoring Growing Criticism«, New York Times, 18. März 2020.

69 Marx, Karl: Capital: A Critique of Political Economy, Vol. 3 (New York: Penguin, 1993), 362; dt.: Das Kapital, Bd. III, MEW 25, S. 263. Berlin: Dietz.

70 Lipton, Eric / Nicholas Fandos / Sharon LaFraniere / Julian E. Barnes: »Stock Sales by Senator Richard Burr Ignite Political Uproar«, New York Times, 20. März, 2020.

71 Mossavar-Rahmani, Sharmin u. a.: »ISG Insight: From Room to Grow to Room to Fall«, Goldman Sachs' Investment Strategy Group.

72 Wallace u. a.: »The Dawn of Structural One Health«.

73 Wallace u. a.: »Did Neoliberalizing West African Forests Produce a New Niche for Ebola?«; Wallace u. a.: Clear-Cutting Disease Control.

74 Yuen, K. Y. / S. S. Wong (2005): Human infection by avian influenza A H5N1. Hong Kong Medical Journal 11: 189-199.

75 Vgl. Buxton Bridges, C. u. a. (2000): Risk of influenza A (H5N1) infection among health care workers exposed to patients with influenza A (H5N1), Hong Kong. The Journal of Infectious Diseases 181: 344-348. De Jong, M. D. u. a. (2006): Fatal outcome of human influenza A (H5N1) is associated with high viral load and hypercytokinemia. Nature Medicine 12: 1203-1207.

76 Vgl. de Jong, M. D. 2006, a. a. O.

77 Li, K. S. u. a. (2004): Genesis of a highly pathogenic and potentially pandemic H5N1 influenza virus in eastern Asia. Nature 430: 209-213. Webster, R. G. / M. Peiris / H. Chen / Y. Guan (2006): H5N1 outbreaks and enzootic influenza. Emerging Infectious Diseases 12: 3-8.

78 Salzberg S. L. u. a. (2007): Genome analysis linking recent European and African influenza (H5N1) viruses. Emerging Infectious Diseases 13: 713-718.

79 Smith, G. J. D. u. a. (2006): Emergence and predominance of an H5N1 influenza variant in China. Proceedings of the National Academy of Sciences USA 103: 16936-16941.

80 Kandun, I. N. u. a. (2006): Three Indonesian clusters of H5N1 virus infection in 2005. New England Journal of Medicine 355: 2186-2194. Yang, Y. / M. E. Halloran / J. Sugimoto / I. M. Longini (2007): Detecting human-to-human transmission of avian influenza A (H5N1). Emerging Infectious Diseases 13: 1348-1353.

81 Rweyemamu, M. / R. Paskin / A. Benkirane / V. Martin / P. Roeder / K. Wojciechowski (2000): Emerging diseases of Africa and the Middle East. Annals of New York Academy of Sciences 916: 61-70.

82 Cristalli, A. / I. Capua (2007): Practical problems in controlling H5N1 high pathogenicity avian influenza at village level in Vietnam and introduction of biosecurity measures. Avian Disease 51 (Suppl.): 461-462. Gilbert, M. / X. Xiao / W. Wint / J. Slingenbergh (2012): Livestock production dynamics,

bird migration cycles, and the emergence of highly pathogenic avian influenza in East and Southeast Asia. In: R. Sauerborn / L. R. Valerie (Hg.): Global Environmental Change and Infectious Diseases: Impacts and Adaption Strategies. Springer, Berlin.

83   Fasina, F. O. / S. P. Bisschop / R. G. Webster (2007): Avian influenza H5N1 in Africa: An epidemiological twist. Lancet Infectious Diseases 7: 696-697. Guldin, G. E. (1993): Urbanizing the countryside: Guangzhou, Hong Kong and the Pearl River Delta. In: G. E. Guldin (Hg.): Urbanizing China, Greenwood Press, Westport, CT, S. 157-184.

84   Wallace, R. G. / R. Wallace (2003): The geographic search engine: One way urban epidemics find susceptible populations and evade public health intervention. Journal of Urban Health 80 (S2): ii15.

85   Braun, B. (2007): Biopolitics and the molecularization of life. Cultural Geographies 14: 6-28.

86   Castree, N. (2008): Neoliberalising nature: The logics of deregulation and reregulation. Environment and Planning A 40: 131-152. Castree, N. (2008): Neoliberalising nature: Processes, effects, and evaluations. Environment and Planning A 40: 153-173.

87   Benton, T. (1989): Marxism and natural limits. New Left Review 178: 51-81.

88   Davis 2005, a. a. O.

89   Dieckmann, U. / J. A. J. Metz / M. W. Sabelis / K. Sigmund (Hg.) (2002): Adaptive Dynamics of Infectious Diseases: In Pursuit of Virulence Management. Cambridge University Press, Cambridge, UK. Ebert, D. / J. J. Bull (2008): The evolution and expression of virulence. In: S. C. Stearns / J. C. Koella (Hg.): Evolution in Health and Disease, Oxford University Press, Oxford, S. 153-167.

90   Lipsitch, M. / M. Nowak (1995): The evolution of virulence in sexually transmitted HIV/AIDS. Journal of Theoretical Biology 174: 427-440.

91   Food and Agriculture Organization of the United Nations (2004): Questions and Answers on Avian Influenza: Briefing Paper Prepared by AI Task Force. Internal FAO document, 30. Januar, online: www.animal-health-online.de/drms/faoinfluenza.pdf. Graham, J. P. / J. H. Leibler / L. B. Price / J. M. Otte / D. U. Pfeiffer / T. Tiensin / E. K. Silbergeld (2008): The animal-human interface and infectious disease in industrial food animal production: Rethinking biosecurity and biocontainment. Public Health Reports 123: 282-299. Greger, M. (2006): Bird Flu: A Virus of Our Own Hatching. Latern Books, New York. Shortridge, K. F. (2003a): Avian influenza viruses in Hong Kong: Zoonotic considerations. In: R. S. Schrijver / G. Koch (Hg.): Proceedings of the Frontis Workshop on Avian Influenza: Prevention and Control, Wageningen University and Research Centre, Wageningen. US Council for Agriculture, Science and Technology (2005): Global risks of infectious animal diseases. Issue Paper 28: 9-18.

92   Capua, I. / D. J. Alexander (2004): Avian influenza: Recent developments. Avian Pathology 33: 393-404.

93 Garrett, K. A. / C. M. Cox (2008): Applied biodiversity science: Managing emerging diseases in agriculture and linked natural systems using ecological principles. In: R. S. Ostfeld / F. Keesing / V.T. Eviner (Hg.): Infectious Disease Ecology: Effects of Ecosystems on Disease and of Disease on Ecosystems. Princeton University Press, Princeton, S. 368-386.

94 Striffler, S. (2005): Chicken: The Dangerous Transformation of America's Favorite Food. Yale University Press, New Haven.

95 Shim, E. / A. P. Galvani (2009): Evolutionary repercussions of avian culling on host resistance and influenza virulence. PLoS ONE 4 (5): e5503.

96 Lu, C. Y. / J. H. Lu / W. G. Chen / L. F. Jiang / B.Y. Tan / W. H. Ling, B. J. Zheng / H. Y. Sui (2008): Potential infections of H5N1 and H9N2 avian influenza do exist in Guangdong population of China. Chinese Medical Journal 121: 2050-2053.

97 Zhang, P. / Y. Tang / X. Liu / D. Peng / W. Liu / H. Liu / S. Lu / X. Lin (2008): Characterization of H9N2 influenza viruses isolated from vaccinated flocks in an integrated broiler chicken operation in eastern China during a 5 year period (1998 – 2002). Journal of General Virology 89: 3102-3112.

98 Meyers, K. P. / S. F. Setterquist, A. W. Capuano / G. C. Gray (2007): Infection due to 3 avian influenza subtypes in United States veterinarians. Clinical Infectious Diseases 45: 4-9. Ogata, T. u. a. (2008): Human H5N2 avian influenza infection in Japan and the factors associated with high H5N2-neutralizing antibody titer. Journal of Epidemiology 18: 160-166. Puzelli, S. u. a. (2005): Serological analysis of serum samples from humans exposed to avian H7 influenza viruses in Italy between 1999 and 2003. The Journal of Infectious Diseases 192: 1318-1322. WHO (World Health Organization) (2005): Avian Influenza: Assessing the Pandemic Threat, online: www.who.int/influenza/resources/documents/h5n1_assessing_pandemic_threat/en.

99 Escorcia, M. / L. Vazquez / S. T. Mendez / A. Rodrıguez-Ropon / E. Lucio / G. M. Nava (2008): Avian influenza: Genetic evolution under vaccination pressure. Virology 5 (1), online: www.virologyj.com/content/5/1/15. Suarez, D. L. / C. W. Lee / D. E. Swayne (2006): Avian influenza vaccination in North America: Strategies and difficulties. Developmental Biology 124: 117-124.

100 O'Connor, J. (1998): Natural Causes. Guilford Press, New York.

101 Yaron, Y. / Y. Hadad / A. Cahaner (2004): Heat tolerance in featherless broilers. Proceedings of the 22nd World Poultry Congress, Istanbul, 8. – 12. Juni.

102 Luo, X. / Y. Ou / X. Zhou (2003): »Livestock and poultry production in China«, Paper presented at Bioproduction in East Asia: Technology Development & Globalization Impact, a pre-conference forum in conjunction with the 2003 ASAE Annual International Meeting, Las Vegas / USA, 27. Juli. ASAE Publication Number 03BEA-06, online: www.researchgate.net/publication/271434801_Livestock_and_Poultry_Production_in_China/citation/download.

103 Sun, A. D. / Z. D. Shi / Y. M. Huang / S. D. Liang (2007): Development of out-of-season laying in geese and its impact on the goose industry in Guangdong Province, China. World's Poultry Science Journal 63: 481-490.

104 Marx, Karl (1987): Das Kapital: Zur Kritik der Politischen Ökonomie. Band 1 (MEW 23). Berlin: Dietz.

105 Castree 2008, a. a. O. Foster, J. B. (2000): Marx's Ecology: Materialism and Nature. Monthly Review Press, New York. Heynen, N. / J. McCarthy / S. Prudham / P. Robbins (Hg.) (2007): Neoliberal Environments: False Promises and Unnatural Consequences. Routledge, London. Kovel, J. (2002): The Enemy of Nature: The End of Capitalism or the End of the World? Zed Books, London.

106 Boyd W. / M. Watts (1997): Agro-industrial just in time: The chicken industry and postwar American capitalism. In: D. Goodman / M. J. Watts (Hg.): Globalising Food: Agrarian Questions and Global Restructuring. Routledge, London, S. 139-165.

107 Striffler 2005, a. a. O. Manning, L. / R. N. Baines (2004): Globalisation: A study of the poultry-meat supply chain. British Food Journal 106: 819-836.

108 Vgl. Graham u. a. 2008, a. a. O.

109 Bugos, G. E. (1992): »Intellectual property protection in the American chicken-breeding industry«, Business History Review 66: 127-68; Hy-Line International (2011). »Celebrating 75 years! – The early years«, Hy-Line Innovations newsletter.

110 Knowles, T. G. / S. C. Kestin / S. M. Haslam / S. N. Brown / L. E. Green u. a. (2008): »Leg Disorders in broiler chickens: Prevalence, risk factors and prevention«, PLoS ONE 3 (2): e1545, doi: 10.1371/journal.pone.0001545; Rubin CJ u. a. (2010). »Whole-genome resequencing reveals loci under selection during chicken domestication«, Nature 464 (7288): 587-91.

111 Bugos, G. E. (1992). »Intellectual property protection in the American chicken-breeding industry«; Koehler-Rollefson, I. (2006): »Concentration in the poultry sector«, Presentation at »The Future of Animal Genetic Resources: Under Corporate Control or in the Hands of Farmers and Pastoralists?« International workshop, Bonn / Deutschland, 16. Oktober.

112 Food and Agriculture Organization of the United Nations (2003): World Agriculture: Towards 2015/2030: An FAO Perspective. Earthscan, London.

113 Gilbert u. a. 2012, a. a. O.

114 Burch, D. (2005): Production, consumption and trade in poultry: Corporate linkages and North – South supply chains. In: N. Fold / W. Pritchard (Hg.): Cross-continental Food Chains. Routledge, London, S. 166-178.

115 McMichael, P. (2006): Feeding the world: Agriculture, development and ecology. In: L. Panitch / C. Leys (Hg.): Socialist Register 2007: Coming to Terms With Nature. Merlin Press, London, S. 170-194. Manning, L. / R. N. Baines (2004): Globalisation: A study of the poultry-meat supply chain. British Food Journal 106: 819-836.

116 Harvey, D. (1982 / 2006): The Limits to Capital. Verso, New York. [Harvey erläutert den Begriff *spatial fix* auf Deutsch in: »Siebzehn Widersprüche und das Ende des Kapitalismus«, Ullstein, Berlin 2015.]

117 Burch 2005, a. a. O.

118 Manning L. / R. N. Baines / S. A. Chadd (2007): Trends in global poultry meat supply chain. British Food Journal 109: 332-342. Sanders, T. A. B. (1999): Food production and food safety. British Medical Journal 318: 1689-1693.

119 Phongpaichit, P. / C. Baker (2004): Thaksin: The Business of Politics in Thailand. Silkworm Books, Suthep / Thailand.

120 Davis 2005, a. a. O.

121 Delforge, I. (2007): Contract Farming in Thailand: A View from the Farm. Occasional Paper 2, Focus on the global South, CUSRI. Bangkok, Thailand: Chulaongjorn University, online: www.focusweb.org/pdf/occasional-papers2-contract-farming.pdf.

122 Singer, P. (2005): Who pays for bird flu? Online: www.project-syndicate.org/commentary/who-pays-for-bird-flu.

123 Chang, W. K. (1969): National influenza experience in Hong Kong. Bulletin of the World Health Organization 41: 349-351. Cheung, C. L. u. a. (2007): Establishment of influenza A virus (H6N1) in minor poultry in southern China. The Journal of Virology 81: 10402-10412. Shortridge K. F. / C. H. Stuart-Harris (1982): An influenza epicentre? Lancet 2: 812-813. Xu, K. M. u. a. (2007): The genesis and evolution of H9N2 influenza viruses in poultry from southern China, 2000 to 2005. The Journal of Virology 81: 10389-10401.

124 Shortridge, K. F. (1982): Avian influenza A viruses of southern China and Hong Kong: Ecological aspects and implications for man. Bulletin of the World Health Organization 60: 129-135.

125 Shortridge, K. F. (2003): Severe acute respiratory syndrome and influenza: Virus incursions from Southern China. American Journal of Respiratory and Critical Care Medicine 168: 1416-1420.

126 Fan, C. C. (2005): Interprovincial migration, population redistribution, and regional development in China: 1990 and 2000 census comparisons. The Professional Geographer 57: 295-311.

127 Burch 2005, a. a. O. Luo / Zhou 2003, a. a. O. Sun u. a. 2007, a. a. O.

128 Davis 2005, a. a. O.: S. 56.

129 Tang, X. / G. Tian / J. Zhao / K. Y. Zhou (1998): Isolation and characterization of prevalent strains of avian influenza viruses in China. Chinese Journal of Animal Poultry Infectious Diseases 20: 1-5.

130 Wallace, R. G. / H. Hodac / R. H. Lathrop / W. M. Fitch (2007): A statistical phylogeography of influenza A H5N1. Proceedings of the National Academy of Sciences USA 104: 4473-4478.

131 Wang, J. u. a. (2008): Identification of the progenitors of Indonesian and Vietnamese avian influenza A (H5N1) viruses from southern China. The Journal of Virology 82: 3405-3414.

132 Cheung 2007, a. a. O. Liu, J. H. / K. Okazaki / W. M. Shi / Q. M. Wu / A. S.
     Mweene / H. Kida (2003): Phylogenetic analysis of neuraminidase
     gene of H9N2 influenza viruses prevalent in chickens in China during
     1995 – 2002. Virus Genes 27: 197-202. 83. Poon, L. L. / Y. Guan / J. M.
     Nicholls / K. Y. Yuen / J. S. Peiris (2004): The aetiology, origins, and diag-
     nosis of severe acute respiratory syndrome. Lancet Infectious Diseases 4:
     663-671.
133 Tseng, W. / H. Zebregs (2003): Foreign direct investment in China: Some
     lessons for other countries. In: W. Tseng / M. Rodlauer (Hg.): China, Com-
     peting in the Global Economy, S. 68-88. International Monetary Fund,
     Washington DC.
134 Perkins, F. C. (1997): Export performance and enterprise reform in China's
     coastal provinces. Economic Development and Cultural Change 45: 501-
     539.
135 Rozelle, S. / C. Pray / J. Huang (1999): »Importing the means of produc-
     tion: Foreign capital and technologies flows in China's agriculture«, Paper
     presented at the 1999 IATRC Conference San Francisco, 25./26. Juni.
136 Hertel, T. W. / A. Nin-Pratt / A. N. Rae / S. Ehui (1999): »Productivity growth
     and »catching-up«: Implications for China's trade in livestock products«,
     Paper for presentation at the International Agricultural Trade Research
     Consortium meeting on China's Agricultural Trade and Policy, San Fran-
     cisco, CA, 25./26. Juni, online: www.ideas.repec.org/p/ags/aaea01/20590.
     html.
137 Carter, C. A. / X. Li (1999): »Economic reform and the changing pattern of
     China's agricultural trade«, Paper presented at International Agricultural
     Trade Research Consortium San Francisco, 25./26. Juni.
138 Whalley, J. / X. Xin (2006): China's FDI and non-FDI economies and the
     sustainability of future high Chinese growth. Working paper No. 12249.
     Cambridge, National Bureau of Economic Research, Cambridge, MA.
139 Yeung, F. (2008): Goldman Sachs pays US $ 300 m for poultry farms. South
     China Morning Post, 4. August.
140 Wong, E. (2008): Hints of discord on China land reform. The New York
     Times. 16. Oktober.
141 Harvey, D. (2006): Spaces of Global Capitalism: A Theory of Uneven Geo-
     graphical Development. Verso, London; dt.: Räume der Neoliberalisierung:
     Theorie der ungleichen Entwicklung. VSA, Hamburg 2007.
142 Johnson, G. (1992): The political economy of Chinese urbanization: Guang-
     dong and the Pearl River Delta region. In: G. E. Guldin (Hg.): Urbanizing
     China. Greenwood Press, Westport, CT, S. 185-220. Xueqiang, X. / R. Yin-
     Wang Kwok / L. Li / X. Yan (1995): Production change in Guangdong. In:
     R. Yin-Wang / A. Y. So (Hg.): The Hong Kong-Guangdong Link: Partner-
     ship in Flux, M. E. Sharpe, New York, S. 135-162. Zweig, D. (1991): Inter-
     nationalizing China's countryside: The political economy of exports from
     rural industry. The China Quarterly 128: 716-741.

143 Heartfield, J. (2005): China's comprador capitalism is coming home. Review of Radical Political Economics 37: 196-214. Sit, V. F. S. (2004): China's WTO accession and its impact on Hong Kong-Guangdong cooperation. Asian Survey 44: 815-835.

144 Heartfield 2005, a. a. O.

145 Hertel u. a. 1999, a. a. O.

146 Gu, C. / J. Shen / W. Kwan-Yiu / F. Zhen (2001): »Regional polarization under the socialist market system since 1978: A case study of Guangdong province in south China«. Lin, G. C. S (2000): State, capital, and space in China in an age of volatile globalization. Environment and Planning A 32: 455-471.

147 Perkins 1997, a. a. O.

148 Organisation for Economic Co-operation and Development (1998): Agricultural Polices in Non-Member Countries. Centre for Cooperation with Economies in Transition, Organization for Economic Co-operation and Development, Paris.

149 Simpson, J. R. / Y. Shi / O. Li / W. Chen / S. Liu (1999): »Pig, broiler and laying hen farm structure in China, 1996«, Paper presented at IARTC International Symposium, 25./26. Juni. Rozelle, S. / C. Pray / J. Huang (1999): »Importing the means of production: Foreign capital and technologies flows in China's agriculture«, Paper presented at the 1999 IATRC Conference San Francisco, 25./26. Juni.

150 Zweig 1991, a. a. O.

151 Tan, K. S. / H. E. Khor (2006): »China's changing economic structure and implications for regional patterns of trade, protection and integration«. China & World Economy 14: 1-19.

152 Hart-Landsberg, M. / P. Burkett (2005): China and Socialism: Market Reforms and Class Struggle. Monthly Review Press, New York.

153 Li, M. (2008): An age of transition: The United States, China, Peak Oil, and the demise of neoliberalism. Monthly Review 59: 20-34.

154 Hart-Landsberg, M. / P. Burkett (2005): China and Socialism: Engaging the issues. Critical Asian Studies 37: 597-628.

155 Fan, C. C. (2001): Migration and labor-market returns in urban China: Results from a recent survey in Guangzhou. Environment and Planning A 33: 479-508.

156 Davis, M. (2006): Planet of Slums. Verso, London.

157 Seto, K. C. / R. K. Kaurmann / C. E. Woodcock (2000): Landsat reveals China's farmland reserves, but they are vanishing fast. Nature 406: 121.

158 Lin, G. C. S. (1997): Red Capitalism in South China: Growth and Development of the Pearl River Delta. UBC Press, Vancouver.

159 Shi, L. (1993): Health care in China: A rural-urban comparison after the socioeconomic reforms. Bulletin of the World Health Organization 71: 723-736.

160 Tucker, J. D. / G. E. Henderson / T. F. Wang / Y. Y. Huang / W. Parish / S. M. Pan / X. S. Chen / M. S. Cohen (2005): Surplus men, sex work, and the spread of HIV in China. AIDS 19: 539-547.

161 Breitung, W. (2002): Transformation of a boundary regime: The Hong Kong and Mainland China case. Environment and Planning A 34: 1749-1762.

162 Carter / Li 1999, a. a. O.

163 US Trade Representative (1998): National trade estimate report on foreign trade barriers: China. Washington, DC.

164 Lin 1997, a. a. O.

165 Hart-Landsberg / Burkett 2005, a. a. O.

166 Tan / Khor 2006, a. a. O.

167 Hertel, T. W. / K. Anderson / J. F. Francois / W. Martin (2000): Agriculture and Nonagricultural Liberalization in the Millennium Round. Policy Discussion Paper, No. 0016, Centre for International Economic Studies. University of Adelaide, Adelaide, Australia, online: www.gtap.agecon.purdue. edu/resources/download/689.pdf.

168 Rweyemamu u. a. 2000, a. a. O.

169 Kilpatrick, A. M. / A.A. Chmura / D. W. Gibbons / R.C. Fleischer / P. P. Marra / P. Daszak (2006): Predicting the global spread of H5N1 avian influenza. Proceedings of the National Academy of Sciences USA 103: 19368-19373.

170 Duffy, G. / O. A. Lyncha / C. Cagneya (2008): Tracking emerging zoonotic pathogens from farm to fork. Symposium on meat safety: From abattoir to consumer. Meat Science 78: 34-42.

171 Graham, J. P. u. a. 2008, a. a. O.

172 Gilbert, M / P. Chaitaweesub / T. Parakamawongsa / S. Premashthira / T. Tiensin / W. Kalpravidh / H. Wagner / J. Slingenbergh (2006): Free-grazing ducks and highly pathogenic avian influenza, Thailand. Emerging Infectious Diseases 12: 227-234. Gilbert, M. u. a. (2008): Mapping H5N1 highly pathogenic avian influenza risk in Southeast Asia. Proceedings of the National Academy of Sciences USA 105: 4769-4774.

173 Leff, B. / N. Ramankutty / J. A. Foley (2004): Geographic distribution of major crops across the world. Global Biogeochemical Cycles 18, online: www. sage.wisc.edu/pubs/articles/F-L/Leff/Leff2004GBC.pdf.

174 Songserm, T. / R. Jam-on / N. Sae-Heng / N. Meemak / D. J. Hulse-Post / K. M. Sturm-Ramirez / R. G. Webster (2006): Domestic ducks and H5N1 influenza epidemic, Thailand. Emerging Infectious Diseases 12: 575-581.

175 Weis, T. (2007): The Global Food Economy: The Battle for the Future of Farming. Zed Books, London.

176 Lewontin, R. (2007): The maturing of capitalist agriculture: Farmer as proletarian. In: R. Lewontin / R. Levins (2007): Biology Under the Influence: Dialectical Essays on Ecology, Agriculture, and Health. Monthly Review Press, New York. Manning / Baines 2004, a. a. O.

177 McMichael 2006, a. a. O.

178 Delforge 2007, a. a. O.

179 Lemly, A. D. / R. T. Kingsford / J. R. Thompson (2000): Irrigated agriculture and wildlife conservation: conflict on a global scale. Environmental Management 25: 485-512.

180 Jeffries, R. L. / R. F. Rockwell / K. F. Abraham (2004): The embarrassment of riches: Agricultural food subsidies, high goose numbers, and loss of Arctic wetlands – a continuing saga. Environmental Reviews 11: 193-232. Van Eerden, M. R. / R. H. Drent / J. Stahl / J. P. Bakker (2005): Connecting seas: Western Palearctic continental flyway for water birds in the perspective of changing land use and climate. Global Change Biology 11: 894-908.

181 Manning u. a. 2007, a. a. O.

182 Brown, S. / C. Getz (2008): Towards domestic fair trade? Farm labor, food localism, and the »family scale« form. GeoJournal 73: 11-22. Levins, R. (1993): The ecological transformation of Cuba. Agriculture and Human Values 10: 52-60. Levins, R. (2007): How Cuba is going ecological. In: R. Lewontin / R. Levins (Hg.): Biology Under the Influence: Dialectical Essays on Ecology, Agriculture, and Health. Monthly Review Press, New York.

183 Van Asseldonk, M. A. P. M. / M. P. M. Meuwissen / M.C.M. Mourits / R.B.M. Huirne (2005): Economics of controlling avian influenza epidemics. In: R. S. Schrijver / G. Koch (Hg.): Avian Influenza: Prevention and Control, Springer, Dordrecht, S. 139-148.

184 Garrett, L. (2001): Betrayal of Trust: The Collapse of Global Public Health. Oxford University Press, Oxford.

185 Farmer, P. (2004): Pathologies of Power: Health, Human Rights, and the New War on the Poor. University of California Press, Berkeley. Kim, J. Y. / J.V. Millen / A. Irwin / J. Gershman (Hg.) (2000): Dying for Growth: Global Inequality and the Health of the Poor. Common Courage Press, Boston.

186 Baize, S. / D. Pannetier / L. Oestereich u. a. (2014): Emergence of Zaire Ebola Virus Disease in Guinea. The New England Journal of Medicine. Nishiura, H. / G. Chowell (2014): Early transmission dynamics of Ebola virus disease (EVD), West Africa, März – August 2014. Euro Surveill. 19 (36): pii=20894.

187 Briand, B. / E. Bertherat / P. Cox u. a. (2014): The International Ebola Emergency. N. Engl. J. Med.

188 Bausch, D. / L. Schwarz (2014): Outbreak of Ebola virus disease in Guinea: where ecology meets economy. PLOS Neglected Tropical Diseases 8:e3056.

189 Moseley, W. G. / J. Carney / L. Becker (2010): Neoliberal policy, rural livelihoods, and urban food security in West Africa: A comparative study of The Gambia, Côte d'Ivoire, and Mali. PNAS 107: 5574-5579. Wallace, R. G. / L. Bergmann / R. Kock / M. Gilbert / L. Hogerwerf / R. Wallace / M. Holmberg (2015): The dawn of Structural One Health: A new science tracking disease emergence along circuits of capital. Social Science & Medicine. 129: 68-77. World Bank (2014): Guinea – Agriculture Sector Support Project. World Bank Group, Washington DC.

190 Farm Lands of Guinea (2011): Farm Lands of Guinea completes reverse merger and investment valuing the company at USD $ 45 million. PR Newswire.

191 Morris, M. L. / H. P. Binswanger-Mikhize / D. Byerlee (2009): Awakening Africa's Sleeping Giant: Prospects for Commercial Agriculture in the Guinea Savannah Zone and Beyond. World Bank Publications, Washington DC.

192 Bausch / Schwarz 2014, a. a. O.

193 Bergmann, L. (2013): Bound by chains of carbon: Ecological-economic geographies of globalization. Annals of the Association of American Geographers 103 (6): 1348-1370.

194 Mendick, R. (2013): Tony Blair and the Africa mine deal. The Telegraph, 15. Dezember.

195 Berazneva, J. / D. R. Lee (2013): Explaining the African food riots of 2007 – 2008: An empirical analysis. Food Policy 39: 28-39.

196 Watts, S. (1997): Epidemics and History: Disease, Power, and Imperialism. Yale University Press, New Haven.

197 Delarue, J. / H. Cochet (2013): Systemic impact evaluation: A methodology for complex agricultural development projects. The case of a contract farming project in Guinea. European Journal of Development Research 25 (5): 778-796. Madelaine, C. / E. Malezieux / N. Sibelet / R. J. Manlay (2008): Semi-wild palm groves reveal agricultural change in the forest region of Guinea. Agroforest Syst 73: 189-204.

198 Fairhead, J. / M. Leach (1996): Misreading the African Landscape: Society and Ecology in a Forest-Savanna Mosaic. Cambridge University Press, London / UK. Carrere, R. (2010): Oil Palm in Africa: Past, Present and Future Scenarios. World Rainforest Movement, Montevideo, Uruguay.

199 Delarue / Cochet 2013, a. a. O.

200 Carrere 2010, a. a. O. Ferrand, P. / J. Koundiuno / F. Thouillot / K. Camara (2012): Enjeux de la filiére huile de palme en République de Guinée. Grain de Sel 58: 36-38.

201 Delarue / Cochet 2013, a. a. O.

202 AFP (2011): Scores displaced in Guinea land grab row. 3. August.

203 Carrere 2010, a. a. O.

204 Delarue / Cochet 2013, a. a. O.

205 Carrere 2010, a. a. O. Madelaine, C. (2005): Analyse du fonctionnement et de la dynamique de la palmeraie sub-spontanée en Guinée forestière. Cas du village de Nienh. MSc thesis, Agro. M – ENGREF, Montpellier / France.

206 Madelaine u. a. 2008, a. a. O.

207 Delarue / Cochet 2013, a. a. O.

208 Hewlett, B. S. / R. P. Amola (2003): Cultural contexts of ebola in Northern Uganda. Emerg. Infect. Dis. 9 (10): 1242-1248.

209 Schoepp, R. J. / C. A. Rossi / S. H. Khan / A. Goba / J. N. Fair (2014): Undiagnosed acute viral febrile illnesses, Sierra Leone. Emerg. Infect. Dis. 20 (7): 1176-1182.

210 Dudas, G. / A. Rambaut (2014): Phylogenetic analysis of Guinea 2014 EBOV ebolavirus outbreak. PLoS Currents Outbreaks Edition 1. Gire, S. K. / A. Goba / K. G. Andersen (2014): Genomic surveillance elucidates Ebola virus origin and transmission during the 2014 outbreak. Science 345: 1369-1372.

211 Shafie, N. J. / S. A. Mohd Sah / N. S. Abdul Latip / N. M. Azman / N. L. Khairuddin (2011): Diversity pattern of bats at two contrasting habitat types along Kerian River, Perak, Malaysia. Trop Life Sci 22 (2): 13-22.

212 Bausch / Schwarz 2014, a. a. O. Carrere 2010, a. a. O.

213 Field, H. E. (2009): Bats and emerging zoonoses: Henipaviruses and SARS. Zoonoses and Public Health 56: 278-284.

214 Luby, S. P. / E. S. Gurley / M. Jahangir / Hossain M. (2009): Transmission of human infection with Nipah Virus. Clinical Infectious Diseases 49 (11): 1743-1748.

215 Anti, P. u. a. (2015): »Human-bat interactions in rural West Africa«, Emerg. Infect. Dis. 21 (8): 1418-21.

216 Plowright, R. K. u. a. (2015): »Ecological dynamics of emerging bat virus spillover«.

217 Leroy E. M. / A. Epelboin / V. Mondonge / X. Pourrut / J.-P. Gonzalez / J.-J. Muyembe-Tamfum / P. Formenty (2009): Human Ebola outbreak resulting from direct exposure to fruit bats in Luebo, Democratic Republic of Congo, 2007. Vector-Borne and Zoonotic Diseases 9 (6): 723-728.

218 Saéz, A. M. u. a. (2014): »Investigating the zoonotic origin of the West African Ebola epidemic«, EMBO Molecular Medicine 7 (1): 17-23.

219 Wallace, R. / L. Bergmann / L. Hogerwerf / R. Kock / R. G. Wallace (2016): »Ebola in the hog sector: Modeling pandemic emergence in commodity livestock«. In: R. G. Wallace (Hg.): Neoliberal Ebola: Modeling Disease Emergence from Finance to Forest and Farm. Springer, New York.

220 Noer, C. L. / T. Dabelsteen / K. Bohmann / A. Monadjem (2012): »Molossid bats in an African agro-ecosystem select sugarcane fields as foraging habitat«, African Zoology 47 (1): 1-11; Taylor, P. J. / A. Monadjem / J. N. Steyn (2013): »Seasonal patterns of habitat use by insectivorous bats in a subtropical African agro-ecosystem dominated by macadamia orchards«, African Journal of Ecology 51 (4): 552-61; Stechert, C. u. a. (2014): »Insecticide residues in bats along a land use-gradient dominated by cotton cultivation in northern Benin, West Africa«, Environ. Sci. Pollut. Res. Int. 21 (14): 8812-21.

221 WHO / International Study Team (1978): »Ebola haemorrhagic fever in Sudan, 1976«, Bull World Health Organ. 56 (2): 247-70; Bertherat, E. u. a. (1999). »Leptospirosis and Ebola virus infection in five gold-panning villages in northeastern Gabon«, Am. J. Trop. Med. Hyg. 60 (4): 610-15; Morvan, J. M. / E. Nakoun / V. Deubel / M. Colyn (2000): »Forest ecosystems and Ebola virus«, Bull. Soc. Pathol. Exot. 93 (3): 172-75. Groseth, A. / H. Feldmann / J. E. Strong (2007): »The ecology of Ebola virus«, Trends Microbiol. 15 (9): 408-416.

222 Roden, D. (1974): »Regional inequality and rebellion in the Sudan«, Geographical Review 64 (4): 498-516. Smith, D. H. / D. P. Francis / D. I. H. Simpson / R. B. Highton (1978): »The Nzara outbreak of viral haemorrhagic fever«. In: S. R. Pattyn (Hg.): Ebola Virus Haemorrhagic Fever Proceedings of

an International Colloquium on Ebola Virus Infection and Other Haemor-rhagic Fevers held in Antwerp, Belgium, 6.–8. Dezember 1977. Elsevier, Amsterdam.

223 Fouladbash, L. (2013): Agroforestry and Shifting Cultivation in Liberia: Livelihood Impacts, Carbon Tradeoffs, and Socio-political Obstacles. PhD thesis, Natural Resources and Environment, University of Michigan.

224 Evans, R./G. Griffiths (2013): Palm oil, land rights and ecosystem services in Gbarpolu County, Liberia. Research Note 3, Walker Institute for Climate System Research, University of Reading. Murombedzi, J. (2014): National and transnational land grabs in Africa: implications for local resource gov-ernance. In: G. Branes/B. Child (Hg.): Adaptive Cross-scalar Governance of Natural Resources. Routledge, New York, S. 75-102.

225 Zagema, B. (2011): Land and Power: The Growing Scandal Surrounding the New Wave of Investments in Land. Oxfam Briefing Paper 151, Oxfam International, Oxford.

226 Morris u. a. 2009, a. a. O.

227 WHO Ebola Situation Report. 12. August 2015.

228 Clark, D. V. u. a. (2015): »Long-term sequelae after Ebola virus disease in Bundibugyo, Uganda: a retrospective cohort study«, Lancet Infect. Dis. 15 (8): 905-12; Qureshi AI u. a. (2015). »Study of Ebola Virus Disease survivors in Guinea«, Clin. Infect. Dis. pii: civ453. Christie, A. u. a. (2015): »Possible sexual transmission of Ebola virus – Liberia, 2015«, MMWR Morb Mor-tal Wkly Rep. 64 (17): 479-81. Reardon, S. (2015): »Ebola's mental-health wounds linger in Africa«, Nature 519: 13-14.

229 Kentikelenis, A./L. King/M. McKee/D. Stuckler (2015): »The Internation-al Monetary Fund and the Ebola outbreak«, Lancet Glob. Health 3 (2): e69-70. doi: 10.1016/S2214-109X(14)70377-70378; Fallah, M/L.A. Skrip/E. d'Harcourt/A.P. Galvani (2015): »Strategies to prevent future Ebola epi-demics«, Lancet 386 (9989): 131.

230 Gatherer, D. (2015): »The unprecedented scale of the West African Ebola virus disease outbreak is due to environmental and sociological factors, not special attributes of the currently circulating strain of the virus«, Evid. Based Med. 20 (1): 28.

231 Roush, S. W. u. a. (2007): »Historical comparisons of morbidity and mor-tality for vaccine-preventable diseases in the United States«, Journal of the American Medical Association 298: 2155-63; Antona, D. u. a. (2013). »Measles elimination efforts and 2008–2011 outbreak, France«, Emerging Infectious Diseases 19: 357-64.

232 McNeil, D. G. (2015): »New meningitis strain in Africa brings call for more vaccines«, New York Times. 31. Juli.

233 Pedrique, B. u. a. (2013): »The drug and vaccine landscape for neglected dis-eases (2000–11): A systematic assessment«, Lancet Glob Health 1 (6): e371-9. doi: 10.1016/S2214-109X(13)70078-0; MacLennan, C. A./A. Saul (2014): »Vaccines against poverty«, Proc. Natl. Acad. Sci. USA 111 (34): 12307-12.

doi: 10.1073/pnas.1400473111; Barocchi, M. A. / R. Rappuoli (2015): »Delivering vaccines to the people who need them most«, Philos. Trans. R. Soc. Lond. B. Biol. Sci. 370 (1671): pii: 20140150.

234 Wallace, R. (2002): »Immune cognition and vaccine strategy: Pathogenic challenge and ecological resilience«, Open Syst. Inf. Dyn. 9: 51. Van Regenmortel, M. H. V. (2004): »Reductionism and complexity in molecular biology«, EMBO Rep. 5 (11): 1016-1020.

235 Possas, C. A. (2001): »Social ecosystem health: Confronting the complexity and emergence of infectious diseases«, Cad Saude Publica 17 (1): 31-41. King, N. B. (2002). »Security, disease, commerce: Ideologies of postcolonial global health«, Social Studies of Science 32/5-6: 763-89. Leach, M. / I. Scoones (2013). »The social and political lives of zoonotic disease models: narratives, science and policy«, Soc. Sci. Med. 88: 10e17; Degeling, C. / J. Johnson / C. Mayes (2015): »Impure politics and pure science: Efficacious Ebola medications are only a palliation and not a cure for structural disadvantage«, American Journal of Bioethics 15: 43-45.

236 Editors (2015): »Trial and triumph«, Nature 524 (7563): 5.

237 Wallace, R. G. u. a. (2014): »Did Ebola emerge in West Africa by a policy-driven phase change in agroecology?«. Wallace, R. / R. G. Wallace (2014): »Blowback: New formal perspectives on agriculturally-driven pathogen evolution and spread«, Epidemiology and Infection.

238 Barbarossa, M. V. u. a. (2015): »Transmission dynamics and final epidemic size of Ebola Virus Disease outbreaks with varying interventions«, Hogerwerf, L. / R. Houben / K. Hall / M. Gilbert / J. Slingenbergh / R. G. Wallace (2010): Agroecological Resilience and Protopandemic Influenza. Animal Health and Production Division, Food and Agriculture Organization, Rome.

239 Žižek, S. (2010): »Slavoj Žižek: Far right and anti-immigrant politicians on the rise in Europe«, Democracy Now! 18. Oktober 2010, online: www.democracynow.org/2010/10/18/slavoj_zizek_far_right_and_anti.

240 Wallace, R. / D. Wallace, / R. G. Wallace (2009): Farming Human Pathogens: Ecological Resilience and Evolutionary Process. Springer, Dordrecht.

241 Wallace, R. / R. G. Wallace (2004): »Adaptive chronic infection, structured stress, and medical magic bullets: do reductionist cures select for holistic diseases?« BioSystems 77: 93-108.

242 Wallace, R. G. (2004): »Projecting the impact of HAART on the evolution of HIV's life history«, Ecological Modelling 176: 227-53; Shim, E. / A. P. Galvani (2009): »Evolutionary repercussions of avian culling on host resistance and influenza virulence«, PLoS ONE 4 (5): e5503.

243 Wallace, R. G. / H Stern. »By protease uracil load Qinghai-like and southern Chinese influenza A (H5N1) appear closest to evolving human-to-human infection«, Unveröffentlichtes Manuskript.

244 Rabadan, R. / A. J. Levine / H. Robins (2006): »Comparison of Avian and Human Influenza A Viruses Reveals a Mutational Bias on the Viral Genomes«, J. Virol. 80 (23): 11887-91.

245 Levins, R. (1998): »The internal and external in explanatory theories«, Science as Culture 7: 557-82.

246 WHO (2007): Towards a Unified Nomenclature System for the Highly Pathogenic H5N1 Avian Influenza Viruses. 7. August.

247 Salzberg, S. L. / C. Kingsford / G. Cattoli / D. J. Spiro / D.A. Janies u. a. (2007): Genome analysis linking recent European and African influenza (H5N1) viruses. Emerg. Infect. Dis. 13: 713.

248 Chen, H. / G. J. D. Smith / J. S. Li / J. Wang / X. H. Fan u. a. (2006): Establishment of multiple sublineages of H5N1 influenza virus in Asia: implications for pandemic control. Proc Natl Acad Sci USA 103: 2845.

249 Patterson, K. D. (1986): Pandemic Influenza, 1700-1900: A Study in Historical Epidemiology. Rowman & Littlefield Publishers, Totowa, NJ.

250 Smith, G. J. D. / X. H. Fan / J. Wang / K. S. Li / K. Qin, J. X. Zhang u. a. (2006): Emergence and pre-dominance of an H5N1 influenza variant in China. Proc. Natl. Acad. Sci. USA 103: 16936.

251 Reuters (2006): China shares bird flu samples, denies new strain report. 10. November.

252 Greenfeld, K. T. (2007): China Syndrome: The True Story of the 21st Century's First Great Epidemic. Harper Perennial.

253 Anonymous (2006): Ministries refute bird flu virus rumour in China. China Daily. 3. November.

254 Wallace, R. G. / H. HoDac / R. H. Lathrop / W. M. Fitch (2007): A statistical phylogeography of influenza A H5N1. Proc Natl Acad Sci USA 104: 4473.

255 Wan, X. F. u. a. (2005): Genetic characterization of H5N1 avian influenza viruses isolated in southern China during the 2003 – 04 avian influenza outbreaks. Archives of Virology 150: 1257-1266.

256 Huang, K. / M. A. Benetiz (2007): Guangdong ridicules H5N1 claims. South China Morning Post. 7. März.

257 CIDRAP News (2007): H5N1 death in Laos confirmed; Chinese reject research report. 8. März.

258 Tang, X. / G. Tian, J. Zhao / K. Y. Zhou (1998): Isolation and characterization of prevalent strains of avian influenza viruses in China. Chin. J. Anim. Poult. Infect. Dis. 20: 1 (In Chinese). Mukhtar, M. M. / S. T. Rasool / D. Song / C. Zhu / Q. Hao u. a. (2007): Origins of highly pathogenic H5N1 avian influenza virus in China and genetic characterization of donor and recipient viruses. Journal of General Virology 88: 3094.

259 Kang-Chung, N. (1997): Chicken imports slashed by third. South China Morning Post. 15. Dezember.

260 Yang, Y. / M. E. Halloran / J. D. Sugimoto / I. M. Longini Jr. (2007): Detecting human-to-human transmission of avian influenza A (H5N1). Emerg. Infect. Dis. 13: 1348.

261 Reuters (2007): Indonesia dismisses human-to-human bird flu report. 3. September.

262 Horton, R. (2006): WHO: strengthening the road to renewal. Lancet 367: 1793.

263 Shulman, S. (2006): Undermining Science: Suppression and Distortion in the Bush Administration. University of California Press. Berkeley, CA. Mooney, C. (2005): The Republican War on Science. Basic Books. Reuters (2007): Former Bush surgeon general says he was muzzled. 10. Juli. Hebert, H. J. (2007): White House edited CDC climate testimony. Associated Press. 24. Oktober.

264 Fidler, D. P. (2008): Influenza virus samples, international law, and global health diplomacy. Emerg. Infect. Dis. 14: 88.

265 Shortridge, K. F. / C. H. Stuart-Harris (1982): An influenza epicenter? Lancet 2: 812.

266 Greenfeld 2007, a. a. O.

267 York, G. (2005): China hiding bird-flu cases: expert. Globe and Mail. 9. Dezember.

268 Pyle, G. F. (1986): The Diffusion of Influenza. Rowman & Littlefield Publishers, Totowa, N. J. Patterson 1986, a. a. O.

269 Shortridge, K. F. (1995): »The next pandemic influenza virus?« Lancet 346: 1210. Wallace u. a. 2007, a. a. O.

270 Kilpatrick u. a. 2006, a. a. O. Capua, I. / Alexander D. J. (2006): The challenge of avian influenza to the veterinary community. Avian Pathology 35: 189-205. Wallace, R. G. / W. M. Fitch (2008): Influenza A H5N1 immigration is filtered out at some international borders. PLoS ONE 3 (2): e1697.

271 Cristalli / Capua 2007, a. a. O. Graham u. a. 2008, a. a. O. Ferguson, N. (2007): Poverty, death, and a future influenza pandemic. Lancet 368: 2187-2188.

272 Greenfeld 2007, a. a. O.

273 Solomon, S. u. a. (Hg.) (2007): Contribution of Working Group I to the Fourth Assessment Report of the Intergovernmental Panel on Climate Change, 2007. Cambridge University Press, Cambridge / UK u. New York / USA, online: www.ipcc.ch/publications_and_data/ar4/wg1/en/contents.html. Field, C. B. u. a. (Hg.) (2011): IPCC Workshop on Impacts of Ocean Acidification on Marine Biology and Ecosystems. Okinawa, Japan, 17. – 19. Januar 2011. IPCC Working Group II Technical Support Unit, Carnegie Institution, Stanford / USA, and the IPCC Working Group I Technical Support Unit, University of Bern, Bern / Schweiz. Hansen, J. (2009): Storms of My Grandchildren: The Truth About the Coming Climate Catastrophe and Our Last Chance to Save Humanity. Bloomsbury/USA. Foster, J. B. / B. Clark / R. York (2010): The Ecological Rift: Capitalism's War on the Earth. Monthly Review Press, New York.

274 Food and Agriculture Organization (2011): The State of Food and Agriculture, 2010 – 2011. FAO Economic and Social Development Department, Rome, Italy.

275 Kaufman, F. (2011): How Goldman Sachs created the food crisis. Foreign Policy. 27 April, online: https://foreignpolicy.com/2011/04/27/how-gold-

man-sachs-created-the-food-crisis. Suppan, S. (2011): Excessive Specula-tion in Agriculture Commodities. Institute for Agriculture and Trade Policy report, online: www.iatp.org/documents/excessive-speculation-in-agricul-ture-commodities.

276 Clay, J. (2011): Freeze the footprint of food. Nature 475: 287-289.

277 Foley, J.A. u.a. (2011): Solutions for a cultivated planet. Nature 478: 337-342. Foley, J.A. (2011): Can we feed the world and sustain the planet? Scien-tific American 305 (5): 60-65. Holmes, G. (2011): Conservation's friends in high places: Neoliberalism, networks, and the transnational conservation elite. Global Environmental Politics 11: 1-21.

278 Clay, J. (2010): How big brands can help save biodiversity. TED Talks. 16. August. »Wie Marken helfen können, die Artenvielfalt zu erhalten«, online: www.ted.com/talks/jason_clay_how_big_brands_can_help_save_biodiversity?language=de.

279 FAO 2011, a.a.O. Baird, V. (2011): Why population hysteria is more damaging than it seems. The Guardian. 24. Oktober 2011, online www.guardian.co.uk/environment/2011/oct/24/population-hysteria-damaging?newsfeed=true.

280 Clay 2010, a.a.O.

281 A.a.O.

282 World Rainforest Movement (2010): The »greening« of a shady business – Roundtable for Sustainable Palm Oil. Seedling. GRAIN quarterly magazine. Oktober 2010, online: www.grain.org/article/entries/4046-the-greening-of-a-shady-business-roundtable-for-sustainable-palm-oil#_ref.

283 Pason Center for International Development and Technology Transfer (2011): Oversight of Public and Private Initiatives to Eliminate the Worst Forms of Child Labor in the Cocoa Sector in Cote d'Ivoire and Ghana. Tulane Univer-sity.

284 Jevons, W.S. (1865): The Coal Question: An Inquiry Concerning the Progress of the Nation, and the Probable Exhaustion of Our Coal-Mines. Macmillan and Co, London. Foster u.a. 2010, a.a.O.

285 Giampietro, M. (1994): Sustainability and technological development in agriculture: a critical appraisal of genetic engineering, BioScience 44 (10): 677-689.

286 Haas, R./M. Canavari/B. Slee/T. Chen/B. Anurugsa (2010): Organic and quality food marketing in Asia and Europe: a double sided perspective on marketing of quality food products. In: R. Haas/M. Canavari/B. Slee/T. Chen/B. Anurugsa (Hg.): Looking East, Looking West: Organic and Qual-ity Food Marketing in Asia and Europe. Wageningen Academic Publishers, Wageningen/Niederlande. Smith, M.D. u.a. (2010): Sustainability and global seafood. Science 327: 784-786.

287 Bergmann, L.R. (2012): Beyond imagining local causes/solutions to a glob-al problem: mapping carbon footprints of global capitalism. Conference presentation, Association of American Geographers Annual Meeting, New York City, 25. Februar 2012.

288 Mansfield, B. / D. K. Munroe / K. McSweeny (2010): Does economic growth cause environmental recovery? Geographical explanations of forest regrowth? Geography Compass 4: 416-427.

289 Moore, J. W. (2012): Cheap food and bad money: Food, frontiers, and financialization in the rise and demise of neoliberalism. Review: A Journal of the Fernand Braudel Center 33 (2 f.).

290 Clay 2011, a. a. O.

291 Bryceson, D. F. (2010): Sub-Saharan Africa's vanishing peasantries and the specter of a global food crisis. In: F. Magdoff / B. Tokar (Hg.): Agriculture and Food in Crisis: Conflict, Resistance and Renewal. Monthly Review Press, New York.

292 Allina-Pisano, J. (2008): The Post-Soviet Potemkin Village: Politics and Property Rights in the Black Earth. Cambridge University Press, New York. Wallace, R. G. / L. Bergmann / L. Hogerwerf / M. Gilbert (2010): Are influenzas in southern China byproducts of the region's globalising historical present? In: S. Craddock / T. Giles-Vernick / J. Gunn (Hg.): Influenza and Public Health: Learning from Past Pandemics. EarthScan Press, London.

293 Mortimore, M. / S. Anderson / L. Cotula / J. Davies / K. Faccer / C. Hesse / J. Morton / W. Nyangena / J. Skinner / C. Wolfangel (2009): Dryland Opportunities: A New Paradigm for People, Ecosystems and Development. IUCN, Gland, Switzerland; IIED, London / UK und UNDP/DDC, Nairobi / Kenia. S. x u. 86. Glew L. / M. D. Hudson / P. E. Osborne (2010): Evaluating the Effectiveness of Community Conservation in Northern Kenya. A report to The Nature Conservancy. University of Southampton.

294 Kinzig, A. P. / C. Perrings / F. S. Chapin III / S. Polasky / V. K. Smith / D. Tilman / B. L. Turner II (2011): Paying for ecosystem services – promise and peril. Science 334: 603-604. Tanuro, D. (2010): L'Impossible Capitalisme Vert. La Découverte, Paris. Castree, N. (2008): Neoliberalising nature: The logics of deregulation and reregulation. Environment and Planning A 40: 131-152. Reinhardt, N. / P. Barlett (1989): The persistence of family farms in United States agriculture. Sociologia Ruralis 29: 203-225. Weiss, T. (2007): The Global Food Economy: The Battle for the Future of Farming. Zed Books, London.

295 Reinhardt, N. / P. Barlett (1989): The persistence of family farms in United States agriculture. Sociologia Ruralis 29: 203-225.

296 Foster u. a. 2010, a. a. O. Weiss 2007, a. a. O.

297 Mészáros, I. (2010): Social Structure and Forms of Consciousness. Vol. 1: The Social Determination of Method. Monthly Review Press, New York.

298 Borras Jr., S. M. / J. C. Franco (2012): Global land grabbing and trajectories of agrarian change: A preliminary analysis. Journal of Agrarian Change 12 (1): 34-59.

299 Singer, P. (2005): Who pays for bird flu? Online: www.project-1151/syndicate.org/commentary/singer5. Wallace, R. G. (2009): Breeding influenza: The political virology of offshore farming. Antipode 41: 916-951.

300 Brenner, R. (2009): What is Good for Goldman Sachs Is Good for America. The Origins of the Present Crisis. Center for Social Theory and Comparative History, UCLA, online: https://escholarship.org/uc/item/0sg0782h.

301 Lauderdale, J.M. (1804): An Inquiry into the Nature and Origin of Public Wealth and into the Means and Causes of Its Increase. Arch. Constable and Co., Edinburgh. Foster u.a. 2010, a.a.O.

302 Li, T.M. (2009): Exit from agriculture: A step forward or a step backward for the rural poor. The Journal of Peasant Studies. 365: 629-636. D. Harvey (2010): The Enigma of Capital and the Crises of Capitalism. Oxford University Press, New York.

303 Henshaw, C. (2010): Private sector interest grows in African farming. Wall Street Journal. 28. Oktober, online: www.wsj.com/articles/SB100014240527 02303467004575574152965709226.

304 Oakland Institute (2011a): Special Investigation: Understanding Land Investment Deals in Africa, online: https://media.oaklandinstitute.org/special-investigation-understanding-land-investment-deals-africa.

305 Vidal, J./C. Provost (2011): US universities in Africa ›land grab‹. The Guardian. 8. Juni, online: www.guardian.co.uk/world/2011/jun/08/us-universities-africa-land-grab.

306 Henshaw 2010, a.a.O.

307 Oakland Institute (2011b): Land Deal Brief: AgriSol Energy and Pharos Global Agriculture Fund's Land Deal in Tanzania.

308 Vidal/Provost 2011, a.a.O.

309 Oakland Institute (2011c): Land Deal Brief: Nile Trading and Development, Inc. in South Sudan, online: www.oaklandinstitute.org/land-deal-brief-nile-trading-and-development-inc-south-sudan.

310 Vidal, J. (2010): Why is the Gates foundation investing in GM giant Monsanto? The Guardian. 29. September, online: www.guardian.co.uk/global-development/poverty-matters/2010/sep/29/gates-foundation-gm-monsanto.

311 Behnke, R./C. Kerven (2011): Replacing Pastoralism with Irrigated Agriculture in the Awash Valley, North-Eastern Ethiopia: Counting the Costs. Paper presented at the International Conference on Future of Pastoralism, 21.–23. März 2011.

312 Anson, A. (2011): The ›bitter fruit‹ of a new agrarian model: Large-scale land deals and local livelihoods in Rwanda. Paper presented at the International Conference on Global Land Grabbing, 6.–8. April 2011, Institute of Development Studies, University of Sussex.

313 Oakland Institute 2011a, a.a.O.

314 Arrighi, G. (1966): The political economy of Rhodesia. New Left Review I/39: 35-65.

315 Arrighi, G. (2009): The winding paths of capital. New Left Review 56: 61-94.

316 Amisi, B./P. Bond/N. Cele/T. Ngwane (2009): Xenophobia and Civil Society: Durban's Structured Social Divisions. Politikon 38: 59-83. Baird, I.G. (2011): Turning land into capital, turning people into labour: Primitive ac-

cumulation and the arrival of large-scale economic land concessions in the Lao People's Democratic Republic. New Proposals: Journal of Marxism and Interdisciplinary Inquiry 5: 10-26.

317 Bryceson 2010, a. a. O.

318 Boyce, J. K. (2007): Is inequality bad for the environment? PERI Working Paper 135. University of Massachusetts, Amherst, online: https://scholar-works.umass.edu/peri_workingpapers/121.

319 Wallace, R. G. (2011): Egypt's food pyramid. Farming Pathogens. 16. Februar, online: http://farmingpathogens.wordpress.com/2011/02/16/egypts-food-pyramids.

320 Wallace 2009, a. a. O.

321 Davis, D. K. (2006): Neoliberalism, environmentalism, and agricultural restructuring in Morocco. The Geographical Journal 172: 88-105.

322 Hardin, G. (1968): The tragedy of the commons. Science 162: 1243-1248.

323 Ostrom, E. (1990): Governing the Commons: The Evolution of Institutions for Collective Action. Cambridge University Press, Cambridge, UK; dt.: Ostrom, E. (1999): Die Verfassung der Allmende: Jenseits von Staat und Markt. Tübingen: Mohr. McCarthy, J. (2009): Commons. In: N. Castree / D. Demeritt / D. Liverman / B. Rhoads (Hg.): A Companion to Environmental Geography. Wiley-Blackwell, West Sussex / UK.

324 Monsivais, P. / A. Aggarwal / A. Drewnowski (2011): Following federal guidelines to increase nutrient consumption may lead to higher food costs for consumers. Health Affairs 30 (8). Guthman, J. (2011): Weighing. In: Obesity, Food Justice, and the Limits of Capitalism. University of California Press, Berkeley, CA.

325 Leibler, J. N. u. a. (2009): Industrial food animal production and global health risks: Exploring the ecosystems and economics of avian influenza. EcoHealth 6 (1): 58-70.

326 Philpott, T. (2011): Monsanto (still) denies superinsect problem despite evidence. Mother Jones. 8. Dezember.

327 Chee-Sanford, J. C. u. a. (2009): Fate and transport of antibiotic residues and antibiotic resistance genes following land application of manure waste. Journal of Environmental Quality 38 (3): 1086-1108. Gadd, J. B. / L. A. Tremblay / G. L. Northcott (2010): Steroid estrogens, conjugated estrogens and estrogenic activity in farm dairy shed effluents. Environmental Pollution 158 (3): 730-736.

328 Xua, J. / L. Wub / A. C. Chang (2009): Degradation and adsorption of selected pharmaceuticals and personal care products (PPCPs) in agricultural soils. Chemosphere 77 (10).

329 Monath, T. P. (2011): Classical live viral vaccines. In: P. R. Dormitzer u. a. (Hg.): Replicating Vaccines. Birkhäuser Advances in Infectious Diseases, Part 1, S. 47-69. Springer, Basel.

330 Kuchenmüller, T. / S. Hird / C. Stein / P. Kramarz / A. Nanda / A. H. Havelaar (2009): Estimating the global burden of foodborne diseases – a collaborative effort. Euro Surveill. 14 (18).

331 Vogel, G. (2011): Egyptian fenugreek seeds blamed for deadly E. coli out-
     break; European authorities issue recall. ScienceInsider. 5. Juli.
332 Siembieda, J.L./R.A. Kock/T.A. McCracken/S.H. Newman (2011): The
     role of wildlife in transboundary animal diseases. Animal Health Research
     Reviews 12: 95-111.
333 Clay 2010, a. a. O. Bello, W./M. Baviera (2010): Food wars. In: F. Magdoff/B.
     Tuker (Hg.): Agriculture and Food in Crisis: Conflict, Resistance, and Re-
     newal. Monthly Review Press, New York.
334 Perfecto, I./J. Vandermeer (2010): The agroecological matrix as alterna-
     tive to the land-sparing/agriculture intensification model. Proceedings of
     the National Academy of Sciences 107 (13): 5786-5791. Holt-Giménez, E./
     R. Patel/A. Shattuck (2009): Food Rebellions! Crisis and the Hunger for
     Justice. Food First Books, Oakland, CA. Weiss 2007, a. a. O.
335 Badgley, C./J. Moghtader/E. Quintero/E. Zakem/M.J. Chappell/K. Aviles-
     Vazquez/A. Samulon/I. Perfecto (2007): Organic agriculture and the global
     food supply. Renewable Agriculture and Food Systems 22 (2): 86-108. Pret-
     ty, J./C. Toulmin/S. Williams (2011): Sustainable intensification in Africa.
     International Journal of Agricultural Sustainability 9 (1): 5-24.
336 Pretty, J. (2009): Can ecological agriculture feed nine billion people? Month-
     ly Review 61 (6): 46-58, online: https://monthlyreview.org/2009/11/01/can-
     ecological-agriculture-feed-nine-billion-people.
337 Malkin, E. (2010): Zapotec Indians grow trees, and jobs, in Oaxaca, Mexico.
     New York Times. 22. November.
338 Bennegouch, N./M. Hassane (2010): MOORIBEN: the experience of a sys-
     tem of integrated services for Nigerien farmers. Farming Dynamics. SOS
     Faim newsletter, September 2010, online: www.sosfaim.lu/wp-content/up-
     loads/2015/05/mooriben-for-nigerien-farmers-farming-dynamics23.pdf.
339 Kock, R.A. (2010): The newly proposed Laikipia disease control fence in
     Kenya. In: K. Ferguson/J. Hanks (Hg.): Fencing Impacts: A Review of the
     Environmental, Social and Economic Impacts of Game and Veterinary
     Fencing in Africa with Particular Reference to the Great Limpopo and
     Kavango-Zambezi Transfrontier Conservation Areas. Pretoria Mammal
     Research Institute. S. 71-75. Mortimore u. a. 2009, a. a. O.
340 Dillon, T. (2011): Factoring Culture and Discourse into an Appraisal of the
     Neoliberal Synthesis of Wildlife Conservation and Rural Development in
     Sub-Saharan Africa. Masters thesis, Durham University.
341 Morton, D.C./R.S. DeFries/Y.E. Shimabukuro/L.O. Anderson/E. Arai/
     F. del Bon Espirito-Santo/R. Freitas/J. Morisette (2006): Cropland expan-
     sion changes deforestation dynamics in the southern Brazilian Amazon.
     Proc Natl Acad Sci USA 103: 14637-14641. Müller, R./D. Müller/F. Schier-
     horn/G. Gerold/P. Pacheco (2011): Proximate causes of deforestation in
     the Bolivian lowlands: an analysis of spatial dynamics. Regional Environ-
     mental Change. doi: 10.1007/s10113-011-0259-0.
342 Foster u. a. 2010, a. a. O.

343 Levins, R. (2007): How Cuba is going ecological. In: R. Lewontin / R. Levins: Biology Under the Influence: Dialectical Essays on Ecology, Agriculture, and Health. Monthly Review Press, New York.

344 Daly, H. E. / J. Farley (2011): Ecological Economics: Principles and Applications. Second Edition. Island Press, Washington DC. Coker, R. / J. Rushton / S. Mounier-Jack / E. Karimuribo / P. Lutumba / D. Kambarage / D. U. Pfeiffer / K. Stärk / M. Rweyemamu (2011): Towards a conceptual framework to support one-health research for policy on emerging zoonoses. Lancet Infect. Dis. 11 (4): 326-331.

345 Kenny, C. (2011): Got cheap milk? Why ditching your fancy, organic, locavore lifestyle is good for the world's poor. Foreign Policy, The Optimist blog. 12 September.

346 Clapp, J. / D. A. Fuchs (Hg.): (2009): Corporate Power in Global Agrifood Governance. MIT Press, Boston.

347 Lagi, M. / K. Z. Bertrand / Y. Bar-Yam (2011): The food crises and political instability in North Africa and the Middle East. Preprint uploaded onto arXiv, 11. August.

348 Kock, R. A. / R. G. Wallace / R. Alders (2011): Wildlife, wild food, food security and human society. OIE Global Conference on Wildlife: Animal Health and Biodiversity – Preparing for the Future. Conference presentation. Paris, France, 24. Februar 2011.

349 Weiss 2007, a. a. O.

350 Ehrenberg, R. (2008): NASA unveils arsenic life form. WIRED. 2. Dezember 2010.

351 Wolfe-Simon, F. u. a. (2010): A bacterium that can grow by using arsenic instead of phosphorus. Science 332: 1163-1166.

352 Redfield, R. (2010): Arsenic-associated bacteria (NASA's claims). RRResearch blog. 4. Dezember 2010. Redfield, R. (2010): Comments on Dr. Wolfe-Simon's response. RRResearch blog. 16. Dezember 2010. Danchin, A. (2010): Science and arsenic fool's gold: A toxic broth. Journal of Cosmology 13: 3617-3620.

353 Marshall, M. (2010): Life is found in deepest layer of Earth's crust. New Scientist 18. November 2010.

354 Sankaranarayanan, K. / M. N. Timofeeff / R. Spathis / T. K. Lowenstein / J. K. Lum (2011): Ancient Microbes from Halite Fluid Inclusions: Optimized Surface Sterilization and DNA Extraction. PLoS ONE 6 (6): e20683. Lowenstein, T. (2011): Bacteria back from the brink. Earth magazine. April 2011.

355 Reid, C. (2015): Scientists find bacteria that »breathe« uranium. IFL Science! 15. Juni.

356 Wallace, R. G. (2009): ›Biosecure‹ farms not so biosecure. Farming Pathogens. 26. August 2009.

357 Wallace, R. G. (2010): Grainmorrah. Farming Pathogens. 6. Dezember 2010.

358   Wallace, R. G. (2010): Do pathogens time travel? Farming Pathogens. 12. Januar 2010.

359   Nobusawa, E. / K. Sato (2006): Comparison of the mutation rates of human influenza A and B viruses. Journal of Virology 80: 3675-3678.

360   Torrence, P. F. (Hg.) (2007): Combating the Threat of Pandemic Influenza: Drug Discovery Approaches. Wiley. Webster, R. G. (2001): A molecular whodunit. Science 293: 1773-1775. Cinatl, J. / M. Michaelis / H. W. Doerr (2007): The threat of avian influenza A (H5N1). Part 1: epidemiologic concerns and virulence determinants. Medical Microbiology and Immunology 196 (4): 181-190.

361   Wallace, R. G. (2010): Virus dumping. Farming Pathogens. 11. November 2010.

362   Kerr, Philipp (2002): Newtons Schatten. Hamburg: Wunderlich-Verlag.

363   Bhullar, K. u. a. (2012): Antibiotic resistance is prevalent in an isolated cave microbiome. PLoS ONE 7 (4): e34953.

364   Wallace, R. G. (2010): Does influenza evolve in multiple tenses? Farming Pathogens. 20. Juni.

365   Wallace, R. G. / L. Bergmann (2010): Influenza's historical present. Farming Pathogens. 11. Juni.

366   Voice of America (2012): Naturally drug-resistant cave bacteria possible key to new antibiotics. 13. April.

367   Greenfeld, Karl Taro (2006): China Syndrome: The True Story of the 21st Century's First Great Epidemic. New York: Harper Collins.

Glossar

Aviär: »Von Vögeln«, »Vögel betreffend«, zum Beispiel die aviären Influenza-Viren.

Biosicherheit: Hygiene- und Abschottungsmaßnahmen, um zu verhindern, dass Mikroorganismen in Grundstücke oder Gebäude eindringen beziehungsweise von dort nach außen kommen.

Buschfleisch (bushmeat): Stammt von Wildtieren, die in Wäldern oder Savannen gejagt werden. Das Wild sind Säugetiere, Vögel und Reptilien.

Coronavirus: eigentlich Coronaviridae, RNA-Viren, die Säugetiere befallen. Unter dem Mikroskop ähneln sie entfernt einer Krone, daher der Name.

Epidemiologie/Epidemiologen: Wissenschaft von der Entstehung und Verbreitung von Krankheiten in der Bevölkerung.

Extraktivismus: Wirtschaftspolitischer Begriff, der für Rohstoffexport und ökologischen Raubbau steht.

Malthusianisch: Nach dem englischen Wirtschaftswissenschaftler Thomas Robert Malthus (1766–1834). Er entwickelte eine Theorie, derzufolge die übermäßige Vermehrung der Armen naturhaft zu Überbevölkerung und Hungerkrisen führt. Die Theorie richtete sich gegen die zeitgenössischen Ansätze der Armenfürsorge.

Ökogesundheit / EcoHealth: Ein Forschungsansatz, der die Zusammenhänge zwischen ökologischen Veränderungen und menschlicher Gesundheit untersucht und sich insbesondere mit Zoonosen beschäftigt. Die gleichnamige *Ecohealth Alliance* ist eine Nichtregierungsorganisation, in der Behörden, wissenschaftliche Einrichtungen und Unternehmen wie etwa *Boehringer Ingelheim* zusammenarbeiten.

Ökologischer Tausch: Bezieht sich auch auf den Begriff des »ungleichen Tauschs« aus der Weltsystem-Analyse und den Dependenztheorien. Sie versuchen, die ökonomische und politische Dominanz der industrialisierten Metropolen über die unterentwickelte Peripherie zu erklären.

One Health: Englisch »eine Gesundheit«, wissenschaftlicher und gesundheitlicher Ansatz, den unter anderem die WHO propagiert und der davon ausgeht, dass die Gesundheit von Menschen, Tieren und die Funktionsfähigkeit von Ökosystemen miteinander verknüpft sind und gemeinsam erhalten werden müssen.

Orientalismus / orientalistisch: Begriff des US-amerikanischen Literaturwissenschaftlers Edward Said (1935 – 2003) für den westlichen Blick auf die arabische Welt, der geprägt sei von Anziehung und gleichzeitig Abscheu, Projektionen und Rassismus.

Pathogen / Pathogenität: »Krankheitsauslösend«, abgeleitet vom griechischen *pathos* (Leiden) und *genesis* (Entstehung), bezeichnet die Eigenschaft eines Mikroorganismus oder eines Stoffes, Schäden im Körper zu verursachen.

Periurban: Wörtlich »um die Stadt herum« beziehungsweise »in Bezug auf die Stadt«. Geographische Räume, in denen Städtisches und Ländliches sich durch Zersiedelung verwischen, zum Beispiel, weil städtische Funktionen außerhalb von Städten erfüllt werden, etwa das Einkaufen.

Phylogeographie: Wissenschaft von der biologischen Abstammung.

Reservoirwirt: Tiere oder Pflanzen, die häufig von bestimmten Viren, Bakterien oder Parasiten besiedelt sind, in der Regel, ohne deshalb krank zu werden.

Skaleneffekte: Auch *economies of scale* oder Größenvorteile: bei steigender Menge sinken die Produktionsfaktoren pro Einheit.

Spillover: Übergang von Viren, Bakterien oder Parasiten von Tier zu Mensch.

Virion: Die virale RNS außerhalb einer Zelle.

Virulenz: Fähigkeit eines Erregers, einen Organismus zu besiedeln, aber auch der Schaden, den er in diesem Wirtskörper auslöst.

Zoonosen: Infektionskrankheiten, die von Tieren auf Menschen übergehen (beziehungsweise vom Menschen zum Tier). Von den griechischen Wörtern *zoon* (Lebewesen) und *nosos* (Krankheit). Die Erreger sind Mikroorganismen wie Viren, Bakterien, Parasiten und Pilze, Würmer und Gliederfüßer.

Editorische Hinweise

Der PapyRossa Verlag dankt *Monthly Review Press* sowohl für die deutschsprachige Lizenz als auch für die freundliche Überlassung von zwei Online- bzw. Printbeiträgen von 2020 (Kapitel 1 und 9). Ebenso dankt der Verlag Alex Liebman, Luis Fernando Chaves und Rodrick Wallace, die als Co-Autoren am ersten Kapitel mitwirkten. Die Kapitel 2 bis 8 stammen, teilweise gekürzt, aus dem Buch *Big Farms Make Big Flu*, für das sie gegenüber den folgenden Veröffentlichungsorten aktualisiert wurden:

1. COVID-19 und die Kreisläufe des Kapitals
›Covid-19 and the circuits of capital‹ von Rob Wallace, Alex Liebman, Luis Fernando Chaves und Rodrick Wallace. *Monthly Review*, Vol. 72, No. 1, Mai 2020.

2. Wie entstand die Vogelgrippe?
Gekürzte Version von ›The Political Virology of Offshore Farming‹, zuerst erschienen in *Antipode: A Radical Journal for Geography,* November 2009. Mit einem Auszug aus ›The Dirty Dozen‹ aus ›Big Farms Make Big Flu‹ (2016).

3. Wie fand Ebola eine neue Nische?
Überarbeitetete Version von »Did Neoliberalizing West African Forests Produce a New Niche for Ebola?«, verfasst mit Marius Gilbert, Rodrick Wallace, Claudia Pittiglio, Raffaele Mattioli und Richard Kock, zuerst erschienen in *Environment and Planning A*, 20. Oktober 2014. Aktualisierte Version erschienen im *International Journal of Health Services,* Januar 2016.

4. Übers Mikroskop hinaus
›We Can Think Ourselves Into a Plaque‹, zuerst erschienen am 25. Oktober 2010 im Blog »Farming Pathogens« (https://farmingpathogens. wordpress.com) und ein Auszug aus ›The Political Virology of Offshore Farming‹, zuerst erschienen in *Antipode: A Radical Journal for Geography*, November 2009.

5. Wer trägt die Schuld an der nächsten Pandemie?
›The Great Flu Blame Game‹, zuerst online erschienen am 27. Dezember 2007 im »H5N1 Blog«.

6. Die Lebensmittelindustrie wird den Planeten nicht retten
Überarbeite und gekürzte Version von ›Whose Food Footprint?‹ von Rob Wallace und Richard Kock, zuerst erschienen in *Human Geography*, November 2012.

7. Das Alien und die industrielle Viehzucht
›Alien vs. Predator‹, zuerst erschienen am 31. Dezember 2010 im Blog »Farming Pathogens« (https://farmingpathogens.wordpress. com), mit einer Aktualisierung von 2016.

8. Von Höhlen und Menschen
›Cave/Man‹, zuerst erschienen am 21. April 2012 im Blog »Farming Pathogens« (https://farmingpathogens.wordpress.com).

9. Nur eine andere Landwirtschaft hilft gegen Pandemien
›Notes on a novel coronavirus‹, *Monthly Review*, online erschienen am 29. Januar 2020. (https://mronline.org/2020/01/29/notes-on-a-novel-coronavirus).

Für die vorliegende Ausgabe wurden die Beiträge vom Übersetzer arrangiert und gekürzt sowie mit erklärenden Fußnoten (*) und einem Glossar versehen.